高等院校数字化课程创新教材

供高职高专医学类相关专业使用

医用化学

（第二版）

主　编　张彩霞

副主编　陈　霞　庞　键　王　丽　周恩红

编　委　（按汉语拼音排序）

白亚蒙　南阳医学高等专科学校
陈　霞　廊坊卫生职业学院
范红艳　运城护理职业学院
鞠丽颖　鄂尔多斯应用技术学院
李翠凡　唐山职业技术学院
罗恩平　贵阳护理职业学院
马雅静　包头医学院职业技术学院
庞　键　铜陵职业技术学院
尚　杰　周口职业技术学院
王　丽　重庆医药高等专科学校
张　悦　河西学院医学院
张彩霞　许昌学院医学院
周恩红　皖西卫生职业学院

科学出版社

北　京

内　容　简　介

本教材分理论教程和实验指导两部分，理论部分包括无机化学和有机化学内容，全书共 14 章。第 1 章为绪论，第 2 ～ 5 章为无机化学内容，第 6 ～ 14 章为有机化学内容。本教材采用国家法定的计量单位及国家科技名词审定委员会规范的化学名词术语，在内容上注重化学与医学的联系，重点介绍与生物化学、药理学等相关医学学科的有关知识，为进一步学习医学专业课打下基础。各章后附有目标检测及参考答案，同时正文中插有案例和知识链接等内容，便于学生掌握各个知识点和开阔视野。

本书可供高职高专临床医学、护理、助产、康复治疗技术等医学相关专业使用。

图书在版编目 (CIP) 数据

医用化学 / 张彩霞主编 . —2 版 . —北京：科学出版社，2017. 6
高等院校数字化课程创新教材
ISBN 978-7-03-053261-9

Ⅰ . 医… Ⅱ . 张… Ⅲ . 医用化学 - 高等学校 - 教材 Ⅳ . R313

中国版本图书馆 CIP 数据核字（2017）第 128544 号

责任编辑：魏亚萌　邱　波 / 责任校对：张凤琴
责任印制：赵　博 / 封面设计：张佩战

科学出版社 出版
北京东黄城根北街 16 号
邮政编码：100717
http://www.sciencep.com
天津市新科印刷有限公司印刷
科学出版社发行　各地新华书店经销
*
2013 年 3 月第　一　版　开本：787 × 1092　1/16
2017 年 6 月第　二　版　印张：13 1/2
2022 年 7 月第九次印刷　字数：317 000
定价：39.80 元
（如有印装质量问题，我社负责调换）

前　言

为贯彻《高等职业教育创新发展行动计划（2015—2018年）》和《教育信息化十年发展规划（2011—2020年）》的精神，落实教育部最新《高等职业学校专业教学标准（试行）》要求，科学出版社与全国各高等卫生职业院校携手推动教育信息化资源及课程建设，启动全国高等卫生职业教育数字化课程建设暨科学出版社"十三五"卫生职业教育规划教材。

本教材依据《国家中长期教育改革和发展规划纲要（2010—2020年）》和教育部最新《高等职业学校专业教学标准（试行）》，结合我国城乡卫生事业发展对高等卫生专业人才的需求特点编写而成。教材内容上强调适应高等卫生职业教育、教学的发展趋势，体现"以就业为导向，以能力为本位，以发展技能为核心"的职业教育培养理念，理论知识强调"必须、够用"，强化技能培养，突出实用性，真正体现以学生为中心的教材编写理念。打造"教材＋教学平台"的新型数字化教学模式，同时兼顾教材的实用性和可读性，体现高职教材的鲜明特色。

本教材分理论教程和实验指导两部分，各章后附有目标检测，便于学生掌握各个知识点。本教材又充分利用科学出版社强大的数字化平台和APP，使枯燥的化学知识能以视频、多媒体等数字化形式展现给学生，从而提高学生的学习兴趣和积极性。医用化学是医学的基础课，根据教学大纲，针对培养目标，本教材在编写内容上有所侧重，重点介绍与生物化学、药理学等相关医学学科的有关知识，为进一步学习医学专业课打下基础。

在本教材的编写过程中，我们参考了本科、专科相关教材和相关书籍，并得到了许昌学院医学院、河西学院医学院、重庆医药高等专科学校、周口职业技术学院、铜陵职业技术学院、廊坊卫生职业学院、鄂尔多斯应用技术学院、南阳医学高等专科学校、唐山职业技术学院、运城护理职业学院、贵阳护理职业学院、包头医学院职业技术学院、皖西卫生职业学院的大力支持，在此一并表示衷心的感谢。

由于编者水平有限，书中难免存在不足之处，恳请广大读者批评指正。

编　者

2017年4月

目　　录

CONTENTS

第1章 绪　论

一 化学的概念

自然界是由物质构成的，物质是人类生存和生活的基础。自然界中物质的种类繁多，存在形式也各不相同。化学是自然科学的基础学科之一，化学是在分子、原子水平上研究物质的组成、结构、性质、变化规律及其应用的一门自然学科。化学研究的范围非常广泛，依据所研究手段、目的和任务的不同，化学又分为无机化学、有机化学、分析化学和生物化学等分支学科。

化学是一门历史悠久而又充满活力的学科，它伴随着人类文明进步，与人类有着不解之缘。从古至今，化学就在不断地发展和运用，如铁、铜等金属的冶炼，烧制陶器，酒的酿造等都是早期的化学成就。煤、石油、天然气等化石燃料的开发，造纸术的发明和发展，为人类文明进步发挥了巨大作用。现代化学研究的成果之一——硅晶体半导体，是制造各种电子芯片的基础，有力地推动了现代计算机科学的发展，成为信息化社会发展的基础。

化学在其发展的过程中，直接或间接地促进了相关学科的发展，并几乎与所有学科相互渗透，形成越来越多的交叉学科、边缘学科，如医学化学、物理化学、环境化学、地球化学、海洋化学、计算机化学等。在20世纪末，国际纯粹和应用化学联合会（IUPAC）提出，“化学是21世纪的中心学科”。化学与其他所有学科分担着生命、材料、能源和环境科学等一系列高技术的任务。

二 化学——医学发展的基础

化学的发展从来都是与医学的发展相互融合、相互伴随的。一方面，医学的发展促进化学不断研究新的工艺流程和研发新药；另一方面，化学的发展又为医学的发展提供了技术和物质支撑，新的药物和新的工艺促进了医学的进一步发展。

药物是人类预防、诊断、治疗疾病的重要武器，利用药物治疗疾病是化学对医学和人类的重大贡献之一。现代化学的发展，为药物的发展开辟了一个崭新的天地，依靠化学，可以研究药物的组成、结构，从本质上认识药物，进而生产合成药物。药物合成在医药工业中占据极重要的地位，合成药物在医疗实践中被广泛应用。当今，合成药物已达几千种，95%来自化学合成。没有化学就没有现代药物，就不会有现代医学。

1799年，英国化学家戴维（H.Davy）发现了一氧化二氮的麻醉作用，医药化学家后来又发现了更多更有效的麻醉药物，如乙醚、盐酸卡因等，使无痛外科手术成为可能。

1932年，德国科学家多马克（G.Domagk）发现了一种能有效治愈细菌性致命感染的偶氮磺胺药物，使一位患细菌性败血症的孩子得以康复，他因此获得诺贝尔生理学或医学奖。此后，化学家先后研究出许多新型的磺胺药物，作为抗生素、抗病毒药物及抗肿瘤药物，使许多长期危害人类健康和生命的疾病得到控制。20 世纪，人类的平均寿命从 40 岁提高到 70 多岁，主要的功臣被认为是药物化学家，最重要的药物就是抗生素。

化学和医学的关系主要表现在以下几个方面：

（一）化学是研究人体内一切生理现象和病理现象的重要基础

人体本身就是一个复杂的化学系统，时刻都在发生着各种各样的化学反应。人体的各种组织是由蛋白质、脂肪、糖类、维生素、无机盐和水等上万种物质组成，这些物质由 60 多种化学元素构成。它们在人体中发生的化学变化引起生理和病理上的变化。

（二）物质的化学结构及性质决定药物的作用和疗效

药物的主要作用是调整因疾病而引起的机体的种种异常变化，抑制或杀死病原微生物，帮助机体战胜感染。为了准确使用药物，达到预防和治疗疾病的目的，就有必要对药物的组成成分、结构、理化性质，以及它们在人体内发生的变化和作用有一定的了解。同时，医务人员进行药液的配制及消毒、药品的使用和保管等都需要利用化学知识和化学实验基本技能。

（三）化学原理和方法是诊断疾病的主要手段

化学在诊断疾病方面起着核心的作用。在临床上，经常运用化学原理和化学方法对各种人体组织和体液进行分析检验，为诊断疾病提供科学的依据。血液和尿液的检查是体检中不可缺少的常规项目，它就是由医药化学家发明的。例如，要确诊糖尿病，需要用化学方法测定尿液中葡萄糖、丙酮等的含量。

（四）通过化学方法研究并人工合成生物分子

1965 年，我国的科学工作者用化学方法合成了世界上第一个具有生物活性的蛋白质——结晶牛胰岛素；这是我国科技人员在奋力攀登世界科学高峰，为祖国在基础医学研究方面争得的一项世界冠军。这一成果促进了生命科学的发展，开辟了人工合成蛋白质的时代。

三 如何学好医用化学

高职高专的化学学习与初中、高中学习有很大的差别。高职高专的化学学习特点是内容多，与医药知识联系紧密，课堂授课容量大，要求学生有较强的接受能力、独立思考能力和自学能力，同学们需要尽快适应新的要求，调整学习方法。首先，课前预习；上课专心听讲，积极思考；课后认真阅读教材，并充分利用“爱医课”网络平台，加深理解，对大量的新知识及时消化吸收。其次，注意归纳对比，学会总结，在理解的基础上反复记忆，切忌死记硬背。再次，注意养成良好的自学习惯，为终身学习奠定扎实基础。要重视化学实验，实验是学习化学、体验化学和探究化学构成的重要途径。日常生活和医务工作中有很多化学现象，对它们观察、探究和思考，可以加深对化学原理的理解，开阔我们的眼界。成功的关键在于激发自己对身边的自然现象产生兴趣，学习并逐步掌握科学的方法和养成良好的科学习惯。

目标检测

1. 化学的概念是什么？
2. 化学与医学的联系有哪些？

（张彩霞）

第 2 章　物质结构和元素周期律

物质的结构决定其性质。因此，认识物质的结构和构成物质的分子、原子、离子等粒子的组成，以及与物质性质的关系，是深入学习化学的基础。本章将在初中已学过的物质结构初步知识的基础上，进一步学习原子的组成和结构及其与元素性质的关系、元素周期律、化学键等方面的知识。

第 1 节　原子的组成和同位素

人类通过长期的科学研究和大量的科学实验验证得出：世界是由物质构成的，而物质是由分子、原子、离子等基本粒子组成。分子是由原子构成的，离子是带电的原子或原子团。

一　原子的组成

自然界的物质有几千万种，而构成这些物质的原子只有 400 多种。在每个原子中心有一个带正电的原子核，核外有若干带负电的电子绕核高速旋转。原子是由带正电的原子核和核外带负电的电子构成的。每个原子中原子核所带的正电量与核外电子所带的负电量相等，整个原子呈现电中性。

科学实验证明，原子核由质子和中子构成。每个质子带一个单位正电荷，中子不带电。因此，原子核的核电荷数由质子数决定。不同的元素含有不同的核电荷数，按核电荷数由小到大的顺序给元素编号，所得的序号称为元素的原子序数。故：

原子序数 = 核电荷数 = 核内质子数 = 核外电子数

例如：第 6 号元素碳，碳原子的核电荷数是 6，原子序数为 6，原子核内有 6 个质子，核外有 6 个电子。

构成原子的粒子及其性质见表 2-1。质子和中子的质量都很小，使用很不方便，科学上通常用它们的相对质量，其近似整数值为 1。与质子和中子的质量相比，电子的质量更小，其相对质量可忽略不计。将每个原子核内所有的质子和中子的相对质量取近似整数值相加所得的数值，称为质量数。质量数用 A 表示，质子数用 Z 表示，中子数用 N 表示，显然：

质量数 = 质子数 + 中子数

$$A = Z + N$$

表 2-1　构成原子的粒子及其性质

构成原子的粒子	电子	原子核	
		质子	中子
电性和电量	一个电子带一个单位负电荷	一个质子带一个单位正电荷	不带电
质量（kg）	9.109×10^{-31}	1.673×10^{-27}	1.675×10^{-27}
相对质量	1/1836	1.007	1.008

注：相对质量是指相对 ^{12}C 原子质量的 1/12（约 1.66×10^{-27}kg）相比较所得的数值。

如以 $_Z^AX$ 代表一个质量数为 A，质子数为 Z 的原子，那么，组成原子的粒子间的关系可表示如下：

$$原子_Z^AX\begin{cases}原子核\begin{cases}质子 & Z个\\ 中子 & (A-Z)个\end{cases}\\ 核外电子\ Z个\end{cases}$$

例如：$_6^{14}C$ 表示碳原子的质量数为 14，质子数为 6，中子数为 8，核外电子数为 6，碳元素的原子序数为 6。

化学反应中，原子失去电子成为阳离子，得到电子成为阴离子。因此，同种元素的原子与离子间的区别仅仅是核外电子数不同，见表 2-2。

表 2-2　几种原子和离子的组成

原子和离子	原子序数	质量数	质子数	中子数	核外电子数
$_{17}^{37}Cl$	17	37	17	20	17
$_{17}^{37}Cl^-$	17	37	17	20	18
$_{11}^{23}Na$	11	23	11	12	11
$_{11}^{23}Na^+$	11	23	11	12	10

提示：原子、分子和离子是构成物质的粒子，分子是由原子构成的，离子是原子失去或得到电子形成的，掌握原子的组成是学习物质结构的基础。元素符号左上角数字、左下角数字、右上角数字、右下角数字及正上方数字分别表示质量数、质子数、电荷数、原子个数和化合价。

二 同位素

同位素是具有相同核电荷数（即相同质子数）的同一类原子的总称。同种元素几种不同原子的质子数相同。如果同种元素原子的原子核内含有不同数量的中子时，可形成同种元素的多种不同原子。例如，氢元素有 3 种不同的原子（表 2-3），显然是由于原子核内中子数不同引起的。这种质子数相同、中子数不同的同种元素的不同原子互称为同位素。

表 2-3　氢元素的三种不同原子的组成

符号	名称	俗称	质子数	中子数	核电荷数	质量数
$_1^1H$	氕	氢	1	0	1	1
$_1^2H$	氘	重氢	1	1	1	2
$_1^3H$	氚	超重氢	1	2	1	3

大多数元素都有同位素，如碳元素有 $^{12}_{6}C$、$^{13}_{6}C$ 和 $^{14}_{6}C$ 三种同位素；钴元素有 $^{59}_{27}Co$ 和 $^{60}_{27}Co$ 两种同位素；碘元素有 $^{127}_{53}I$ 和 $^{131}_{53}I$ 两种同位素；铀元素有 $^{234}_{92}U$、$^{235}_{92}U$ 和 $^{238}_{92}U$ 三种同位素。同一种元素的各种同位素，其核电荷数、质子数、核外电子数相同，中子数和质量数不同，它们的物理性质有差异，而化学性质基本相同。

在天然存在的元素中，不论是化合态还是游离态，各同位素原子所占的百分比一般是不变的。通常所说的某种元素的相对原子质量，是按照各种天然同位素原子所占的百分比计算出来的相对原子质量。如氯元素在自然界中存在 $^{35}_{17}Cl$ 和 $^{37}_{17}Cl$ 两种同位素，相对原子质量分别为 34.97 和 36.96，其百分含量分别为 75.77% 和 24.23%，所以氯元素的近似相对原子质量是：

$$34.97 \times 75.77\% + 36.96 \times 24.23\% = 35.45$$

三 同位素的应用

同位素有的是天然存在的，有的是人造的；有的稳定，有的具有放射性。

$$\text{同位素}\begin{cases}\text{稳定性同位素}\\ \text{放射性同位素}\begin{cases}\text{天然放射性同位素}\\ \text{人造放射性同位素}\end{cases}\end{cases}$$

许多同位素，特别是放射性同位素，在工农业生产、科学研究和日常生活中具有重要的用途。利用放射性同位素在发生衰变或聚变过程中释放出的巨大能量，可制造核武器或用于发电，如 $^{2}_{1}H$、$^{3}_{1}H$ 可用作制造氢弹和作热核反应堆的原料，用 $^{235}_{92}U$ 制造原子弹和作核反应堆的燃料；通过测定 $^{14}_{6}C$ 的含量，可推算出文物或化石的“年龄”；放射线很容易被灵敏的仪器检测，常用放射性同位素作示踪原子，如在农业肥料中加一些放射性同位素，就可知道某种作物在不同的生长期最需要含哪种元素的肥料；放射线能抑制和破坏细胞的生长活动，如用 $^{60}_{27}Co$ 照射马铃薯、洋葱、大蒜等，可抑制发芽、长霉并能延长保存期，等等。

放射性同位素在医药卫生中也有着广泛的应用。在药物中加入放射性同位素，可用于药物的吸收、代谢、作用机制的研究，以及疾病的诊断等，如 $^{3}_{1}H$ 用于脱氧核糖核酸和核糖核酸形成过程的研究，用 $^{131}_{53}I$ 被甲状腺吸收量来确定甲状腺的功能状态等；由于放射线具有很强的穿透能力，可用放射性同位素扫描来诊断脑、肝、肾、肺等病变；临床上还用放射线来治疗某些疾病和用于医疗器材的消毒，如用 $^{60}_{27}Co$ 远距离治疗机在体外照射来杀伤颅脑内、鼻咽部、肺、食管及淋巴系统等深部位的肿瘤。

四 原子核外电子排布的表示法

化学上常用不同的方式表示原子核外电子排布情况，比较简单的是原子结构示意图和电子式两种。

（一）原子结构示意图

原子结构示意图是用小圆圈加弧线的方式表示；小圆圈代表原子核，圆圈内的 $+Z$ 表示核电荷数（质子数）；弧线表示电子层，弧线上的数字表示该电子层上的电子数。这种表示方法简单明了，图 2-1 为四种元素的原子结构示意图。

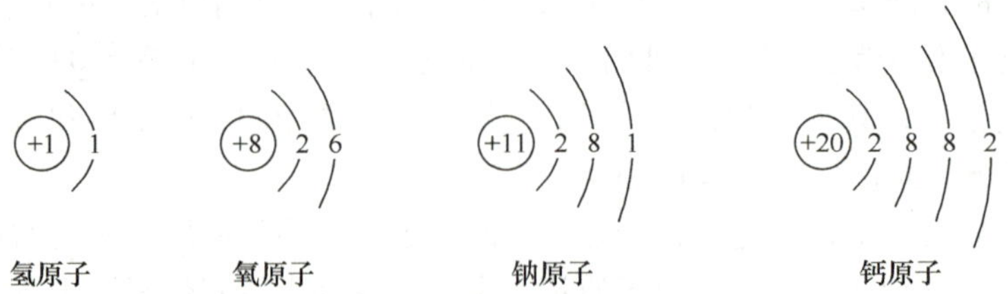

图 2-1 4 种原子结构示意图

（二）电子式

电子式是用元素符号表示原子核和内层电子，并在元素符号周围用 • 或 × 表示原子最外层电子的化学式。第 11 ~ 18 号元素原子的电子式见图 2-2。

图 2-2 第 11 ~ 18 号元素原子的电子式

五 原子结构与元素性质的关系

元素的性质，与原子的电子层结构，特别是与原子的最外层电子数的关系非常密切。例如，稀有气体除氦原子的最外层电子数为 2 个外，其余原子最外层电子数都是 8 个，它们的化学性质很稳定，通常很难与其他物质发生化学反应。所以，不论原子有几个电子层，一般认为最外层有 8 个电子（最外层是 *K* 层时有 2 个电子）的结构是一种相对稳定结构。而其他元素的原子是一种不稳定结构，都有失去电子或得到电子，使其最外层达到稳定结构的倾向。

元素的金属性是指原子失去电子成为阳离子的趋势；元素的非金属性是指原子得到电子成为阴离子的趋势。

金属元素的原子最外层电子数通常少于 4 个，在化学反应中比较容易失去电子，使次外层成为最外层，达到 8 个电子的稳定结构。元素的原子失去电子越容易，则生成的阳离子越稳定，该元素的金属性就越强；反之越弱。如：

$$\xrightarrow[\text{原子失去电子的能力依次减弱，金属性依次减弱}]{\text{钾（K）　钠（Na）　镁（Mg）　铝（Al）}}$$

非金属元素的原子最外层电子数通常多于 4 个，在化学反应中比较容易得到电子，使最外层变为 8 个电子的稳定结构。元素的原子得到电子越容易，则生成的阴离子越稳定，该元素的非金属性就越强；反之越弱。如：

$$\xrightarrow[\text{原子得到电子的能力依次减弱，非金属性依次减弱}]{\text{氟（F）　氯（Cl）　溴（Br）　碘（I）}}$$

第 2 节 元素周期律和元素周期表

● 案例 2-1

患儿，男，6 个月，因间断抽搐 3 个月来诊。出生后采用牛奶喂养，未添加其他食物，体质较差。1 天前无诱因突然出现四肢抽动，两眼上翻，面肌抽动，神志不清，每次发作时间 1 分钟，缓解后活动自如。检查：体温 36.8℃，方颅，枕秃，其他未见异常；诊断为：维生素 D 缺乏性佝偻病。

问题：钙对机体有哪些作用？

● 案例 2-2

患儿，女，3 岁。因面色苍白、疲乏无力就诊，查血红蛋白 80g/L，红细胞 3.5×10^{12}/L，红细胞大小不等，以小者为主。诊断为缺铁性贫血。

问题：1. 微量元素对人体有哪些作用？

2. 铁对机体的作用有哪些？

一 元素周期律

自然界的所有客观事物都是互相联系和具有内部规律的。为了认识元素性质之间存在的规律性变化，将第 3 ~ 18 号元素原子的最外层电子数、原子半径、主要化合价及元素的金属性和非金属性列成表 2-4。

表 2-4　第 3～18 号元素性质的周期性变化

原子序数	元素名称	元素符号	最外层电子数	原子半径（10^{-10}m）	最高正化合价、负化合价	金属性和非金属性
3	锂	Li	1	1.52	+1	活泼金属元素
4	铍	Be	2	0.89	+2	金属元素
5	硼	B	3	0.82	+3	不活泼非金属元素
6	碳	C	4	0.77	+4 −4	非金属元素
7	氮	N	5	0.75	+5 −3	活泼非金属元素
8	氧	O	6	0.74	−2	很活泼非金属元素
9	氟	F	7	0.71	−1	最活泼非金属元素
10	氖	Ne	8	—	0	稀有气体
11	钠	Na	1	1.86	+1	很活泼金属元素
12	镁	Mg	2	1.60	+2	活泼金属元素
13	铝	Al	3	1.43	+3	金属元素
14	硅	Si	4	1.17	+4 −4	不活泼非金属元素
15	磷	P	5	1.10	+5 −3	非金属元素
16	硫	S	6	1.02	+6 −2	活泼非金属元素
17	氯	Cl	7	0.99	+7 −1	很活泼非金属元素
18	氩	Ar	8	—	0	稀有气体

注：稀有气体元素的原子半径测定的依据与其他元素不同，数值不具有可比性，故不列出。

仔细比较表中各元素的性质，可以发现，随着原子序数的递增，元素的各种性质都呈现出周期性变化，即每间隔一定数目的元素之后，又出现了与前面元素性质相类似的元素。

（一）原子最外层电子数的周期性变化

从3号元素锂至10号元素氖，原子最外层电子数由1个递增至8个（由于K层最多为2个电子，所以氢与氦的原子最外层电子数分别为1个和2个），达到稳定结构；从11号元素钠至18号元素氩，原子最外层电子数也从1个递增到8个。若对18号以后的元素继续研究，同样发现，每隔一定数目的元素，也会重复出现原子最外层电子数从1个递增至8个的情况。后面的元素，原子最外层电子数也有这样的变化趋势。因此可得出结论：随着原子序数的递增，元素原子的最外层电子数呈现周期性变化。

（二）原子半径的周期性变化

从表可看出，由锂到氟，随原子序数的递增，原子半径由大逐渐变小；再由钠到氯，随原子序数的递增，原子半径也由大逐渐变小。后面的元素，原子半径也有类似的变化趋势。因此可得出结论：随着原子序数的递增，元素原子的半径呈现周期性变化。

（三）元素化合价的周期性变化

从11号元素至18号元素，化合价的变化基本上延续了3号元素至10号元素的变化：最高正化合价由+1依次递增到+7（氧、氟例外）；非金属元素的负化合价由−4递变到−1，且最高正化合价与负化合价的绝对值之和为8；稀有气体元素的化合价为0。18号以后的元素的化合价也有相似的变化。因此可得出结论：元素的化合价随原子序数的递增而呈现周期性的变化。

（四）元素金属性和非金属性的周期性变化

从表2-4中可看出，由锂至氖，由钠至氩，随着原子序数的递增，两组元素都是从活泼金属开始，金属性逐渐减弱，再逐步过渡至非金属，非金属性逐渐增强，到活泼的非金属，最后是稀有气体。18号以后的元素，其金属性和非金属性也有类似的规律性变化。因此可得出结论：随着原子序数的递增，元素的金属性和非金属性呈现周期性变化。

综上所述，可归纳出结论：元素的性质随着原子序数的递增呈现周期性变化的规律称为元素周期律。

元素原子核外电子排布的周期性变化是元素性质周期性变化的实质。因此，元素周期律深刻地揭示了原子结构和元素性质的内在联系。必须指出的是，元素性质的周期性变化，并不是简单地和机械地重复，而是一种循环的、递进的变化。

二 元素周期表

对目前已确认的112种元素，根据元素周期律，先把电子层数相同的元素，按原子序数递增的顺序从左到右排成横行，再将不同横行中最外层电子数相同和性质相似的元素，按电子层数递增的顺序由上而下排成纵列，制成的一张元素表称为元素周期表（见封三彩图）。

元素周期表是元素周期律的具体表现形式，反映了元素间相互联系及发展变化的规律，是学习化学及有关学科的重要工具。

（一）元素周期表的结构

1. 周期　周期表中共有 7 个周期，一个横行称为一个周期。把具有相同的电子层数又根据原子序数递增顺序排列的一组元素称为一个周期。依次用阿拉伯数字 1，2，3……7 表示。周期序数等于该周期元素原子具有的电子层数。

各周期元素的数目不完全相同。第 1 周期只有 2 种元素，第 2 周期和第 3 周期各有 8 种元素，第 4 周期和第 5 周期各有 18 种元素，第 6 周期有 32 种元素，第 7 周期目前只有 26 种元素，还未填满。第 1、2、3 周期含元素数目较少称为短周期，第 4、5、6 周期含元素数目较多称为长周期，未填满的第 7 周期称为不完全周期。

第 6 周期中，从 57 号元素镧（La）至 71 号元素镥（Lu），总计 15 种元素，它们原子的电子层结构和性质十分相似，总称为镧系元素。第 7 周期中，从 89 号元素锕（Ac）至 103 号元素铹（Lr），总计 15 种元素，它们原子的电子层结构和性质也十分相似，总称为锕系元素。为使周期表的结构紧凑，将全体镧系元素和锕系元素分别按周期各放在同一格内，并按原子序数递增的顺序，把它们分两行另列在表的下方。

2. 族　周期表中共有 16 个族。在周期表中有 18 个纵行，除第 8、9、10 三个纵行总标为一个族外，其余 15 个纵行，各标为一个族。族的序数用罗马数字 Ⅰ、Ⅱ、Ⅲ等表示。

（1）主族：由短周期元素和长周期元素共同构成的族，称为主族。共有 7 个主族。主族元素的族序数用 A 标明，如Ⅰ A、Ⅱ A……Ⅶ A。主族序数等于该主族元素原子的最外层电子数。

（2）副族：完全由长周期元素构成的族，称为副族。共有 7 个副族。副族元素的族序数用 B 标明，如Ⅰ B、Ⅱ B……Ⅶ B。

（3）第Ⅷ族：第 8、9、10 纵行在周期表中构成的一个族，称为第Ⅷ族。全部由长周期元素构成，共有 9 种元素。

元素周期表中部的第Ⅷ族和全部副族元素，共计 60 多种元素，通称为过渡元素。这些元素都是金属，所以又把它们称为过渡金属元素。

（4）0 族：由稀有气体元素构成的族，称为 0 族。这些元素原子的最外层电子结构为稳定结构，化学性质很不活泼，一般难以和其他物质发生化学反应，它们的化合价通常为 0 价，因此称为 0 族。

提示：元素周期表的结构要掌握 7 个周期中有 3 个短周期、3 个长周期和 1 个不完全周期，16 个族中有 7 个主族、7 个副族、1 个第Ⅷ族和 1 个 0 族；掌握周期序数与电子层数的关系及主族序数与最外层电子数的关系。

（二）元素的性质与元素在周期表中位置的关系

元素在周期表中的位置，决定了该元素的原子结构和一定的性质。所以，可根据某元素在周期表中的所处位置，推测它的原子结构和某些性质。下面以元素的金属性和非金属性为例，来说明周期表中元素的性质及递变规律。

元素金属性的强弱，可从其单质跟水或酸反应置换出氢气的难易程度，以及它的最高价氧化物的水化物——氢氧化物的碱性强弱来判断。而元素非金属性的强弱，可从其单质跟氢气生成气态氢化物的难易程度及氢化物的稳定性，以及它的最高价氧化物的水化物——含氧酸的酸性强弱来判断。

1. 同周期元素性质的递变规律　在同一周期中，各元素原子的核外电子层数相同，而从左至右，核电荷数依次增多，原子半径逐渐减小，失电子能力逐渐减弱，得电子能力逐渐增强。故得出结论：同周期元素从左到右，金属性逐渐减弱，非金属性逐渐增强。这个结论可从第3周期（11 ~ 18号）元素性质的递变中得到证明。

（1）第11号元素钠是非常活泼的金属元素。

【演示实验 2-1】　取一个盛有少量水的小烧杯，用镊子取约绿豆大1块金属钠，用滤纸吸干表面的煤油，放入烧杯后，观察现象。向反应后的溶液中加入2滴酚酞试液，仔细观察颜色变化。

实验表明，金属钠与冷水可剧烈反应，钠粒熔化成液态，变成小球，受到生成的氢气的推动在水面上快速游动，发出轻微的嘶嘶声。生成的氢氧化钠是强碱，加入酚酞试液呈红色。

$$2Na + 2H_2O \xlongequal{\text{冷水}} 2NaOH + H_2\uparrow$$

（2）第12号元素镁是活泼金属元素。

【演示实验 2-2】　取两小段镁带，用砂纸摩擦去掉表面的氧化膜，放入试管内。向试管中加入3ml水，并滴入2滴酚酞试液，观察现象。然后，加热试管到水沸腾，再观察现象。

实验表明，镁的单质不易跟冷水反应，但能跟沸水起化学反应，放出氢气，溶液遇酚酞呈淡红色。生成的氢氧化镁的碱性比氢氧化钠弱，说明镁的金属活动性不如钠强。

$$Mg + 2H_2O \xlongequal{\text{冷水}} Mg(OH)_2 + H_2\uparrow$$

（3）第13号元素铝是金属元素。

【演示实验 2-3】　取1小段镁带和1小块铝片，用砂纸摩擦去掉表面的氧化膜，分别放入两支试管内，各加2ml 1mol/L盐酸，观察现象。

实验表明，铝和镁都能跟盐酸反应，置换出氢气，但镁跟酸的反应比铝与酸的反应剧烈，说明铝的金属活动性不如镁强。

$$Mg + 2HCl = MgCl_2 + H_2\uparrow$$

$$2Al + 6HCl = 2AlCl_3 + 3H_2\uparrow$$

铝的氧化物（Al_2O_3）既能跟酸反应，又能跟碱反应，表现出两性，称两性氧化物。

$$Al_2O_3 + 6HCl = 2AlCl_3 + 3H_2O$$

$$Al_2O_3 + 2NaOH = \underset{\text{偏铝酸钠}}{2NaAlO_2} + H_2O$$

【演示实验 2-4】　在试管内加入少量$AlCl_3$溶液，再滴加NaOH稀溶液到产生大量$Al(OH)_3$白色絮状沉淀为止。将$Al(OH)_3$沉淀分盛在两支试管中，然后分别加入稀H_2SO_4溶液和过量的NaOH溶液，观察现象。

实验表明，铝的氧化物对应的水化物氢氧化铝[$Al(OH)_3$]既可跟酸起反应，也可跟碱起反应，称为两性氢氧化物。$Al(OH)_3$跟碱反应时，分子式可写成H_3AlO_3（铝酸）。

$$2Al(OH)_3 + 3H_2SO_4 = Al_2(SO_4)_3 + 6H_2O$$

$$H_3AlO_3 + NaOH = NaAlO_2 + 2H_2O$$

以上实验说明铝已表现出一定的非金属性，是两性元素。

（4）第 14 号元素硅是不活泼非金属元素。只有在高温下，硅才能与氢气反应生成气态氢化物甲硅烷（SiH_4）；硅的氧化物二氧化硅（SiO_2）是酸性氧化物，对应的水化物硅酸（H_2SiO_3）是很弱的酸。

（5）第 15 号元素磷是非金属元素。磷的蒸气和氢气起反应生成气态氢化物磷化氢（PH_3），但十分困难；磷的最高价氧化物是 P_2O_5，对应的水化物磷酸（H_3PO_4）是中强酸。

（6）第 16 号元素硫是活泼的非金属元素。在加热的条件下，硫能跟氢气化合生成气态氢化物硫化氢（H_2S），硫化氢稳定性较差，在较高温度下发生分解；硫的最高价氧化物是 SO_3，对应的水化物硫酸（H_2SO_4）是强酸。

（7）第 17 号元素氯是很活泼的非金属元素。氯气跟氢气在光照或点燃时能发生爆炸，生成气态氢化物氯化氢（HCl），氯化氢十分稳定。氯的最高价氧化物是 Cl_2O_7，对应的水化物是高氯酸（$HClO_4$）。高氯酸的酸性比硫酸的酸性还强。

（8）第 18 号元素氩是一种稀有气体元素。

可以看出，第 3 周期元素性质的变化规律是：

Na Mg Al Si P S Cl →	Ar
金属性逐渐减弱，非金属性逐渐增强	稀有气体元素

对其他周期的元素性质进行同样的研究，得出的结论是类似的。

2. 同主族元素性质的递变规律　同一主族元素中，虽然各元素原子的最外层电子数相同，但从上到下，电子层数依次增多，原子半径逐渐增大，失去电子的能力逐渐增强，得到电子的能力逐渐减弱。因而得出结论：同主族元素从上到下，金属性逐渐增强，非金属性逐渐减弱。这个结论可从第ⅠA族碱金属和第ⅦA族卤素的性质递变中得到证明。

第ⅠA族元素都是活泼的金属元素，最高价氧化物的水化物——氢氧化物几乎都是强碱，故该族元素又称为碱金属。

【演示实验 2-5】　在两个烧杯内各放入一些水，然后各取绿豆大小的钠、钾，用滤纸吸干表面的煤油，分别投入两个烧杯中，观察现象并比较。反应完毕后，分别向两个烧杯中滴入几滴酚酞试液，观察溶液的颜色变化。

实验表明，钾同钠一样也能与水反应，生成氢气和氢氧化钾。但钾跟水的反应比钠与水的反应更剧烈，反应放出的热使生成的氢气燃烧，并发生轻微的爆炸，从而证明钾比钠的金属性更强。

铷、铯与水的反应比钾与水的反应还要剧烈，它们遇水立即燃烧，甚至发生爆炸。可见在第ⅠA族元素中，元素的金属性按照锂、钠、钾、铷、铯、钫从上至下的顺序逐渐增强。

第ⅦA族卤素氟、氯、溴、碘、砹，它们的非金属性按照从上至下的顺序逐渐减弱。

副族元素和第Ⅷ族元素性质的变化规律比较复杂，这里不再讨论。

按照以上元素性质的递变规律，可在元素周期表中对金属元素和非金属元素进行分区，见表 2-5。表中虚线的左方是金属元素，右方是非金属元素；左下方钫是金属性最强的元素，右上方氟是非金属性最强的元素；周期表最右边一个纵行是 0 族的稀有气体元素。由于元素的金属性和非金属性之间没有严格的界线，因此位于虚线分界线附近的元素，既能表现出一定的金属性，又能表现出一定的非金属性。

表 2-5　主族元素的金属性和非金属性递变

周期	主族							0
	ⅠA	ⅡA	ⅢA	ⅣA	ⅤA	ⅥA	ⅦA	
1				非金属性逐渐增强				
2	Li	Be	B	C	N	O	F	稀有气体元素
3	Na	Mg	Al	Si	P	S	Cl	
4	K	Ca	Ga	Ge	As	Se	Br	
5	Rb	Sr	In	Sn	Sb	Te	I	
6	Cs	Ba	Ti	Pb	Bi	Po	At	
7	Fr	Ra						

金属性逐渐增强（纵向，自上而下）；非金属性逐渐增强（纵向，自下而上）；金属性逐渐增强（横向，自右向左）

提示：元素的性质与元素在周期表中位置的关系，主要是学会应用同周期元素从左到右，金属性逐渐减弱，非金属性逐渐增强和同主族元素从上到下，金属性逐渐增强，非金属性逐渐减弱两个结论。

三　元素与人体健康

人和自然界之间最本质的联系就是化学联系。自然界中存在的元素大多数也是构成人体的元素，这些元素与人体的健康密切相关。到目前为止，自然界中已发现的化学元素共有 100 多种，已知其中 60 多种在人体中存在。

许多元素在的人体组织和体液中的分布是不均匀的（表 2-6），人们通常根据它们的含量，习惯上将其分为常量元素与微量元素两大类。常量元素即占人体总重量的 1/10 000 以上者，如碳、氢、氧、氮、钙、磷、镁、钠、钾、氯、硫，称为常量元素，共 11 种（表 2-7），占人体总重量的 99.95%；凡占人体总重量的 1/10 000 以下者（如铁、钾、硒、锰、铜、钼、钴、铬、氟、硅、钒、镍、锡等 41 种）称为微量元素，共占人体总重量的 0.05% 左右。人体内的微量元素根据其生理功能可分为必需微量元素和有毒微量元素两类。维持人体正常生命活动不可缺少的元素称为必需微量元素，是维持人体正常生理功能的重要元素。目前世界卫生组织（WHO）公布的人体内必需的微量元素有 14 种：铁、锌、硒、锰、铜、碘、钼、钴、铬、氟、硅、钒、镍、锡。另一类是有毒微量元素，主要是指重金属元素，如铅、汞、镉、砷等，多是因环境污染，通过食物链、空气进入人体内，有些可在体内蓄积，引起急性或慢性中毒而危害健康，有些可致畸、致癌，甚至造成死亡。

表 2-6　各种元素在人体组织体液中分布情况

人体组织 / 体液	存在的元素	人体组织 / 体液	存在的元素
头发中	铝、砷、钒	肺中	锂、钠
大脑中	钠、镁、钾	胰腺中	镁
垂体中	铟、溴、锰、铬	肾脏中	锂、硒、钙、镁、钾、钼、镉、汞

续表

人体组织/体液	存在的元素	人体组织/体液	存在的元素
眼液中	钠	消化液中	钠
视网膜中	钡	骨筋中	锂、镁、钾
齿质及珐琅质中	钙、镁、氟	肌肉中	锂、镁、钾
牙组织中	钙、磷	骨组织中	钠、钙、钾、磷
甲状腺中	碘、铟、溴	血液中	铁、钠、锂、钙、钾
心脏中	钙、钾	肝脏中	锂、硒、铝、锌、钙、镁、钾、铜

表 2-7　常量元素在人体中的含量

名称	含量（%）	名称	含量（%）	名称	含量（%）
氧	65.00	钙	2.00	钠	0.15
碳	18.00	磷	1.00	氯	0.15
氢	10.00	硫	0.25	镁	0.05
氮	3.00	钾	0.35		

必需微量元素含量虽少，但对人体的生长、发育、衰老、疾病乃至死亡都起着十分重要的作用，是构成各种生命活动的重要物质，如是蛋白质、酶、激素、维生素等必不可少的组成成分。例如，铁是构成血红蛋白的成分；锌是构成多种激素、酶和遗传物质的必需元素；钴是维生素 B_{12} 的成分等。

必需微量元素在食物中分布较广，一般情况下人们可通过均衡饮食来满足机体对必需微量元素的需要。但由于食物中的微量元素含量与土壤、水中的微量元素的含量有关，因此，微量元素缺乏呈地区性分布。例如：地方性甲状腺肿和克汀病高发区多为内陆缺碘地区；低氟地区儿童龋齿发病率高；克山病区硒缺乏等。故补充必需微量元素应有明确的针对性，如我国广大内陆地区普遍食用碘盐。

必须指出，必需微量元素在体内也不是越多越好，一旦摄入量过多，会造成在体内蓄积而引起中毒，特别是有些微量元素的正常生理浓度和中毒剂量很接近，如铜是人体必需微量元素，若摄入量超过正常生理需要（成人每日每千克体重不超过 0.5mg）时，会引起铜中毒。因此，不能盲目地补充微量元素。

第3节　化　学　键

元素的原子以不同的种类、数目和排列方式相互作用结合成各种分子，这些分子是构成世界的物质基础。原子能结合成分子说明原子之间存在着相互作用，特别是直接相邻原子之间的作用更强烈，难以破坏，是使原子互相连接形成分子的主要因素。分子中相邻的原子（离子）之间强烈的相互作用称为化学键。

原子相互作用形成化学键时，原子核没有变化，只是原子核外电子排布发生了变化，特别是最外层电子数及排布方式发生了改变。由于各种元素原子的核外电子排布不同，各原子之间的相互作用也不同。因此，化学键有几种不同的类型。

- 化学键
  - 离子键
  - 共价键
    - 非极性共价键
    - 极性共价键
  - 金属键

本节主要介绍离子键与共价键。

一 离子键

（一）离子键的形成

以钠和氯气反应生成氯化钠为例。钠原子的最外层只有一个电子，很容易失去，而氯原子的最外层有 7 个电子，容易得到一个电子，因而双方可通过得失电子使最外层都成为 8 个电子的稳定结构。当钠和氯气反应时，发生了电子转移，形成了带正电荷的钠离子（Na^+）和带负电荷的氯离子（Cl^-）。同种电荷相互排斥，异种电荷相互吸引。阴、阳离子之间带有异种电荷通过静电相互吸引，但与此同时，两离子的原子核之间、核外电子之间会产生斥力。当两离子接近到某一距离时，引力和斥力达到平衡，便形成了稳定的化学键。这种阴、阳离子之间通过静电相互作用所形成的化学键，称为离子键。离子键的本质是静电相互作用。

易失电子成为阳离子的活泼金属元素（如 K、Ca、Na、Mg 等）与易得电子成为阴离子的活泼非金属元素（如 F、O、Cl、Br 等）之间相互化合时形成的化学键是离子键。如 NaCl、K_2O、CaF_2 等化合物都是由离子键形成的。

离子键的形成可用电子式表示，如：

氯化钠（NaCl）
氧化钾（K_2O）
氟化钙（CaF_2）

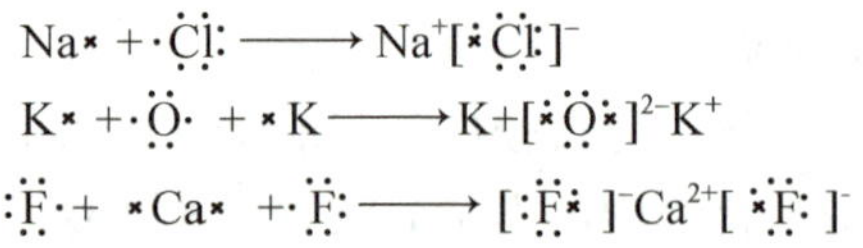

（二）离子化合物

由离子键形成的化合物称为离子化合物，如 NaCl、KCl、Na_2O、MgO、CaF_2、KBr 等。

离子化合物中元素的化合价，就是该离子所带的电荷数，如 Na^+、K^+ 是 +1 价，Ca^{2+}、Mg^{2+} 是 +2 价，Cl^-、Br^- 是 −1 价，O^{2-}、S^{2-} 是 −2 价。

二 共价键

（一）共价键的形成

当吸引电子能力相同或相差不大的元素的原子间相互作用时，不能通过得或失电子形成阴、阳离子，只能通过共用电子对的形式形成化学键。例如，两个氢原子形成一个氢分子时，由于其得失电子的能力相同，电子不能从一个氢原子转移到另一个氢原子，而是在两个氢原子之间共用，形成共用电子对。共用电子对绕两个氢原子的原子核运动，使每个氢原子都形成 2 电子的稳定结构。从而两个氢原子通过共用电子对结合成一个氢分子。这种原子间通过共用电子对所形成的化学键，称为共价键。共价键的本质是共用电子对。

非金属元素原子间相互结合时形成的化学键是共价键，如 H_2、Cl_2、O_2、HCl、H_2O、NH_3 等分子都是由共价键形成的。

需要说明的是，原子间形成共价键时，两原子间可以共用一对电子，也可共用两对或三对电子，分别形成共价单键、共价双键、共价三键。

共用电子对也可用短线表示。当用短线表示共用电子对时，则能反映出分子结构，表示分子结构的化学式称为结构式，如 H—H。

用电子式表示共价键的形成，如：

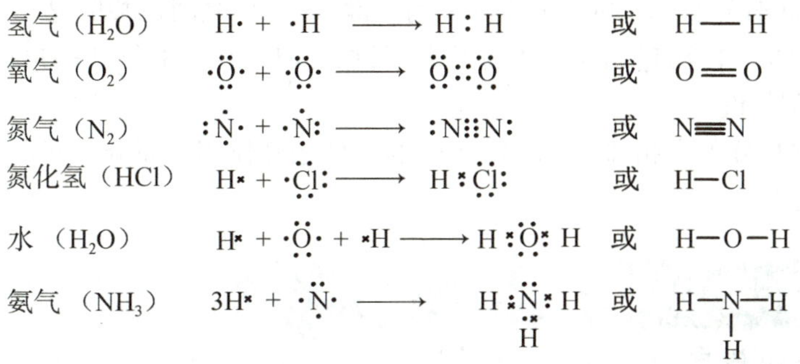

共价键还有一种特殊形式，其成键原子间共用电子对是由一个原子单独提供并和另一个原子共用，这种特殊形式的共价键又称配位键。例如，氨气跟氯化氢反应生成氯化铵。

$$NH_3 + HCl \xlongequal{} NH_4Cl$$

其中氨分子与氢离子间以配位键结合形成铵离子（NH_4^+）。这是因为氨分子中的氮原子最外电子层上还有一对尚未共用的电子对，习惯上称为孤电子对，氢离子核外没有电子。当氨分子与氢离子相互作用时，氮原子上的孤电子对就和氢离子共用，形成配位键。这种共用电子对由一个原子单向提供而与另一个原子共用形成的共价键称为配位键。

配位键可用箭头“→”表示，箭头指向接受电子的原子。氨分子与氢离子形成铵离子可表示如下：

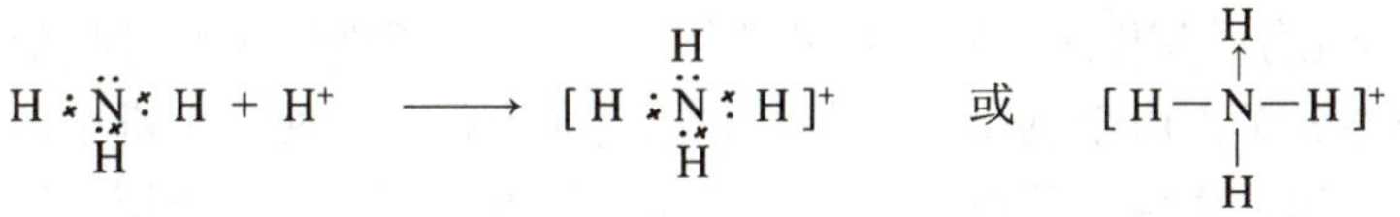

（二）共价键的类型

按照共用电子对在两原子是否存在偏移现象，共价键分为非极性共价键和极性共价键。

1. 非极性共价键　由同种元素的原子间形成的共价键，两个原子吸引电子的能力相同，共用电子对不偏向任何一个原子，这种共价键称为非极性共价键，简称非极性键。例如，H—H、O=O、N ≡ N 键都是非极性键。非金属单质双原子分子中的化学键都属于非极性键，如 H_2、O_2、Cl_2、N_2、I_2 等双原子分子。

2. 极性共价键　由不同种元素的原子间形成的共价键，由于两原子吸引电子的能力不同，共用电子对必然偏向吸引电子能力较强的原子一方，这样的共价键称为极性共价键，简称极性键。例如，H—Cl 键是极性键，共用电子偏向 Cl 原子一方。不同种元素原子间形成的共价键属于极性键，如 HF、HCl、HBr、H_2O、NH_3、CO_2 等。

形成共价键的两原子吸引电子的能力相差越大，形成极性键的极性越强。例如，共价键的极性：H—F > H—Cl > H—Br > H—I。

（三）共价化合物

全部由共价键形成的化合物称为共价化合物，如 H_2O、HCl、NH_3、CO_2、H_2SO_4 等都是共价化合物。

共价化合物中元素的化合价是该元素一个原子与其他原子之间形成共用电子对的数目，

共用电子对偏向的一方为负价，偏离的一方为正价。例如，H_2O 中，H 为 +1 价、O 为 −2 价；HCl 中，H 为 +1 价、Cl 为 −1 价；NH_3 中，H 为 +1 价、N 为 −3 价。

由多原子构成的分子中常含有两种或两种以上的化学键。例如：

氢氧化钠（NaOH）中 Na^+ 和 OH^- 之间是离子键，O—H 之间是共价键。

氯化铵（NH_4Cl）中 NH_4^+ 和 Cl^- 之间是离子键，NH_4^+ 中有 3 个 N—H 之间是共价键，1 个 N → H 之间是配位键。

提示：化学键是分子中相邻原子或离子间的强烈相互作用，而分子间作用力和氢键是分子之间的微弱作用力。

三 分子间作用力和氢键

（一）分子间作用力

化学键是分子中相邻的原子（离子）之间强烈的相互作用。任何物质的分子之间还存在一种微弱作用力。我们把这种分子与分子之间的作用力称为分子间作用力。分子间作用力是由荷兰物理学家范德瓦耳斯首先提出来的，又称为范德瓦耳斯力。分子间作用力大小与分子的极性大小、相对分子质量的大小有关。但分子间的作用力与化学键相比要弱得多。分子间作用力仅对物质的物理性质有一定的影响，如熔点、沸点、溶解度等。

（二）氢键

人们在研究同主族非金属元素氢化物的熔点、沸点变化规律时发现：H_2O 的沸点比 H_2S 高，NH_3 的沸点比 PH_3 高、HF 的沸点比 HCl、HBr、HI 都要高。这些事实与“结构相似，相对分子质量越大的物质的熔点、沸点越高”的分子间作用规律不相符。原因是在 H_2O、NH_3、HF 等分子之间存在着一种比分子间作用力稍强的作用力——氢键。下面以水为例来说明什么是氢键。

水分子是极性分子，由于氧原子对电子的吸引能力很强，使氧氢键中的共用电子对强烈地被拉向氧原子一边，而偏离氢原子较远；氢原子核外只有一个电子层，这就使氢原子几乎成了一个裸露的带正电荷的原子核。这个氢原子就可以与另一个水分子中带负电荷的氧原子相吸引，使水分子之间产生较强的结合力。凡与非金属性很强的元素原子（F、O、N）形成共价键的氢原子还可以再和这些元素的已成键的另一个原子相作用，这种相互作用称为氢键。氢键是一种特殊的分子间作用力，它不是化学键，作用力比化学键弱得多，但比普通分子间作用力要略强。为区别化学键，氢键用“……”表示，如水分子间氢键可表示为：

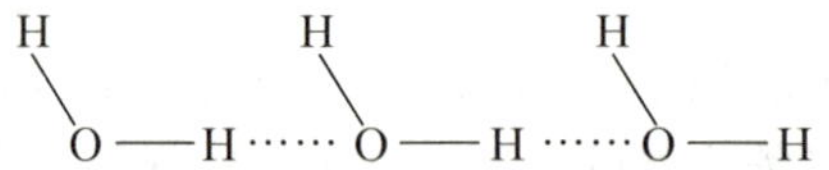

分子间形成氢键对物质的某些物理性质会产生影响。具有氢键的化合物的熔点、沸点比没有氢键的同类化合物要高，如 H_2O、NH_3、HF。能和水分子形成氢键的物质在水中的溶解度增大，如氨气极易溶于水，就是因为氨分子与水分子间可形成氢键。

氢键也可在分子内形成，如蛋白质、核酸分子内都存在氢键，可以说氢键是这些高分子化合物维持空间结构的重要作用力。

第 4 节　配位化合物

配位化合物是一类结构复杂、应用广泛、普遍存在的化合物，简称配合物。它与医学等科学的关系非常密切，如生物体内的金属离子大多数都是以配合物的形式存在，它们在生命活动中起着十分重要的作用。

一 配位化合物的概念

【演示实验 2-6】在两支试管中各加入 2ml 硫酸铜溶液，然后分别加入少量的氢氧化钠溶液、氯化钡溶液。观察现象。

实验表明：在硫酸铜溶液中加氢氧化钠溶液出现氢氧化铜蓝色沉淀，表示溶液中有铜离子存在：

$$CuSO_4 + 2NaOH = Cu(OH)_2\downarrow + Na_2SO_4$$

加入氯化钡溶液，产生硫酸钡白色沉淀，表示溶液中有硫酸根离子存在：

$$CuSO_4 + BaCl_2 = BaSO_4\downarrow + CuCl_2$$

【演示实验 2-7】在试管中加入 2ml 硫酸铜溶液，滴加适量的氨水，观察现象。再将反应后的溶液分装在两支试管中，在一支试管中加入少量氯化钡溶液，在另一支试管中加少量氢氧化钠溶液，观察现象。

实验表明：在硫酸铜溶液中加入氨水，开始产生碱式硫酸铜 $[Cu_2(OH)_2SO_4]$ 浅蓝色沉淀，继续加入氨水，至浅蓝色沉淀刚好消失，变成深蓝色溶液。在此深蓝色溶液中加氯化钡溶液，出现硫酸钡白色沉淀，表示溶液中有游离的硫酸根离子存在；向上述溶液中加氢氧化钠溶液却无氢氧化铜沉淀和氨气产生，表示铜离子和氨分子已形成稳定的结合。

经进一步分析证实，在深蓝色溶液中，生成了一种复杂的离子——四氨合铜（Ⅱ）离子 $[Cu(NH_3)_4]^{2+}$。

$$CuSO_4 + 4NH_3 = [Cu(NH_3)_4]SO_4$$

这种由一个金属阳离子和一定数目的中性分子或阴离子构成的复杂离子称为配离子；由配离子和带有相反电荷的其他离子构成的化合物称为配合物。如：

配离子：$[Cu(NH_3)_4]^{2+}$　四氨合铜（Ⅱ）离子

配合物：$[Cu(NH_3)_4]SO_4$　硫酸四氨合铜（Ⅱ）

二 配位化合物的组成

配合物是由配离子和带相反电荷的其他离子所结合成的化合物。在配离子中含有金属离子，在金属离子周围结合着若干个中性分子或阴离子。图 2-3 是配合物硫酸四氨合铜（Ⅱ）的组成，其中左图是结构示意图，右图是组成说明。

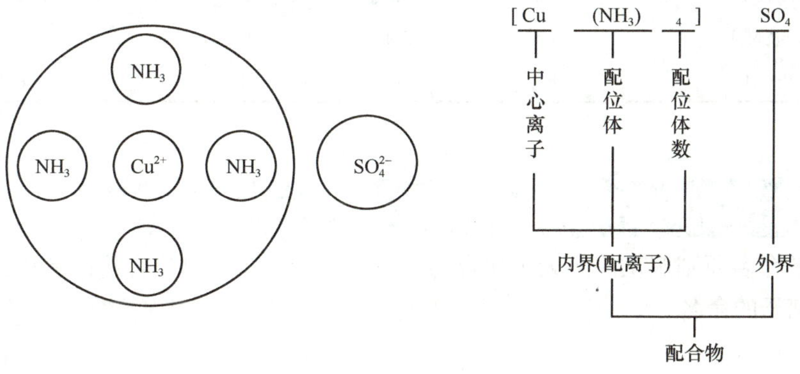

图 2-3　配合物的构成

（一）中心离子

配离子中的金属阳离子位于配合物的中心，是配合物的形成体，称为中心离子。过渡元素的金属离子是常见的中心离子，如 Ag^+、Cu^{2+}、Zn^{2+}、Hg^{2+}、Fe^{3+}、Fe^{2+} 等。

（二）配位体

与中心离子直接相结合在其周围的中性分子或阴离子，称为配位体。配位体必须有孤电子对，其孤电子对与中心离子共用，形成配位键。即配离子中的中心离子与配位体是以配位键相结合的，由于中心离子与配位体相距较近，结合紧密，常称为配合物的内界，书写配离子的化学式用方括弧表示。常见的配位体有 NH_3、H_2O、F^-、Cl^-、CN^-、SCN^- 等。配位体中与中心离子直接结合提供孤电子对的原子称为配位原子，常见的配位原子有 O、N、S、F、Cl、Br 等。

（三）配位数

配位原子与中心离子形成的配位键的总数，称为中心离子的配位数。例如，$[Cu(NH_3)_4]SO_4$ 中，中心离子 Cu^{2+} 的配位数为 4；$[Fe(CN)_6]^{3-}$ 中，中心离子 Fe^{3+} 的配位数是 6。一些常见的中心离子配位数见表 2-8。

表 2-8　一些常见金属离子的配位数

配位数	金属阳离子
2	Ag^+、Cu^+、Au^+
4	Cu^{2+}、Zn^{2+}、Co^{2+}、Ni^{2+}、Hg^{2+}、Pt^{2+}
6	Fe^{2+}、Fe^{3+}、Al^{3+}、Ca^{2+}、Cr^{3+}、Co^{2+}、Co^{3+}

（四）外界离子

配合物中距离中心离子较远的离子，与配离子以离子键相结合，它构成配合物的外界，称为外界离子。

常见配合物的分子组成见表 2-9。

表 2-9　几种常见配合物的分子组成

配合物	配离子			外界离子
	中心离子	配位体	配位数	
$[Cu(NH_3)_4]SO_4$	Cu^{2+}	NH_3	4	SO_4^{2-}
$[Ag(NH_3)_2]Cl$	Ag^+	NH_3	2	Cl^-
$K_3[Fe(CN)_6]$	Fe^{3+}	CN^-	6	K^+
$K_2[HgI_4]$	Hg^{2+}	I^-	4	K^+

三　配离子和配合物的命名

配合物的命名原则服从一般无机化合物的命名原则，与无机化合物命名相比，更复杂的地方在于配离子的命名。

（一）配离子的命名

配离子的命名方法按照如下顺序：配位数（用中文数字表示）＋配位体名称＋合＋中心离子名称＋中心离子化合价（放在括号内，用罗马数字表示）＋离子。例如：

$[Cu(NH_3)_4]^{2+}$　四氨合铜（Ⅱ）离子

$[Ag(NH_3)_2]^{+}$　二氨合银（Ⅰ）离子

$[Fe(SCN)_6]^{3-}$　六硫氰合铁（Ⅲ）离子

$[Fe(CN)_6]^{4-}$　六氰合铁（Ⅱ）离子

（二）配合物的命名

按照阴离子在前、阳离子在后原则，分别称为：某化某、某酸某或氢氧化某。例如：

$[Cu(NH_3)_4]SO_4$　硫酸四氨合铜（Ⅱ）

$[Cu(NH_3)_4]Cl_2$　氯化四氨合铜（Ⅱ）

$K_3[Fe(SCN)_6]$　六硫氰合铁（Ⅲ）酸钾

$Na_4[Fe(CN)_6]$　六氰合铁（Ⅱ）酸钠

$[Ag(NH_3)_2]OH$　氢氧化二氨合银（Ⅰ）

四　配合物在医学上的应用

人体内有不少发挥重要生理作用的金属元素，它们绝大部分是与生物大分子（称为生物配体）结合成配合物发挥作用的。在生物体内能用作配体的大分子有很多，如蛋白质、核酸、多糖、磷脂等。它们与金属离子形成具有特定生物活性或生理作用的配合物，在人体内起着特定的生理作用。例如，金属离子与酶蛋白的某些基因，按一定几何构型配位结合，形成金属-酶蛋白配合物，在生物体的生化过程中起着重要的作用。进入人体的有毒金属元素，与特定的配体可以形成稳定的配合物而被排出体外。在细胞癌变中，金属致癌物与蛋白质的 DNA 作用，置换了酶中固有的金属离子，形成更稳定的配合物，使酶的空间构型发生了改变，部分或全部抑制了酶的正常活性，导致病变。目前，临床上也利用这一特性研制抗癌药物，经临床验证常用的抗癌药物有 60 多种，其中含有 Pt、Pd、Ir、Cu、Se、Mg、Mo、Si、Zn、Mn 等金属元素的配合物。

配合物的应用非常普遍，除了在医学上的应用，已应用在很多领域，如核反应堆材料的生产；有色金属和稀有金属的提炼；激光材料、超导材料的分离提纯；石油化工及有机合成中配位催化剂的制备；电镀、印染、鞣革、硬水软化、化学分析等诸多领域都应用到配合物知识。

第 5 节　氧化还原反应

氧化还原反应是一类非常重要的化学反应，它跟工农业生产、科学研究、医药卫生和生命活动都有密切的关系。氧化还原反应的重要性在于反应中能放出能量，释放能量的形式有多种，可以是热能、电能和光能。例如，天然气、石油、煤的燃烧为生产和生活提供热能；电池为手机等提供电能；糖类、脂肪、蛋白质等在体内氧化提供生命活动所需要的能量等。

一 氧化还原反应

（一）氧化还原反应的特征

在初中化学中，曾根据反应中物质是否得氧或失氧，把化学反应分为氧化反应和还原反应。由于在同一反应中，如果有物质得到氧，必然有另一物质失去氧，得氧与失氧是同时进行的，即氧化反应和还原反应是在同一个化学反应中同时发生的两个过程，无法分割，因此常合称为氧化还原反应。例如，氢气还原氧化铜的反应，其中有得氧与失氧同时发生，就是一个氧化还原反应。

得到氧，被氧化

$$CuO + H_2 \xlongequal{\triangle} Cu + H_2O$$

失去氧，被还原

但这种从得氧或失氧的角度分析氧化还原反应有很大的局限性，只能分析有得失氧的反应，并不能反映氧化还原反应的本质。下面从元素化合价升降的角度分析这类反应。

化合价升高，被氧化

$$\overset{+2}{Cu}O + \overset{0}{H_2} \xlongequal{\triangle} \overset{0}{Cu} + \overset{+1}{H_2}O$$

化合价降低，被还原

反应中氢元素的化合价从氢气中的 0 价升高为水中的 +1 价，铜元素的化合价从氧化铜中的 +2 价降低为单质铜中的 0 价。反应前后元素的化合价有升高和降低变化。

又如水蒸气在高温下与碳的反应：

化合价降低，被还原

$$\overset{+1}{H_2}O + \overset{0}{C} \xlongequal{高温} \overset{0}{H_2} + \overset{+2}{C}O$$

化合价升高，被氧化

以此方法分析大量的氧化还原反应，可以得出这样的结论：物质所含元素化合价升高的反应称为氧化反应；物质所含元素化合价降低的反应称为还原反应；有元素化合价升降的化学反应称为氧化还原反应。氧化还原反应的特征是：反应前后元素的化合价有升降变化。

再从化合价升降变化的角度来分析没有得氧和失氧的反应：

化合价升高，被氧化

$$\overset{0}{Zn} + \overset{+2}{Cu}SO_4 \xlongequal{} \overset{+2}{Zn}SO_4 + \overset{0}{Cu}$$

化合价降低，被还原

化合价升高，被氧化

$$2\overset{0}{Na} + \overset{0}{Cl_2} \xlongequal{} 2\overset{+1}{Na}\overset{-1}{Cl}$$

化合价降低，被还原

上述两个反应中，反应前后元素的化合价都有升降变化，都是氧化还原反应。

$$\overset{+1}{Na}\overset{-2}{O}\overset{+1}{H} + \overset{+1}{H}\overset{-1}{Cl} \xlongequal{} \overset{+1}{Na}\overset{-1}{Cl} + \overset{+1}{H_2}\overset{-2}{O}$$

氢氧化钠与盐酸的反应前和反应后，元素的化合价无变化，该反应是非氧化还原反应。

根据反应前和反应后有无化合价升降，化学反应分为氧化还原反应和非氧化还原反应。

（二）氧化还原反应的本质

元素的化合价与电子的得失或偏移有密切关系，因此不难推出，氧化还原反应和电子的转移关系密切。

如金属钠与氯气生成氯化钠的反应。钠原子的最外层有 1 个电子，氯原子的最外层有 7 个电子，当钠与氯反应时，钠原子失去 1 个电子成为带正电荷的钠离子，氯原子得到 1 个电子成为带负电荷的氯离子。此反应中，发生的电子转移，可用下面的化学方程式表示，式中“e^-”表示电子。

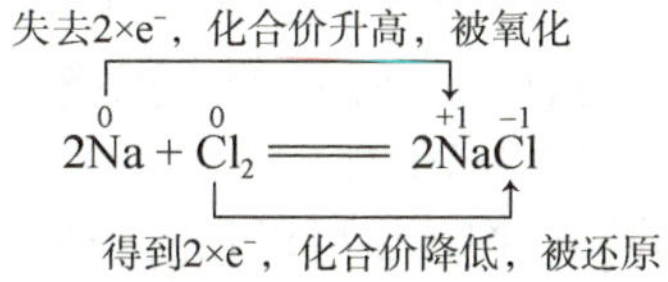

也可用箭头表示不同种元素的原子间发生的电子转移情况：

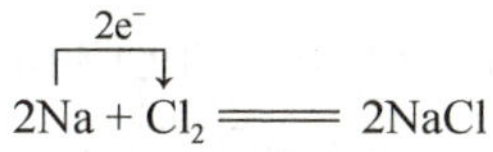

又如氯气和氢气的反应，由于生成的氯化氢是共价化合物，氯原子和氢原子都没有完全失去或得到电子，电子的转移是以元素原子间共用电子对发生偏移形式实现的。在氯化氢分子中，共用电子对偏离氢原子，偏向氯原子，故氢为 +1 价，氯为 −1 价。共用电子对的偏移也能引起元素化合价发生升降变化。

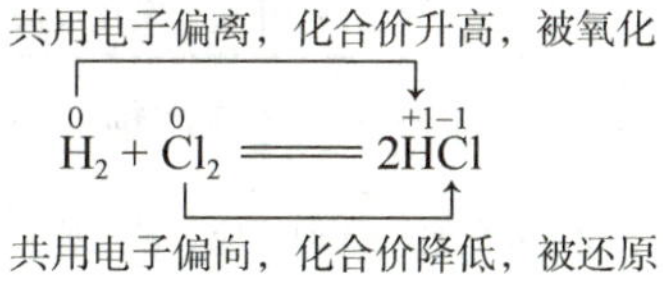

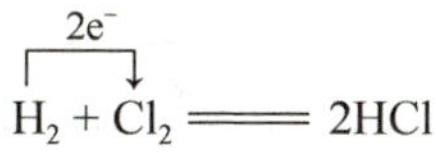

由此可得出氧化还原反应的本质：反应中发生了电子的得失或共用电子对的偏移，即发生了电子的转移。凡是有电子转移的反应称为氧化还原反应。

氧化还原反应中，电子转移（得失或偏移）和化合价升降的关系如下：

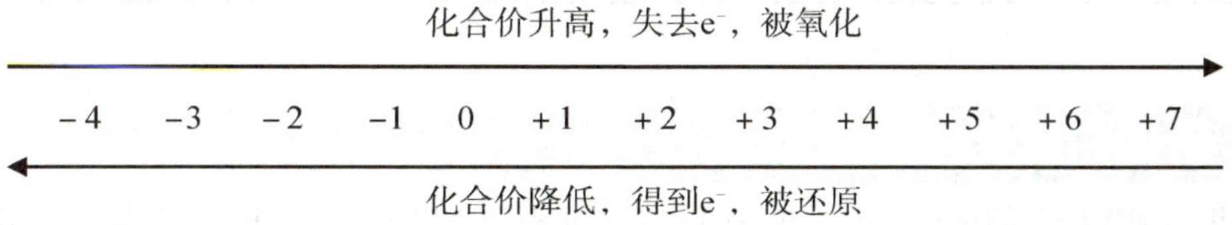

（三）氧化剂和还原剂的概念

氧化剂和还原剂都是反应物，它们共同参加氧化还原反应。在反应中，电子从还原剂转移到氧化剂。

在反应中化合价降低或得到电子的物质称为氧化剂。其所含元素的化合价降低。氧化剂具有氧化性，反应时本身被还原。

在反应中化合价升高或失去电子的物质称为还原剂。其所含元素的化合价升高。还原剂具有还原性，反应时本身被氧化。

例如：

失去$2\times e^-$，化合价升高，被氧化

$$\overset{+2}{Cu}O + \overset{0}{H_2} \xlongequal{\triangle} \overset{0}{Cu} + \overset{+1}{H_2}O$$

得到$2\times e^-$，化合价降低，被还原

氧化剂 还原剂

失去$2\times e^-$，化合价升高，被氧化

$$2\overset{0}{Na} + \overset{0}{Cl_2} \xlongequal{\quad} 2\overset{+1}{Na}\overset{-1}{Cl}$$

得到$2\times e^-$，化合价降低，被还原

还原剂 氧化剂

氧化剂和还原剂可以是不同的反应物，也可以是同一种反应物。如：

失去e^-，化合价升高，被氧化

$$H_2O + \overset{0}{Cl_2} \xlongequal{\quad} H\overset{-1}{Cl} + H\overset{+1}{Cl}O$$

得到e^-，化合价降低，被还原

氧化剂
还原剂

这个反应中，氯气既是氧化剂，又是还原剂，称为自身氧化还原反应。

氧化剂、还原剂参加反应后生成的产物，分别称为还原产物、氧化产物。

失去电子、化合价升高、氧化反应、被氧化

氧化剂 + 还原剂 ═══ 还原产物 + 氧化产物

得到电子、化合价降低、还原反应、被还原

提示：

氧化还原反应	氧化剂	还原剂
化合价升降	化合价降低	化合价升高
电子得失	得到电子	失去电子
自身性质	氧化性	还原性
发生的反应	还原反应	氧化反应

二 常用的氧化剂和还原剂

氧化剂和还原剂的种类很多。活泼的非金属元素的单质（如 F_2、Cl_2、O_2 等）、高价的含氧化合物（如 $KMnO_4$、$KClO_4$、$K_2Cr_2O_7$、HNO_3、浓 H_2SO_4 等）、某些氧化物或过氧化物（如 MnO_2、H_2O_2）等都可作氧化剂；活泼的金属元素的单质和某些非金属单质（如 Na、Mg、Zn、C、H_2）、低价金属离子（如 Fe^{2+}、Sn^{2+}、Cu^+）、低价化合物（如 CO、SO_2、H_2S、$Na_2S_2O_3$、$NaNO_2$、KI）等可作为还原剂。下面重点介绍几种与医药卫生关系密切的氧化剂和还原剂。

（一）高锰酸钾

高锰酸钾（$KMnO_4$）俗称灰锰氧，是强氧化剂，为深紫色、有光泽的晶体，易溶于水，

水溶液根据浓度高低呈暗紫红色到浅紫红色。医学上简称 P. P 粉，常用其稀溶液作为外用消毒剂。

（二）过氧化氢

纯净过氧化氢（H_2O_2）为无色黏稠液体，可与水以任意比例混合，其水溶液称为双氧水。过氧化氢受热、光照、接触灰尘等均易分解。双氧水有消毒杀菌作用。医药上常用 3%（质量分数）的过氧化氢水溶液作为外用消毒剂，清洗创口。高浓度的过氧化氢溶液有较强的氧化性，对皮肤有很强的刺激作用，使用时应稀释。

（三）硫代硫酸钠

市售的硫代硫酸钠（$Na_2S_2O_3$）含 5 个分子结晶水（$Na_2S_2O_3·5H_2O$），俗名大苏打或海波，为无色晶体，易溶于水，具有较强的还原性，易被空气氧化。医药上用硫代硫酸钠治疗慢性荨麻疹或作解毒剂。

目标检测

一、名词解释

1. 同位素　2. 元素同期律　3. 化学键　4. 氢键　5. 配位化合物　6. 氧化还原反应

二、填空题

1. 原子由带正电荷的________和带负电荷的______构成。原子核由带正电荷的________和不带电荷的________构成。
2. 将原子核内所有的质子和中子的相对质量近似整数加起来，所得的数值称为________，用符号________表示，核电荷数用符号________表示，则原子 X 的组成可表示为________。
3. 同一周期元素原子的________相同，从左到右，________逐渐增强，________逐渐减弱。
4. 同一主族元素，其原子的________相同，从上而下，________依次增多，原子半径________，金属性________，非金属性________。
5. 配位键是一种特殊的________，两原子间的______是由______单独提供，并与______所共用。
6. 氧化还原反应的特征是：反应前后，元素______有______变化。元素化合价______的反应是氧化反应，元素化合价________的反应是还原反应。

三、单项选择题

1. 某元素的元素符号为 X，其核电荷数为 a，中子数为 b，此元素的原子构成可表示为（　　）
   A. ${}^{a}_{b}X$　B. ${}^{b}_{a}X$　C. ${}^{a+b}_{a}X$　D. ${}^{a}_{a+b}X$
2. 下列互为同位素的一组是（　　）
   A. ${}^{23}_{11}Na$ 和 ${}^{23}_{11}Na^+$　B. ${}^{16}_{8}O$ 和 ${}^{18}_{8}O$
   C. ${}^{40}_{19}K$ 和 ${}^{40}_{20}Ca$　D. ${}^{35}_{17}Cl$ 和 ${}^{35}_{17}Cl^-$
3. 下列元素原子核外具有 4 个电子层的是（　　）
   A. ${}_{6}C$　B. ${}_{7}N$　C. ${}_{18}Ar$　D. ${}_{19}K$
4. 元素周期表结构中，与元素原子核外电子层数有关的是（　　）
   A. 周期　B. 主族　C. 副族　D. 分区
5. 元素的化学性质主要取决于元素原子的（　　）
   A. 核电荷数　B. 质量数
   C. 核外电子层数　D. 最外层电子数
6. 元素化学性质发生周期性变化的根本原因

是（　　）

A. 元素核电荷数逐渐增大

B. 元素原子核外电子排布呈现周期性变化

C. 元素原子半径呈现周期性变化

D. 元素化合价呈现周期性变化

7. 下列物质中，既含有离子键、又含有共价键和配位键的是（　　）

A. Na_2O　B. NaOH　C. HCl　D. NH_4Cl

8. 下列物质中，含有极性键的非极性分子是（　　）

A. HCl　B. H_2O　C. CO_2　D. NH_3

9. 下列物质分子间能形成氢键的是（　　）

A. HCl　B. H_2O　C. H_2S　D. CH_4

10. 下列叙述正确的是（　　）

A. 共价化合物中可能存在离子键

B. 离子化合物中可能存在共价键

C. 含极性键的分子一定是极性分子

D. 非极性分子中一定存在非极性键

四、简答题

1. 指出8号元素氧的原子序数、核电荷数、核内质子数和核外电子数。
2. 根据元素性质递变规律，指出元素周期表中金属性最强和非金属性最强的元素。
3. 指出 F_2、Br_2、CO_2、NH_3 分子中共价键的类型。
4. 氧化还原反应的特征和本质分别是什么？

五、写出下列配离子或配合物的名称、化学式

1. $[Ag(NH_3)_2]OH$
2. $K_3[Fe(CN)_6]$
3. $K_2[HgI_4]$
4. 六氰合钴（Ⅱ）离子
5. 四碘合汞（Ⅱ）酸钾

六、下列反应中，哪些是氧化还原反应？若是氧化还原反应，注明氧化剂和还原剂。

1. $CaCO_3 + 2HCl = CaCl_2 + CO_2\uparrow + H_2O$
2. $2KI + Cl_2 = 2KCl + I_2$
3. $2KMnO_4 + 16HCl = 2MnCl_2 + 5Cl_2\uparrow + 2KCl + 8H_2O$
4. $Cl_2 + H_2O = HClO + HCl$
5. $2Na + 2H_2O = 2NaOH + H_2\uparrow$

（张彩霞）

第3章 溶　液

● 案例

患儿，女，1岁10个月，腹泻5天，中度脱水，经补液治疗已排尿，遵医嘱补钾时，需用10%氯化钾溶液配制400ml溶液进行补液。

问题：静脉输液补钾浓度不能超过0.3%，怎样计算所需要氯化钾的量，如何配制此溶液？

溶液在自然界中是十分常见的体系，大部分化学反应只有在溶液中才能发生反应。溶液与生命现象息息相关，离开溶液生命将不复存在。人体内的血液、组织间液、细胞质等都是溶液。生物体的各种新陈代谢必须在溶液中进行，临床上许多药物也要配成溶液才能使用。掌握溶液的相关知识对今后的学习和工作有着非常重要的作用。

第1节　物质的量

物质由分子、原子或离子等微观粒子组成。分子是保持物质的化学性质的最小微粒，原子是化学变化中的最小粒子。原子由原子核和核外电子组成，原子失去电子或得到电子后变成带电荷的离子。

一　物质的量及其单位

（一）物质的量

物质的量是描述物质所含粒子数目多少的一个物理量，和长度、时间、质量、热力学温度等物理量一样，是国际单位制中7个物理量之一。

物质的量的符号：n，书写时要注明微观粒子的基本单元。

如：氢原子的物质的量：nH 或 n（H）；

　　硫酸分子的物质的量：nH_2SO_4 或 n（H_2SO_4）；

　　某粒子B：n_B 或 n（B）

（二）物质的量的单位

1971年第十四届国际计量大会正式通过决议，规定了物质的量的单位是摩尔，符号

mol，简称摩。

摩尔的定义：摩尔是一系统的物质的量，该系统中所包含的基本单元数与 0.012kg（12g）^{12}C 的原子数目相等时，该系统的物质的量为 1mol。

说明：

（1）^{12}C 指有 6 个质子和 6 个中子的一种碳原子。

（2）经过实验测定：12gC 所含有的碳原子数大约是 6.02×10^{23} 个。

因此可以说：由 6.02×10^{23} 个基本单元所构成的物质的量为 1mol。

（3）基本单元：可以按方便的形式来选择，有两种。

1）实际存在的结构单元：分子、原子、离子。

2）人为想象的结构单元：如 $1/2H_2SO_4$、1/3Al。

应用摩尔时必须注明基本单元如：1mol Fe、3mol H_2O、2mol Na^+、6mol（$1/2H_2SO_4$）等。

（4）1mol 任何物质都含有 6.02×10^{23} 个基本单元，6.02×10^{23} 这个量值称为阿伏伽德罗常数，用 N_A 表示，单位为 mol^{-1} 即 $N_A=6.02 \times 10^{23}mol^{-1}$。

（5）物质的量 n 相等的任何物质，所包含的基本单元数一定相同。

例如：1mol Fe 和 1mol O 所包含的铁原子数和氧原子数相同，均为 6.02×10^{23} 个。

2mol H_2O 和 2mol H_2 所包含的水分子数和氢气分子数相同，均为 $2 \times 6.02 \times 10^{23}$ 个。

微粒数、物质的量和阿伏伽德罗常数三者之间的数学关系：

微粒数（N）= 物质的量（n）× 阿伏伽德罗常数（N_A） 即

$$N=n \times N_A \tag{3-1}$$

二 摩尔质量

（一）摩尔质量

摩尔质量是指 1mol 物质所具有的质量，用 M 表示，定义式为：

$$M = \frac{m}{n} \tag{3-2}$$

单位：化学上常用 g/mol。

书写 M 时要注明微观粒子的基本单元，如：

氢原子的摩尔质量：M_H 或 M（H）；

硫酸分子的摩尔质量：$M_{H_2SO_4}$ 或 M（H_2SO_4）；

摩尔质量 M，如果以 g/mol 为单位，在数值上都等于该物质的相对化学式量。例如：

钠原子的摩尔质量是 23g/mol;

OH^- 的摩尔质量是 17g/mol。

（二）有关物质的量和摩尔质量的计算

例 3-1 90gH_2O 的物质的量是多少？

解：已知 M（H_2O）=18g/mol m（H_2O）=90g

$$n(H_2O) = \frac{m}{M} = \frac{90g}{18g/mol} = 5mol$$

答：90gH_2O 的物质的量是 5mol。

例 3-2　2.5mol Na^+ 的质量是多少？

解：已知 $M(Na^+)=23g/mol$　$n(Na^+)=2.5mol$

$m(Na^+)=nM=2.5\times 23=57.5(g)$

答：2.5mol Na^+ 质量是 57.5g。

第2节　溶液浓度

一　溶液的概念

（一）分散系

分散系是指一种或几种物质分散在另一种物质中所形成的体系。被分散的物质称为分散相（或分散质），容纳分散相的连续介质称为分散介质（或分散剂）。分散剂可以是液态，也可以是固态或气态。例如，氯化钠分散在水中形成氯化钠溶液，就是一个分散系，其中，氯化钠是分散质，水是分散剂。医药上应用的各种注射液、乳剂、气雾剂等都是分散系。

分散系的性质随分散质粒子大小的不同而不同，因此，按照分散质颗粒大小可以把分散系分为三类：分子或离子分散系（真溶液）、胶体分散系、粗分散系（表 3-1）。

表 3-1　分散系的分类

分散系		分散质	粒子直径	主要特征	举例
分子或离子分散系（真溶液）		分子或离子	< 1nm	均相、透明、稳定、粒子能透过半透膜和滤纸	氯化钠溶液
胶体分散系	溶胶	胶粒	1 ~ 100nm	非均相、不稳定、不能透过半透膜和滤纸	$Fe(OH)_3$ 溶胶
	高分子溶液	高分子		均相、稳定、不能透过半透膜和滤纸	蛋白质溶液
粗分散系（悬浊液、乳浊液）		小液滴或固体颗粒	> 100nm	非均相、不稳定、不能透过半透膜和滤纸	泥浆、牛奶

（二）溶液的概念

溶液是由溶质和溶剂组成的均匀、稳定的分散系。溶液可以是气态、液态或固态的。通常所说的溶液是指液态溶液，在没有特别说明的情况下是指水溶液。

二　溶液浓度的表示方法和计算

溶液的浓度是指一定量的溶剂或溶液中所含溶质的量，即：

$$浓度=\frac{溶质的量}{溶液（或溶剂）的量}$$

在使用溶液的实际工作中，需要了解溶液的浓度。在医学上，为了保证用药的效果与安全，需要知道用药的剂量，剂量和药物浓度密切相关，并且有些药物的使用对浓度的要求极为严格，由于对浓度的忽略而导致医疗事故也曾有发生，如使用 KCl 溶液时，就要严格控制浓度，否则会产生严重后果。医学上常用的浓度有以下几种。

（一）物质的量浓度

物质的量浓度简称浓度，定义为溶质 B 的物质的量 n_B 除以溶液的体积 V，即：

$$c_B = \frac{n_B}{V} \tag{3-3}$$

国际单位制中，物质的量浓度的单位是 mol/m³，医学上常用的单位有 mol/L、mmol/L、μmol/L。

注意：使用物质的量浓度时，必须指明物质的基本单元。

例 3-3 正常人 100ml 血清中含有 100mg 葡萄糖，计算血清中葡萄糖的物质的量浓度（用 mmol/L 表示）。

解：已知 $m(C_6H_{12}O_6)$=100mg=0.1g，$M(C_6H_{12}O_6)$=180g/mol，V=100ml=0.1L，则

$$n(C_6H_{12}O_6)=\frac{0.1}{180}\text{mol}$$

$$c(C_6H_{12}O_6)=\frac{n(C_6H_{12}O_6)}{V}=\frac{0.1/180}{0.1}\text{mol/L}=5.6\times10^{-3}\text{mol/L}=5.6\text{mmol/L}$$

答：血清中葡萄糖的物质的量浓度为 5.6mmol/L。

（二）质量浓度

定义：溶质 B 的质量 m_B 除以溶液的体积 V，即：

$$\rho_B = \frac{m_B}{V} \tag{3-4}$$

国际单位制单位：kg/m³；医学上常用单位：g/L、mg/L、μg/L。

例 3-4 100ml 葡萄糖注射液中含有 5g 葡萄糖，计算溶液的质量浓度和物质的量浓度。

解：已知 V=100ml=0.10L　$m(C_6H_{12}O_6)$=5g　$M(C_6H_{12}O_6)$=180g/mol

$$\rho(C_6H_{12}O_6)=\frac{m(C_6H_{12}O_6)}{V}=\frac{5}{0.10}\text{g/L}=50\text{g/L}$$

$$c(C_6H_{12}O_6)=\frac{m(C_6H_{12}O_6)/M(C_6H_{12}O_6)}{V}=\frac{5/180}{0.10}\text{mol/L}=0.28\text{mol/L}$$

答：该溶液质量浓度为 50g/L，物质的量浓度为 0.28mol/L。

（三）质量分数

定义：溶质 B 的质量 m_B 与溶液总质量 m 之比，即：

$$\omega_B = \frac{m_B}{m} \tag{3-5}$$

质量分数无单位，可以用小数或百分数表示，但要注意溶质的质量和溶液的质量单位必须相同，浓度很小时，也可用 μg/kg 等表示，但这时要标明单位。

（四）体积分数

定义：在相同温度和压力时，溶质 B 的体积 V_B 与溶液体积 V 之比，即：

$$\varphi_B = \frac{V_B}{V} \tag{3-6}$$

体积分数无单位，通常用小数或百分数表示。

医学上常用体积分数表示溶质为液体的溶液组成。例如：医疗上常用的消毒酒精的体积

分数 $\varphi_B = 0.75$（75%）；正常人红细胞的体积分数为 0.37 ～ 0.50。

例 3-5 配制 500ml 消毒酒精（$\varphi_B = 0.75$）溶液需无水乙醇多少毫升？

解：$V_B = V \times \varphi_B = 500 \times 0.75\text{ml} = 375\text{ml}$

答：配制 500ml 消毒酒精溶液需无水乙醇 375ml。

三 溶液浓度之间的换算

（一）物质的量浓度与质量浓度之间的换算

$$\rho_B = c_B \times M_B \text{ 或 } c_B = \frac{\rho_B}{M_B} \tag{3-7}$$

例 3-6 9g/L 的生理盐水，其物质的量浓度是多少？

解：已知 ρ（NaCl）=9g/L　M（NaCl）=58.5g/mol

$$c_B = \frac{\rho_B}{M_B} = \frac{9}{58.8}\text{mol/L} = 0.154\text{mol/L}$$

答：生理盐水的物质的量浓度是 0.154mol/L。

（二）物质的量浓度与质量分数之间的换算

$$c_B = \frac{\omega_B \cdot \rho}{M_B} \tag{3-8}$$

例 3-7 市售浓盐酸 $\omega_B = 0.36$（ρ=1.18kg/L），计算其物质的量浓度。

解：$c_B = \dfrac{\omega_B \cdot \rho}{M_B} = \dfrac{0.36 \times 1.18 \times 1000}{36.5}\text{mol/L} = 11.6\text{mol/L}$

答：市售浓盐酸的物质的量浓度为 11.6mol/L。

四 溶液的配制与稀释

（一）溶液的配制

溶液配制的基本方法有两种：

1. 一定质量的溶液的配制　例如：如何配制 100g 质量分数 ω_B=0.20 的 NaCl 溶液？

（1）计算：① 100g 溶液中含 NaCl 的质量 $m_{NaCl} = \omega_B \cdot m = 0.20 \times 100 = 20\text{g}$；

②配制溶液所需加水的质量 $m_{H_2O} = 100 - 20 = 80\text{g}$。

（2）称量：用托盘天平称取 20g NaCl，倒入烧杯中，再用量筒取 80ml 水倒入上述烧杯中与 NaCl 混合。

（3）溶解、搅拌：用玻璃棒不断搅拌使 NaCl 完全溶解且混合均匀即可。

2. 一定体积的溶液的配制　例如：怎样配制 500ml 的 0.5mol/L $NaHCO_3$ 溶液？

其操作步骤为：

（1）计算：已知 V=500ml=0.5L，c（$NaHCO_3$）＝ 0.5mol/L，M（$NaHCO_3$）=84g/mol

根据公式计算出所需 $NaHCO_3$ 的质量：

$m(NaHCO_3) = c(NaHCO_3) \cdot V \cdot M(NaHCO_3)$

$= 0.5\text{mol/L} \times 0.5\text{L} \times 84\text{g/mol} = 21\text{g}$

（2）称量：用天平称取 21g $NaHCO_3$，倒入 100ml 烧杯中。

（3）溶解：用量筒量取约 50ml 蒸馏水倒入烧杯，用玻璃棒不断搅拌使 $NaHCO_3$ 完全溶解。

（4）转移：用玻璃棒将烧杯中的 $NaHCO_3$ 溶液引流入 500ml 容量瓶中，然后用少量蒸馏水洗涤烧杯 2 ~ 3 次，每次的洗涤液都要注入容量瓶中。

（5）定容：向容量瓶中继续加入蒸馏水，当加到离标线 1 ~ 2cm 处时，改用胶头滴管滴加蒸馏水至溶液的凹液面最低处与标线平视相切。盖好瓶塞，将溶液混合均匀即可。

（二）溶液的稀释

溶液的稀释是指在原溶液中加入溶剂，使原溶液浓度降低的过程。溶液稀释的特点是体积增大、浓度变小，但是溶质的量没有变。

溶液的稀释是实验室或化验室经常用到的方法，因为市场销售的一般为浓溶液，或我们在实际工作中先将溶液配制为较浓的溶液（成为母液），然后随用随取一部分稀释即可。

根据　　稀释前溶质的量 = 稀释后溶质的量

则有　稀释前（溶液的浓度 × 溶液的体积）= 稀释后（溶液的浓度 × 溶液的体积），这就是溶液配制时的稀释定律。注意单位要一致。

稀释公式

$$c_{B1} \cdot V_1 = c_{B2} \cdot V_2 \quad (3\text{-}9)$$

$$\rho_{B1} V_1 = \rho_{B2} V_2 \quad (3\text{-}10)$$

$$\varphi_{B1} V_1 = \varphi_{B2} V_2 \quad (3\text{-}11)$$

$$\omega_{B1} m_1 = \omega_{B2} m_2 \quad (3\text{-}12)$$

例 3-8　配制 φ_{B2} =0.75 的消毒酒精 500ml，问需要 φ_{B1} =0.95 的乙醇多少毫升？

解：已知 φ_{B2} =0.75　V_2 =500ml　φ_{B1} =0.95

根据 $\varphi_{B1} V_1 = \varphi_{B2} V_2$　则：

$$0.95V_1 = 0.75 \times 500$$

$$V_1 = 395\text{ml}$$

答：需要 φ_{B2} =0.95 的乙醇 395ml。

第 3 节　溶液的渗透压

一　渗透现象和渗透压

（一）扩散

在一杯纯水中加入少量浓的蔗糖溶液，过一会儿，整杯水就会有甜味，最后得到浓度均匀的蔗糖溶液，这就是溶质分子（蔗糖）和溶剂分子（水）相互扩散的结果。

扩散是一种双向运动，在任何纯溶剂和溶液之间或两种不同浓度的溶液之间，都会有扩散现象发生。即：只要存在浓度差，就会有扩散现象发生。

（二）半透膜

半透膜是一种只允许某些小分子物质（如水分子、离子）透过而不允许一些大分子物质（如蛋白质分子等）透过的薄膜，如鸡蛋膜、动物肠衣、膀胱膜、细胞膜、毛细血管壁等。

（三）渗透现象

如果将蔗糖水溶液与纯水用半透膜隔开，静置一段时间后发现，半透膜内液面不断上升，这种现象称为渗透现象。即由溶剂分子通过半透膜，由纯溶剂进入溶液（或由稀溶液进入浓溶液）的自发过程称为渗透现象。

产生渗透现象的原因是蔗糖分子不能通过半透膜，而水分子可以自由通过半透膜。由于半透膜两侧单位体积内水分子数目不等，单位时间内由纯水进入蔗糖溶液的水分子比由蔗糖溶液进入纯水的水分子数目多，所以使半透膜内液面不断上升。但是膜内液面也不会一直上升，而是上升到一定高度便不再上升。这时，渗透达到平衡状态，即渗透平衡。产生渗透现象必须具备的条件：一是要有半透膜；二是膜两侧的溶液要存在浓度差。

（四）渗透压

当溶液与纯溶剂用半透膜隔开时，为了阻止渗透现象的发生而施加于溶液液面上的额外压力称为渗透压。渗透压用 P 表示，单位为 Pa 或 kPa。

反渗透：若选用一种高浓度耐高压的半透膜把纯溶剂和溶液隔开，如果在溶液一侧外加一个大于渗透压的压力时，水不仅不从溶剂向溶液渗透，反而从溶液中向溶剂中扩散，这种现象称为反渗透。

二 渗透压与溶液浓度的关系

1886 年，荷兰化学家范托夫（van't Hoff）根据实验结果，提出了难挥发性非电解质系溶液的渗透压与溶液浓度、温度的关系为：

$$\Pi = cRT \tag{3-13}$$

式中：Π 为溶液的渗透压力（kPa），c 为溶液的物质的量浓度（mol/L），R 为气体常数：8.31kPa·L/（mol · K），T 为绝对温度（K）。

上式说明，难挥发性非电解质稀溶液的渗透压力与溶液的物质的量浓度及绝对温度成正比。即：在一定温度下，难挥发性非电解质稀溶液的渗透压力只与单位体积溶液内的溶质颗粒数成正比，而与溶质的性质（如种类、大小、分子、离子等）无关。

因此，对于非电解质溶液，在相同温度下，只要物质的量浓度相同，单位体积内溶质颗粒数目就相等，则它们的渗透压力也必相等。

若溶液是电解质溶液，由于电解质在溶液中发生解离，单位体积溶液中所含的溶质颗粒数目发生了变化，因此，计算渗透压力公式中引进一个校正因子 i，即：

$$\Pi = icRT \tag{3-14}$$

对非电解质，$i = 1$；

对电解质，i 为电解质的一个“分子”在溶液中能产生的颗粒数。

因此要比较两种溶液渗透压的大小，只要比较两种溶液的粒子总浓度大小就可以了。

三 渗透压在医学上的意义

（一）等渗、低渗、高渗溶液

1. 概念　渗透压相等的两种溶液称为等渗溶液；对于渗透压不等的两种溶液，则渗透压高的称为高渗溶液，渗透压低的称为低渗溶液。

2. 医学上的标准　医学上判断溶液渗透压力的高低，常以血浆的总渗透压力为比较标准。

正常人血浆的渗透压为 720 ~ 800kPa，相当于血浆中能产生渗透作用各种粒子总浓度（即渗透浓度）280 ~ 320mmol/L 所产生的渗透压。

故临床上规定凡粒子总浓度在 280 ~ 320mmol/L 范围内的溶液为等渗溶液；凡粒子总浓度低于 280mmol/L 的溶液称为低渗溶液，而粒子总浓度高于 320mmol/L 的溶液称为高渗溶液。

例如：9.0g/L NaCl 溶液、50g/L 葡萄糖溶液、19g/L 乳酸钠溶液、12.5g/L $NaHCO_3$ 溶液等都是常用的等渗溶液。

（二）晶体渗透压和胶体渗透压

在人体的体液中，有低分子的晶体物质如 NaCl、$NaHCO_3$、葡萄糖等，也有高分子胶体物质如蛋白质、核酸等。血浆总渗透压为这两种物质产生的渗透压的总和。由电解质离子（Na^+、K^+、Ca^{2+}、HCO_3^-）和小分子物质（葡萄糖）产生的渗透压称为晶体渗透压，由蛋白质、脂质等高分子物质产生的渗透压称为胶体渗透压。在血浆中，低分子的晶体物质约占血浆总重的 0.75%，高分子胶体物质约占 7%。在 310K 时，血浆的总渗透压力为 770kPa，其中由蛋白质产生的胶体渗透压为 2.9 ~ 4.0kPa，其他则是晶体渗透压。可见，晶体渗透压比胶体渗透压大得多。这是因为晶体物质虽然在血浆中所占的质量分数低，但由于其相对分子质量小，且又多是电解质，产生的粒子多，所以渗透压高。蛋白质虽然所占的质量分数高，但由于其相对分子质量大（7 万 ~ 10 万），所以粒子数少，渗透压低。

人体细胞膜和毛细血管壁都是半透膜，它们的通透性不同，间隔的物质也不同。细胞膜间隔着细胞内液和组织液（细胞外液），毛细血管壁间隔着血液和组织液。细胞膜孔径小，只能让水分子自由透过，K^+、Na^+等离子不能自由透过。那么水分子在细胞内外的移动要受到晶体渗透压的影响。在人体缺水时，会使细胞外液浓度增大，渗透压升高，细胞内液的渗透压小于细胞外液的渗透压，使细胞内液的水逸出，进入细胞外液，造成细胞失水。而过量饮水或过多地输入葡萄糖溶液，可使细胞外液浓度减小，渗透压降低，使细胞外液的水进入细胞内，造成细胞膨胀，严重时，可产生水中毒。所以晶体渗透压主要维持细胞内外液的渗透平衡。

毛细血管壁的孔径较大，除了水分子能自由通过外，各种晶体物质也可以自由透过，只有蛋白质分子不能透过。因而血浆与组织液间的晶体物质浓度相同，晶体渗透压也相等。这样晶体渗透压对维持血液和组织液之间渗透平衡几乎不起作用。而蛋白质不能透过毛细血管壁，它产生的胶体渗透压主要维持着血液和组织液之间的渗透平衡。所以说胶体渗透压虽然小，但它却不是可有可无的。当血浆中的蛋白质浓度因为某些疾病降低时，血浆的胶体渗透压也随之减小，血浆保留水分的能力下降，结果水和盐由血浆进入组织液，使组织液增多，造成水肿。对这样的疾病补液时，除了补充晶体物质外，还要补充一些高分子化合物如右旋糖酐等，来提高血容量，以保留血液中的水分。因而，胶体渗透压对维持血容量和血液与组织液之间的水电平衡的作用至关重要。

（三）渗透压在医学上的意义

渗透压与医学关系密切，在临床上给患者大量输液时必须使用等渗溶液。以红细胞在不同渗透压溶液中的状态来进行说明。

1. 将红细胞置于高渗溶液中　红细胞内的水向高渗溶液渗透，红细胞逐渐皱缩，医学上称为胞质分离现象。

2. 将红细胞置于低渗溶液中　低渗溶液中的水向红细胞渗透，使红细胞逐渐肿胀最后破裂，释放出胞内的血红蛋白，使低渗溶液呈现透明的鲜红色，称为溶血现象。

3. 将红细胞置于等渗溶液中　两者形成渗透平衡，红细胞保持正常形态。

结论：大量补液时，用低渗溶液产生溶血现象，用高渗溶液产生皱缩现象，只有用等渗溶液红细胞保持原状。

目标检测

一、填空题

1. 9 g/L NaCl溶液的渗透粒子的总浓度为________mol/L。
2. 水分子的渗透方向是由________溶液向________溶液渗透。
3. 稀释定律指的是在稀释前后，溶液中的________不变。
4. 在医学上，通常把由高分子胶体物质产生的渗透压称为________；把由低分子晶体物质产生的渗透压称为________。
5. 正常人血浆的渗透压为________kPa，血浆的渗透浓度为________mmol/L。
6. 若将红细胞置于低渗溶液中，会发生________现象；若将红细胞置于高渗溶液中会发生________现象。

二、单项选择题

1. 某患者需补0.05mol Na^+，应补NaCl（　　）

A. 0.2925g　　B. 2.925g

C. 29.25g　　D. 2.925mg

2. 100ml溶液中含NaCl 0.015mol，该溶液的物质的量浓度为（　　）

A. 0.015 mol/L　　B. 0.15 mol/L

C. 1.5 mol/L　　D. 15 mol/L

3. 500ml水中含有25g葡萄糖，该葡萄糖的质量浓度为（　　）

A. 50g/L　　B. 25 g/L

C. 0.05 g/L　　D. 0.025 g/L

4. 将50 ml 0.8mol/L的$AlCl_3$溶液稀释为0.2mol/L，需加水（　　）

A. 50 ml　　B. 100ml

C. 150ml　　D. 200ml

5. 9.0g/L NaCl溶液在37℃时的渗透压为（　　）

A. 9.0kPa　　B. 3.4×10^2 kPa

C. 7.9×10^2 kPa　　D. 3.4×10^2 kPa

6. 下列溶液渗透压最大的是（　　）

A. 0.5mol/L NaCl　　B. 0.2mol/L Na_2SO_4

C. 0.3mol/L $CaCl_2$　　D. 0.4mol/L $C_6H_{12}O_6$

7. 下列各组溶液用半透膜隔开渗透方向自右向左的是（　　）

A. 2 mol/L KCl ｜ 2 mol/L $C_{12}H_{22}O_{11}$（蔗糖）

B. 1 mol/L $C_6H_{12}O_6$（葡萄糖）｜ 1 mol/L $C_{12}H_{22}O_{11}$（蔗糖）

C. 1 mol/L NaCl ｜ 1 mol/L $CaCl_2$

D. 0.3 mol/L KCl ｜ 0.3 mol/L $MgCl_2$

8. 红细胞在下列溶液中发生溶血现象的是（　　）

A. 50g/L $C_6H_{12}O_6$（葡萄糖）

B. 2.5g/L Na_2CO_3

C. 1/6 mol/L $NaC_3H_5O_3$（乳酸钠）

D. 100g/L NaCl

9. 临床上大量补液时应使用（　　）

A. 高渗溶液　　B. 低渗溶液

C. 等渗溶液　　D. 浓度越大越好

10. 与血浆相比，不属于等渗溶液的是（　　）

A. c（$C_6H_{12}O_6$）=0.3mol/L

B. c（$NaHCO_3$）=0.2mol/L

C. c（$CaCl_2$）=0.1mol/L

D. c（NaCl）=0.15mol/L

三、计算题

1. 100ml 氯化钠溶液中含有氯化钠 2.92g，此溶液的物质的量浓度是多少？
2. 某患者需补 Na^+0.05mol，应补多少克 NaCl? 若用生理盐水（质量浓度为 9.0g/L）需要多少毫升？
3. 求 50g/L 葡萄糖溶液的渗透浓度（mmol/L）是多少？
4. 人体正常温度为 37℃，实验测得人的血浆渗透压力为 770kPa，血浆的渗透浓度（mmol/L）为多少？

（李翠凡）

第 4 章　化学反应速率和化学平衡

化学反应速率（rate of chemical reaction）和化学平衡（chemical equilibrium）是化学反应研究的两个重要方面。化学反应速率是动力学研究的任务之一，研究的是化学反应进行的快慢及影响因素；化学平衡则是研究化学反应进行的限度。这部分内容的学习对于了解体内物质转化、吸收及生物体的生长、代谢知识和学习医学基础理论具有重要指导作用。

第 1 节　化学反应速率

一　化学反应速率

（一）浓度随时间的变化

以叔丁基溴（A）在丙酮和水的混合溶剂（含水 10%）中水解生成叔丁醇（B）的实验为例，其动力学实验数据见表 4-1，化学反应方程式为：

$$(CH_3)_3CBr + H_2O \longrightarrow (CH_3)_3COH + HBr$$

表 4-1　25℃时在含水 10% 的丙酮-水混合溶剂中，叔丁基溴浓度随时间 t 的变化

t（h）	0	3.15	6.2	10	13.5	18.3	26	30.8	37.8	43.8
C_A（10^{-3}mol/L）	103.9	89.6	77.6	63.9	52.9	35.8	27	20.7	14.2	10.1
C_B（10^{-3}mol/L）	0	14.3	26.3	40	51	68.1	76.9	83.2	89.7	93.8
$\bar{V}_B$/[10^{-3}mol/（L·h）]		4.54	3.93	3.6	3.14	3.56	1.14	1.31	0.93	0.68

根据表 4-1 数据，以时间 t 为横坐标，以反应物和生成物的浓度 C_A 和 C_B 为纵坐标，绘制浓度随时间的变化曲线（图 4-1）。由图 4-1 可见，随着反应的进行，反应物 A 的浓度逐渐减小；而生成物 B 的浓度逐渐增大。

同时，由表 4-1 中的 t、C_A、C_B 数据处理得出 $\bar{V}_B$ 数据。由表 4-1 可以看出，以生成物 B 所表示的平均反应速率 $\bar{V}_B$ 随时间 t 的变化逐渐减小。应该指出，真实的反应速率（瞬时速率）V_B 必须用作图的方法求得。

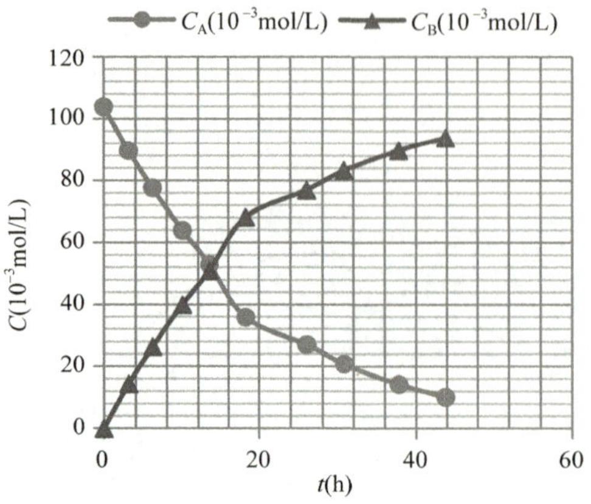

图 4-1　浓度随时间变化曲线

（二）反应速率的定义与表示方法

化学反应速率：化学反应中某物质的浓度随时间的变化率，用符号 v 表示。以如下反应为例：

$$aA + bB = cC$$

1. 平均速率（average rate）　平均生成速率（$\bar{V}_C$）为生成物（C）的浓度（C_c）随时间的变化率：

$$\bar{V}_C = \frac{\Delta C_c}{\Delta t} \tag{4-1}$$

平均消耗速率（$\bar{V}_A$或$\bar{V}_B$）为某一反应物（A 或 B）的浓度（C_A 或 C_B）随时间（Δt）的变化率。由于 C_A 或 C_B 随时间减少，添加负号得其绝对值：

$$\bar{V}_A = -\frac{\Delta C_A}{\Delta t} \tag{4-2}$$

平均速率定义式为：

$$\bar{V} = \left|\frac{\Delta C}{\Delta t}\right| \tag{4-3}$$

式中，$\bar{V}$为平均速率，单位为（mol/L·s）；Δc为浓度的变化量，单位为 mol/L；Δt为反应时间，常用单位为 s、min 和 h。

2. 瞬时速率（instantaneous rate）　瞬时生成速率指当 $\Delta t \to 0$ 时，生成物浓度的增加，生成物（C）的瞬时生成速率为：

$$V_C = \lim_{\Delta t\to 0}\left(\frac{\Delta C_C}{\Delta t}\right) = \frac{dC_C}{dt} \tag{4-4}$$

瞬时消耗速率指当 $\Delta t \to 0$ 时，反应物浓度的减少，反应物（A）的瞬时消耗速率为：

$$V_A = \lim_{\Delta t\to 0}\left(-\frac{\Delta C_A}{\Delta t}\right) = -\frac{dC_A}{dt} \tag{4-5}$$

瞬时速率可定义为：

$$v = \left|\frac{dC}{dt}\right| \tag{4-6}$$

通常反应速率是指瞬时速率，上述各物质反应速率之间关系为：

$$\frac{1}{a}V_A = \frac{1}{b}V_B = \frac{1}{c}V_C \tag{4-7}$$

式（4-7）中，a、b、c 为反应物、生成物的化学计量系数。对同一化学反应，以不同物质表示的反应速率的数值不同，但这些数值所表示的意义是相同的。因此，表示某一反应的速率时，须指明以反应中哪一个物质的变化来表示。

要点：

（1）反应速率常指瞬时速率：即单位时间内某物质浓度变化的绝对值。

（2）同一反应中各物质计量系数不同，以不同物质的浓度变化来表示的反应速率不同。

二　影响反应速率的因素

（一）反应速率理论简介

1. 碰撞理论（collision theory）　基本论点：路易斯（Lewis）于 1918 年提出了化学反应的碰撞理论。该理论有以下几个观点。

（1）反应物分子间的相互碰撞是反应进行的先决条件；反应物分子碰撞的频率越高，反应速率越快。

（2）不是分子间每一次碰撞都能发生化学反应，只有少数碰撞是有效的，能发生反应的碰撞称有效碰撞。发生有效碰撞的分子比一般正常分子具有更高的能量，能破坏原有化学键，转化生成新分子，即发生化学反应；这些具有较高能量能发生有效碰撞的分子称活化分子，活化分子的最低能量（E_C）与反应物分子平均能量（$\bar{E}_{分子}$）之差称为反应的活化能（图 4-2）。

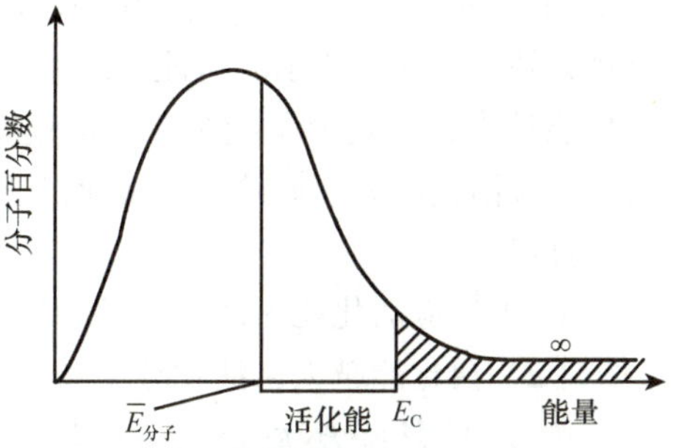

图 4-2　反应物分子能量分布

（3）碰撞理论的局限源于其基本假设，即把分子简单视为无内部结构和内部运动的刚性球体。由此得出：单位时间和单位体积内，若碰撞总数为 Z，有效碰撞数占总碰撞数的百分数为 f，则反应速率可写为：

$$V=Zf \tag{4-8}$$

对分子结构较为简单的反应（如 HI 的分解），碰撞理论基于 $V=Zf$ 的计算值与实验值较一致；但对分子结构比较复杂的反应，计算值与实验值偏差很大。这说明除了分子的有效碰撞外，还有其他因素对化学反应速率有影响，为此，将校正因子 P 引入上式，得：

$$V=PZf \tag{4-9}$$

如对于下列反应：

$$CO(g)+NO_2(g) \longrightarrow CO_2(g)+NO(g)$$

仅当 CO 分子中的碳原子与 NO_2 分子中的氮原子相碰撞时，即反应分子的碰撞采取恰当的取向时，两者之间的反应才能发生。此外分子反应部位附近的空间位阻、碰撞时能量传递所需的时间等也会影响反应速率。

2. 过渡态理论（transition-state theory）　20 世纪 30 年代，艾林（Eyring）将反应物分子的结构与反应速率联系起来，提出化学反应速率的过渡态理论。以如下反应为例（图 4-3）：

$$A+B—C \rightleftharpoons [A\cdots B\cdots C] \longrightarrow A—B+C$$

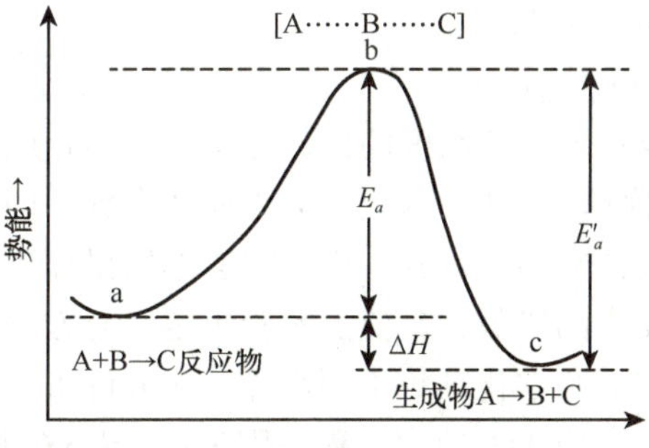

图 4-3　过渡态理论反应势能图

其主要论点如所述。

（1）反应历程分为反应前 a、反应中 b 和反应后 c 三个阶段。

（2）反应前 a：反应物分子 A 和 B—C 必须具有足够高于平均能量的能量。此条件下，反应物分子相碰但并不发生反应；反应中 b：仅当前述高能量反应物分子彼此以适当的取向相互接近到一定程度时，价电子云互相穿透，分子中的化学键重排，能量重新分配，旧化学键削弱、部分破裂，而新键部分形成，反应物分子的动能暂时转化为势能，仅当势能达到相对高位 b 点时，才可能形成一个极不稳定的中间过渡状态——[A···B···C]（即活化配合物）；反应后 c：活化配合物既可能分解为反应物 A 和 B—C，也可能转化为生成物 A—B 和 C。反应速率与活化配合物的浓度、分解概率及分解速率有关。

（3）E_a 为正反应活化能，E'_a 是逆反应活化能。由图 4-3 可知，$E_a-E'_a$ 为反应的热效应 ΔH。正反应放热，则 $\Delta H<0$；逆反应吸热，则 $\Delta H>0$。不论反应放热还是吸热，活化配合物必须具有 b 点所示的势能，即反应分子的能量必须高于能垒，反应才能进行。能垒越高，活化能越大，活化分子越少，反应速率越小；反之，能垒越低，反应速率越大。可逆反应的吸热反应活化能大于放热反应活化能。

要点：

（1）反应活化能为活化分子的最低能量（E_C）与反应物分子平均能量（$\bar{E}_{分子}$）之差。

（2）活化能越大，活化分子越少，反应速率越小；反之，能垒越低，反应速率越大。

（二）影响反应速度的因素

化学反应速率的外部影响因素主要有浓度（concentration）、温度（temperature）、压力（pressure）、催化剂（catalyst）等。

1. 浓度对化学反应速度的影响　由图 4-2 可知，恒温下某一反应中，活化分子百分数是一定的，增加反应物浓度，单位体积内活化分子数目增多，单位时间内反应物分子间有效碰撞数增加，反应速率加快。

（1）基元反应与复杂反应：一步直接转化为产物的反应，化学动力学中称基元反应，或简单反应。例如：

$$NO_2+CO \xlongequal{\quad} NO+CO_2 \qquad ①$$

多数化学反应是经多步（多个基元反应）才能完成的复杂反应。这些基元反应代表了反应经过的途径，即反应历程。例如：

$$H_2+I_2 \xlongequal{\quad} 2HI \qquad ②$$

实验证实其反应历程为：$I_2(g) \rightleftharpoons 2I(g)$（快）

$$H(g)+2I(g) \longrightarrow 2HI(g)（慢）$$

本反应是由两个基元反应组成的复杂反应。通常书写的化学方程式只代表反应的总结果，是一个计量方程式，可用来计量，但它不代表真实反应历程；复杂反应的速率将由最慢的基元反应速率决定。因此，最慢的基元反应又称定速步骤。

（2）反应速率方程：经验证明，基元反应的速率公式比较简单。例如：

$$aA+bB \xlongequal{\quad} cC+dD \qquad ③$$

则　$v \propto c_A^a c_B^b$ 或 $v=kc_A^a c_B^b$（级数为 $a+b$）　（4-10）

上式表示：基元反应的速率与反应物浓度的乘积成正比，各浓度的指数为反应中各相应物质的计量系数，此规律称为质量作用定律，式 4-10 称速率方程。其中，k 为速率常数，即给定温度下、单位浓度时的反应速率。不同反应的速率常数不同，其大小反映速率快慢和反应的难易。速率方程式中，各反应物浓度的指数称为反应的级数，其值由实验决定，与方程式中的计量系数无关。同一反应的速率常数随温度、溶剂和催化剂等不同而异。一般说来，基元反应速率方程可依据化学反应式直接写出来，基元反应①的速率方程分别为：$V=k[NO_2][CO]$（二级反应）。

对于复杂化反应，其速率方程只能通过实验决定。以如下反应为例：

$$2H_2+2NO \xlongequal{\quad} 2H_2O+N_2 \qquad ④$$

其反应速率实验数据见表 4-2。

表 4-2　反应速率实验数据

实验编号	起始浓度 [NO]（mol/L）	起始浓度 H_2（mol/L）	形成的起始速率 N_2[mol/（L·s）]
1	6.00×10^{-3}	1.00×10^{-3}	3.19×10^{-3}
2	6.00×10^{-3}	2.00×10^{-3}	6.36×10^{-3}
3	6.00×10^{-3}	3.00×10^{-3}	9.56×10^{-3}
4	1.00×10^{-3}	6.00×10^{-3}	0.48×10^{-3}
5	2.00×10^{-3}	6.00×10^{-3}	1.92×10^{-3}
6	3.00×10^{-3}	6.00×10^{-3}	4.30×10^{-3}

由表 4-2 中编号 1 ~ 3 实验数据可知，$v \propto [H_2]$；编号 4 ~ 6 实验数据显示，若 $[H_2]$ 保持不变，当 [NO] 分别增加 2 倍、3 倍时，反应速度分别增加 4 倍和 9 倍，这表明反应速率又与 $[NO]^2$ 呈成正比：　$v \propto [NO]^2$，则

$$v \propto [H_2][NO]^2 \text{ 或 } v = k[H_2][NO]^2 \text{（三级反应）}$$

显然，这不是想象中的 $v=k[H_2]^2[NO]^2$。实验表明，前述复杂反应②的速率方程为：

$$v = k[H_2][I_2] \quad \text{（二级反应）}$$

对于气体反应物，速率方程中可用反应气体的分压代替其浓度，即 K_P 代替 K_C。对于反应物中的纯固体或纯液体，若与其他物质互不相溶，在速率方程中其浓度项视为常数。压力对反应速率的影响本质上与浓度同理。

要点：

质量作用定律对基元反应速率的理论计算值与实验结果较为一致；而对于复杂化学反应速率的计算值与实验值不相符。因此，基元反应速率方程可由其化学反应计量方程式直接写出；对复杂反应，其速率方程只能通过实验来决定。

2. 温度对化学反应速度的影响　温度对化学反应速率的影响特别显著。大量实验表明，在一定温度范围内，温度每升高 10K，反应速率增加 2 ~ 3 倍。升高温度不仅能加大分子碰撞概率；更重要的是增大了活化分子百分数，大大提高反应速率。从图 4-3 可知，一个化学反应的反应热，由反应物的起始态能量与生成物的终结态能量差值决定。若始态能量高于终态能量，反应放热；反之则吸热。无论是放热反应还是吸热反应，反应物都必须越过一个能垒，反应才能进行，而升高温度有利于提高反应物的能量，因而有利于反应的进行。阿伦尼乌斯（1889 年）总结了大量实验事实，指出反应速率常数与温度的定量关系为：

$$k = Ae^{-\frac{E_a}{RT}} \qquad (4\text{-}11)$$

此为阿伦尼乌斯方程。式中，k 为反应速率常数（s^{-1}），A 为频率因子，单位与 k 相同（s^{-1}），E_a 为反应活化能（J/mol），R 为气体常数 [8.314J/（mol·K）]，T 为绝对温度（K）。将（4-11）式两边取对数，得

$$\lg k = -\frac{E_a}{2.303RT} + \lg A \qquad (4\text{-}12)$$

由（4-11）式可见，反应速率常数 k 与 T 为指数关系，温度的微小变化，将导致 k 值的较大变化。应该指出，对给定化学反应，在一般温度范围内，E_a 和 A 视为常数（阿伦尼乌斯方程的假定），对 $\frac{1}{T} \times 10^3 k^{-1}$ 不同的反应，A 值可以不同。

阿伦尼乌斯方程不仅说明了反应速率与温度的关系，还可以说明活化能对反应速率的影

响，以及活化能和温度两者与反应速率的关系。由（4-12）式可看出，以 $\lg k$ 对 $\frac{1}{T}$ 作图，可得一直线，其斜率为 $-\frac{E_a}{2.303R}$，截距为 $\lg A$。若 E_a 值大，则直线斜率大（L_1），K 随温度的变化越大；反之，若 E_a 值小，则直线斜率小（L_2），K 随温度的变化越小（图 4-4）。显然，若从 A 点 1.0 增至 B 点 3.0，则 k 值增加 100 倍，对直线 L_1 来说，反应温度只需从 P_1 点（1500K）升至 A 点（2000K）；对直线 L_2 来说，则需要从 P_2 点（500K）升至 P_1 点（1500K）。因此，对于活化能较大的化学反应（直线 L_1），升温对反应速率增加更显著。

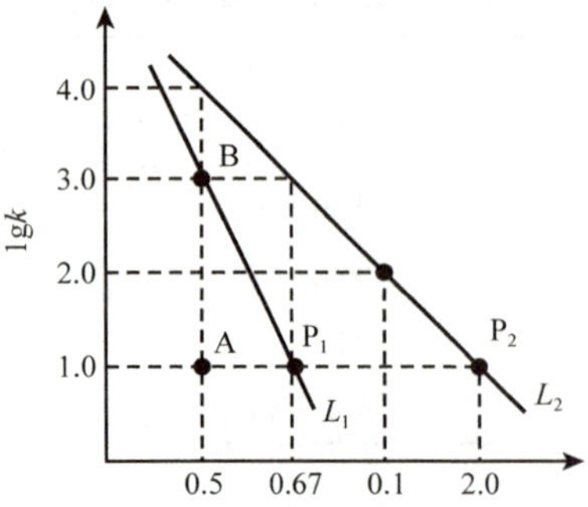

图 4-4　温度与反应速率的关系

用作图法可求得反应的活化能，因为直线的斜率为 $-\frac{E_a}{2.303R}$，所以 E_a=- 斜率 ×2.303R，除此之外活化能也可根据实验数据运用阿式求得。

$$\lg\frac{k_2}{k_1}=\frac{E_a(T_2-T_1)}{2.303RT_1T_2} \qquad (4\text{-}13)$$

$$E_a=\frac{2.303RT_1T_2}{T_2-T_1}\lg\frac{k_2}{k_1} \qquad (4\text{-}14)$$

运用式（4-14）即可由两个温度条件下的速度常数求活化能和频率因子 A。

例 4-1　已知：在 298K，速率常数 k_1 为 $3.4\times10^{-5}s^{-1}$，在 328K，速率常数 k_2 为 $1.5\times10^{-3}s^{-1}$，求下列反应的活化能 E 和常数 A，反应为：

$$C_2H_5I + OH^- \longrightarrow C_2H_5OH + I^-$$

解：（1）根据式（4-14）：$E_a=\frac{2.303RT_1T_2}{T_2-T_1}\lg\frac{k_2}{k_1}$

令 T_1=298K，T_2=328K，$k_1=3.4\times10^{-5}s^{-1}$，$k_2=1.5\times10^{-3}s^{-1}$，代入上式得

$E_a=1.03\times10^5$（J/mol）

（2）由式（4-12）式：$\lg A=\lg k+\frac{E_a}{2.303RT}$

令 T=298K，$k=3.4\times10^{-5}s^{-1}$，$E_a=1.03\times10^5$（J/mol），则

$$\lg A=13.6s^{-1}$$

$$A=3.98\times10^{-1}s^{-1}$$

3. 催化剂对化学反应速度的影响

（1）催化剂：催化剂是一种能改变化学反应速率，其自身质量、化学组成和性质在反应前后没有改变的物质。例如，H_2 和 N_2 作用生成 NH_3 反应中的金属 Fe，能大大加快反应速率。有催化剂参加的反应称催化反应。催化剂改变化学反应速率的作用称催化作用（catalysis）。凡能加快化学反应速率的物质称正催化剂；凡能减慢反应速率的物质称负催化剂。

催化剂能增加反应速率，被认为是由于催化剂参与反应，改变反应历程，从而降低反应活化能。例如反应：$A+B\longrightarrow AB$

如图 4-5 所示，原有反应历程为路径Ⅰ，反应物须越过较高能垒（原活化能 E_a），经过渡态 A···B

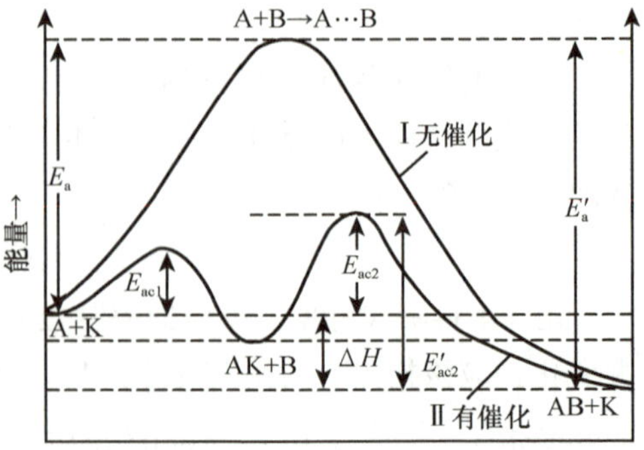

图 4-5　催化剂改变反应途径示意图

最终形成 AB。催化反应历程的路径Ⅱ分两步：

$$A + K \longrightarrow AK \quad 活化能 E_1$$

$$AK + B \longrightarrow AB + K \quad 活化能 E_2$$

$$总反应为：A + K + B \longrightarrow AB + K$$

与无催化反应相比，E_{ac1} 和 E_{ac2} 均远小于 E_a，降低了所需活化能，活化分子百分数增加、反应速度增加。以合成氨反应为例，未加催化剂 Fe（s）时，反应的活化能为 326.4kJ，加铁做催化剂时，反应活化能降低为 176kJ。计算表明，在 773K，加入催化剂后反应速率增加到 1.5×10^{10} 倍。催化剂有如下特点：

1）催化剂改变反应途径、降低活化能而加快反应速率，不改变反应物（始态）与生成物（终态）的相对能量，不能改变反应方向。热力学计算判断不能进行的反应，用任何催化剂都是徒劳的。

2）对于可逆反应，正反应活化能降低的数值（$E_a-E_{ac2}=\Delta E$）与逆反应活化能降低的数值（$E'_a-E'_{ac2}=\Delta E$）相等，催化剂对正、逆反应速率的影响相等。

3）催化剂的催化作用具有选择性。不同的反应需要不同的催化剂。

（2）酶（enzyme）：繁殖、生长、分化、代谢、运动等生命现象，是各种复杂化学变化的结果；生物体内的化学变化往往是在一类特殊物质，即酶的催化作用下进行的。酶，又称酵素，是具有生物催化功能的生物大分子，即生物催化剂。与无机催化剂相比，酶有如下特点：

1）极高的催化效率，如蔗糖水解速率，酶催化比酸催化提高约 10^{12} 倍。

2）高度的底物专一性。一种酶只能催化一种或一类底物，如蛋白酶只能催化蛋白质水解成多肽。

3）作用条件温和。酶催化的化学反应一般在常温、中性等较温和环境中进行。

4）活性可调节性。其活性受抑制剂和激活剂调节、反馈抑制调节等多方面调控。

知识链接

绝大多数酶都是蛋白质。主要为两类：①普通酶（enzyme），由活细胞合成的、对其特异底物（substrate）起高效催化作用的特殊蛋白质，是机体内催化各种代谢反应的最主要催化剂。例如，人体消化液中的胃蛋白酶，能在体内温度（37℃）和不太强的酸碱条件下将食物中的蛋白质迅速消化。②核酶（ribozyme）是具有高效、特异催化作用的核酸，是近年来发现的一类新的生物催化剂，其作用主要是参与 RNA 的剪接。迄今为止，已发现的酶有超过 4000 种，生物体中酶的数量远大于此。

第2节 化学平衡

化学反应有快慢问题，还有在一定条件下反应进行的限度，即化学平衡问题。化学平衡研究就是要找出平衡时温度、压力与系统组成的关系。这部分内容对生产实际和生命科学相关知识的学习有重要意义。

一 可逆反应

（一）可逆反应与化学平衡

能进行到底、反应物能完全转变为生成物的化学反应，称为不可逆反应（irreversible

reaction）。在一定条件下，能向正、反两个方向同时进行的反应称为可逆反应（reversible reaction）。不同化学反应的可逆程度不同；同一化学反应，如果条件不同，其表现的可逆性也不同。几乎所有反应都是可逆的，能进行到底的不可逆反应却很少。反应的可逆性必然导致化学平衡。反应开始时，正反应速率大，逆反应速率小。随着反应的进行，反应物的浓度逐渐减小，生成物的浓度逐渐增大。导致正反应速率逐渐降低，逆反应速率逐渐增高。当反应进行到一定程度后，正、逆反应速率相等，体系中反应物和生成物的浓度不再发生变化，此时体系所处的状态称为化学平衡（chemical equilibrium）（图 4-6）。可逆反应用符号“$\rightleftharpoons$”表示。通常把“向右”进行的反应称为正反应；“向左”进行的反应称为逆反应，如：

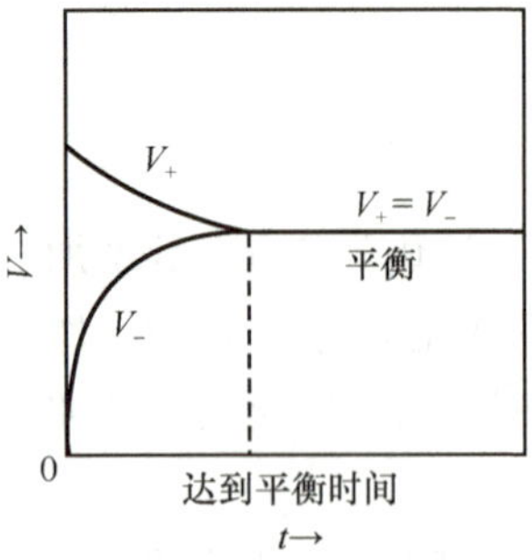

图 4-6　可逆平衡状态的建立

$$H_2(g) + I_2(g) \underset{v_-}{\overset{v_+}{\rightleftharpoons}} 2HI(g)$$

化学平衡状态的特征：

（1）可逆反应正、逆反应速率相等。体系各物质浓度不变。

（2）化学平衡是动态平衡。反应体系达平衡后，正、逆反应仍在进行，但速率相等。

（3）化学平衡是可逆反应能进行的最大限度。此平衡状态是一定反应条件下达成的一种状态。当条件改变时，原有平衡状态将发生移动，直至在新的条件下建立起新的化学平衡。

（二）化学平衡和平衡常数

1. 标准平衡常数（standard equilibrium constant）

对任一可逆反应：$a\text{A}(aq) + d\text{D}(aq) \rightleftharpoons g\text{G}(aq) + h\text{H}(aq)$

根据质量作用定律：　$v_+=k_+[\text{A}]^a[\text{D}]^d$ 和 $v_-=k_-[\text{G}]^g[\text{H}]^h$

一定温度下，反应达到平衡时有 $v_+ = v_-$

即
$$K_c=\frac{K_+}{K_-}=\frac{[\text{G}]^g[\text{H}]^h}{[\text{A}]^a[\text{D}]^d} \tag{4-15}$$

式中，aq 为溶液状态；[A]、[D]、[G]、[H] 为各物质的平衡浓度，单位为 mol/L；可见各生成物平衡浓度（以反应方程式的化学计量系数为幂）的乘积与反应物平衡浓度（以反应方程式的化学计量系数为幂）的乘积之比为一常数，即浓度平衡常数 K_C，又称实验平衡常数，其量纲由差值（$g+h$）-（$a+d$）决定。

平衡浓度除以标准浓度$C^\ominus$（为 1mol/L），得相对平衡浓度（$C_A/C^\ominus$），为便于书写，习惯上可用 $[A]/C^\ominus$。用相对平衡浓度（$C_A/C^\ominus$）表示平衡浓度，则该常数称作标准平衡常数或热力学平衡常数，简称平衡常数，即

$$K_c^\ominus=\frac{([\text{G}]/c^\ominus)^g([\text{H}]/c^\ominus)^h}{([\text{A}]/c^\ominus)^a([\text{D}]/c^\ominus)^d} \tag{4-16}$$

式中，$K_c^\ominus$为浓度表示的标准平衡常数，其量纲为 1。因标准浓度为 1mol/L，标准平衡常数可简写为：

$$K_c^\ominus=\frac{[\text{G}]^g[\text{H}]^h}{[\text{A}]^a[\text{D}]^d} \tag{4-17}$$

若上述反应系统各物质均为气态，同理有

$$K_p^\ominus=\frac{(p_G/p^\ominus)^g(p_H/p^\ominus)^h}{(p_A/p^\ominus)^a(p_D/p^\ominus)^d} \tag{4-18}$$

式中，p_A、p_D、p_G、p_H 为各物质的平衡分压，其量纲由差值（$g+h$）-（$a+d$）决定。若把各平衡分压均除以标准压力（$p^\ominus$=100kPa），得为标准平衡常数$K_p^\ominus$。由于标准压力为 100kPa，故$p^\ominus$不能简化为 1。

综上所述，标准化学平衡常数可用$K^\ominus$来表示，它只与物质本性和温度有关，与浓度或分压无关。因此，它是可逆反应的特征平衡常数，其值的大小说明，在一定条件下可逆化学反应进行的程度，也决定了达到平衡时反应物的转化程度。$K^\ominus$越大，反应越完全。此外，正、逆反应的平衡常数值互为倒数。

要点：

$K^\ominus$（$K_c^\ominus$或$K_p^\ominus$）表达了可逆反应进行的程度，$K^\ominus$越大，反应进行得越完全。

2. 标准平衡常数的书写　书写和应用标准平衡常数表达式应注意以下几点：

（1）反应体系中纯固体、纯液体的浓度视为常数，不写入平衡常数表达式。例：

$$MgCO_3(s) \rightleftharpoons MgO(s) + CO_2(g) \qquad K^\ominus = [p_{co_2}]/p^\ominus$$

（2）在水溶液中进行的反应，水的浓度视为常数，不写入表达式；非水反应体系中，参与反应的少量水必须写入平衡常数表达式。例如：

$$NaAc(aq) + H_2O(l) \rightleftharpoons HAc(aq) + NaOH(aq) \qquad K_C^\ominus = \frac{\{[HCl]/c^\ominus\}\{[NaOH]/c^\ominus\}}{\{[NaAc]/c^\ominus\}}$$

（3）反应方程式必须与平衡常数表达式一致。同一反应的反应式的写法不同，则标准平衡常数的表达式不同。例如：

$$N_2(g) + 3H_2(g) \rightleftharpoons 2NH_3(g) \qquad K^\ominus = \frac{\{[NH_3]/c^\ominus\}^2}{\{[N_2]/c^\ominus\}\{[H_2]/c^\ominus\}^3}$$

$$\frac{1}{2}N_2(g) + \frac{3}{2}H_2(g) \rightleftharpoons NH_3(g) \qquad K^{\ominus'} = \frac{[NH_3]/c^\ominus}{\{[N_2]/c^\ominus\}^{\frac{1}{2}} \cdot \{[H_2]/c^\ominus\}^{\frac{1}{2}}}$$

3. 转化率（chemical equilibrium conversion）　化学反应进行的程度可以用平衡常数来度量，也可以用平衡转化率来表示。标准平衡常数可以用来计算有关物质的平衡浓度和某一反应物的最大转化率（即理论转化率），以及从理论上计算一定转化率所需的合理原料配比等问题。某一反应的平衡转化率是指化学反应达平衡时，某反应物转化为生成物的百分数，以 α 表示：

$$\alpha = \frac{\text{平衡时某反应物已转化的量}}{\text{反应前该反应物的量}} \times 100\% \qquad (4\text{-}19)$$

$K^\ominus$越大，通常 a 越大，转化率越高，表示反应进行越完全。转化率与平衡常数有明显不同，平衡常数只与物质本性和温度有关，与反应体系的起始状态无关；而转化率与温度有关，还与反应体系的起始状态有关，而且必须指明是哪种反应物的转化率。

例 4-2　已知酯化反应：

$$C_2H_5OH(l) + CH_3COOH(l) \rightleftharpoons CH_3COOC_2H_5(l) + H_2O(l)$$

在 25℃时，K=4.0，若将 1mol 乙醇和 1mol 乙酸混合进行反应，试计算反应达到平衡后，乙酸乙酯的最大产率是多少？

解：设反应按题给条件进行反应达平衡时，乙酸乙酯的摩尔数为 n，则

$$C_2H_5OH(l) + CH_3COOH(l) \rightleftharpoons CH_3COOC_2H_5(l) + H_2O(l)$$

开始时摩尔数	1	1	0	0
平衡时摩尔数	$1-n$	$1-n$	n	n

平衡时总摩尔数 $=(1-n)+(1-n)+n+n=2\text{mol}$

平衡时摩尔分	$\frac{1-n}{2}$	$\frac{1-n}{2}$	$\frac{n}{2}$	$\frac{n}{2}$

所以$K=\dfrac{\left(\frac{n}{2}\right)\cdot\left(\frac{n}{2}\right)}{\left(\frac{1-n}{2}\right)\cdot\left(\frac{1-n}{2}\right)}=\dfrac{n^2}{(1-n)^2}=4.0$

解方程得 $n=0.667$

酯的最大产率为：$\dfrac{0.667}{1}\times 100\%=66.7\%$

4. 多重平衡　如果某一反应可以由几个平衡反应相加（或相减）得到，则该平衡反应的标准平衡常数等于几个平衡反应的标准平衡常数的乘积（或商），这种关系称为多重平衡规则。

例如：

（1）　$SO_2(g)+\frac{1}{2}O_2(g) \rightleftharpoons SO_3(g)$　　$K_1^{\ominus}$

（2）　$NO_2(g) \rightleftharpoons NO(g)+\frac{1}{2}O_2(g)$　　$K_2^{\ominus}$

由（1）+（2）可得（3）：

（3）　$SO_2(g)+NO_2(g) \rightleftharpoons SO_3(g)+NO(g)$

则
$$K_3^{\ominus}=K_1^{\ominus}\cdot K_2^{\ominus} \tag{4-20}$$

二　化学平衡的影响因素

化学平衡是有条件的动态平衡。对化学平衡的影响包括不改变原有标准平衡常数（即同一平衡态）时的平衡移动和对原有平衡状态的改变，即标准平衡常数的改变。当外部条件改变时，原有平衡被破坏，可逆反应将从一种平衡状态向另一种平衡状态转变，这一过程称为化学平衡的移动（shift of chemical equilibrium）。下面主要讨论浓度、压强和温度对化学平衡的影响。

（一）浓度对化学平衡的影响

由标准平衡常数讨论可知，对任意可逆反应有式（4-17）：

$$K_c^{\ominus}=\frac{[G]^g[H]^h}{[A]^a[D]^d}$$

这是热力学意义上，可逆反应在一定条件下达成的平衡状态，也是反应物能达到的最大转化程度。在一定温度下，生成物和反应物的相对浓度各以其计量系数为指数的幂的乘积之比定义为反应商，用 Q 表示，对溶液反应其表达式为：

$$Q=\frac{C_G^g\cdot C_H^h}{C_A^a\cdot C_D^d} \tag{4-21}$$

显然，反应商 Q 与标准平衡常数 $K_c^{\ominus}$ 的关系有三种情况：若 $Q<K_c^{\ominus}$，反应将自发正向进行；若 $Q>K_c^{\ominus}$，反应将逆向自发进行；若 $Q=K_c^{\ominus}$ 时，则化学反应已达到平衡。此时，若增加反应物或减少生成物，将使 $Q<K_c^{\ominus}$，反应将正向进行，直至重新回到 $Q=K_c^{\ominus}$ 的状态。必须指出，一定温度下，$K_c^{\ominus}$ 为一常数，即平衡状态一定，$K_c^{\ominus}$ 值的大小只取决于反应物本性和反应温度；这时改变浓度能引起反应熵 Q 值的变化，根据 Q 值与 $K_c^{\ominus}$ 值的关系可判断化学平衡移动的方向。

要点： $Q<K_c^{\ominus}$，自发正向进行；$Q>K_c^{\ominus}$，自发逆向进行；$Q=K_c^{\ominus}$ 时，达到平衡。

（二）压力对化学平衡的影响

压力对平衡常数的影响与浓度类似，压力变化并不能改变反应的标准平衡常数。但可以改变反应商 Q，使平衡移动。由于压力对液体和固体体积的影响很小，压力对化学平衡的影响通常只考虑有气体参加的可逆反应。

对任一气体参与的可逆反应：

$$a\text{A}(\text{g})+d\text{D}(\text{g}) \rightleftharpoons g\text{G}(\text{g})+h\text{H}(\text{g})$$

一定温度下达到平衡时，有前述式（4-18）：

$$K_p^{\ominus}=\frac{(p_{\text{G}}/p^{\ominus})^g(p_{\text{H}}/p^{\ominus})^h}{(p_{\text{A}}/p^{\ominus})^a(p_{\text{D}}/p^{\ominus})^d}$$

令（$g+h$）-（$a+d$）$=n$，n 为气体生成物计量数之和与气体反应物计量数之和的差值。

在一定温度下，比较反应商 Q 与标准平衡常数 $K_p^{\ominus}$ 的大小就可以判断平衡移动的方向。

（1）当 $n>0$，即气体计量数增加的反应。若增大总压力，则相应各组分的分压也增大 X 倍，此时反应商为：

$$Q=\frac{(xp_{\text{G}}/p^{\ominus})^g(xp_{\text{H}}/p^{\ominus})^h}{(xp_{\text{A}}/p^{\ominus})^a(xp_{\text{D}}/p^{\ominus})^d}=X^nK_p^{\ominus}$$

因 $n>0$，则 $X^n>1$，$Q>K_p^{\ominus}$，反应将逆向进行（即增大压力，平衡向计量数之和减小的方向移动）；若总压减小 $\frac{1}{Y}$ 倍，$Q=\left(\frac{1}{Y}\right)^nK_p^{\ominus}$，因 $n>0$，则 $\left(\frac{1}{Y}\right)^n<1$，$Q<K_p^{\ominus}$，反应将正向进行（即总压减小，平衡向计量数之和增加的方向移动）。

（2）当 $n<0$，即气体计量数减小的反应。若增压 X 倍，则 $X^n<1$，$Q<K_p^{\ominus}$，正向移动；若减压 $\frac{1}{Y}$ 倍，则 $\left(\frac{1}{Y}\right)^n>1$，$Q=\left(\frac{1}{Y}\right)^nK_p^{\ominus}$，$Q>K_p^{\ominus}$，逆向移动。

（3）当 $n=0$，即气体计量数不变的反应。则 $Q=K_p^{\ominus}$，可逆反应处于平衡状态。

例 4-3 可逆反应 $H_2O(\text{g})+CO(\text{g}) \rightleftharpoons CO_2(\text{g})+H_2(\text{g})$

在 1000K 时 $K^{\ominus}=1.4$。当 H_2O、CO、CO_2 和 H_2 的分压分别为 300kPa、200kPa、100kPa 和 150kPa，试判断该反应进行的方向。

解：该可逆反应在此条件下的反应商为：

$$Q=\frac{[p_{\text{co}_2}/p^{\ominus}][p_{\text{H}_2}/p^{\ominus}]}{[p_{\text{H}_2\text{O}}/p^{\ominus}][p_{\text{co}_2}/p^{\ominus}]}=\frac{(100/100)\times(150/100)}{(300/100)\times(200/100)}=0.25$$

已知在 1000K 时，$K^{\ominus}=1.4$。由于 $Q<K^{\ominus}$，在给定条件下可逆反应向正反应方向进行。

要点：$Q>K_p^{\ominus}$，逆向进行；$Q<K_p^{\ominus}$，正向进行；$Q=K_p^{\ominus}$，处于平衡状态。

（三）温度对化学平衡的影响

浓度和压力对化学平衡的影响与温度的作用方式有本质的区别。浓度和压力通过改变体系组分的浓度或分压，使 $Q \neq K^{\ominus}$ 而发生化学平衡移动。温度变化则通过改变可逆反应的标准平衡常数 $K^{\ominus}$，导致 $Q \neq K^{\ominus}$，使化学平衡移动。标准平衡常数与温度的关系式（范特霍夫方程）如下：

$$\ln\frac{K_2^{\ominus}}{K_1^{\ominus}}=\frac{\Delta H_m^{\ominus}}{R}\left(\frac{T_2-T_1}{T_1T_2}\right) \tag{4-22}$$

由式（4-22）可知：

（1）对放热反应，即 $\Delta H_m^{\ominus}<0$ 的反应，平衡时 $Q=K_1^{\ominus}$，若升温（即 $T_2>T_1$ 时），有 $K_2^{\ominus}<K_1^{\ominus}$，则 $Q>K_2^{\ominus}$，平衡向逆反应方向移动（即吸热反应方向）；若降温 $T_2<T_1$，$K_2^{\ominus}>K_1^{\ominus}$，此时，$Q<K_2^{\ominus}$，平衡向正反应方向移动（即放热反应方向）。

（2）对吸热反应，即 $\Delta H_m^{\ominus}>0$ 的反应，若升温（$T_2>T_1$ 时），$K_2^{\ominus}>K_1^{\ominus}$，此 $K_2^{\ominus}>Q$，平衡向正反应方向移动；若降低温度（$T_2<T_1$），则 $K_2^{\ominus}<K_1^{\ominus}$，此时 $Q>K_2^{\ominus}$，平衡逆反应方向移动。从式（4-22）还可以看出 $\Delta H_m^{\ominus}$ 绝对值越大，温度改变平衡的影响越大。

（四）催化剂的影响

对于可逆反应来说，催化剂通过改变反应途径和活化能改变反应速率及到达平衡的时间，对正、逆反应速率影响程度相同。由于不能改变反应物（始态）与生成物（终态）的相对能量，催化剂不会影响反应的化学平衡状态，也不会使化学平衡发生移动。

要点：用范特霍夫方程判断：对放热反应（$\Delta H_m^{\ominus}<0$），平衡时有 $Q=K_1^{\ominus}$。若升温，则 $Q>K_2^{\ominus}$，将逆向反应（吸热）；若降温，则 $Q<K_2^{\ominus}$，将正向反应（放热）。

综上所述，平衡移动的条件是 $Q \neq K^{\ominus}$，使其重新回到 $Q=K^{\ominus}$ 的方式有二：改变 $K^{\ominus}$ 和不改变 $K^{\ominus}$。前者只能通过改变温度来实现，而后者则通过改变浓度或压力来实现。Le Chatelier 1884 年归纳出一条普遍规律：任何已达平衡的体系，若改变平衡体系的条件之一，则平衡向削弱这个改变的方向移动。这条规律称 Le Chatelier 原理或平衡移动原理。

目标检测

一、填空题

1. 已知反应 $2NO(g)+2H_2(g) \rightleftharpoons N_2(g)+2H_2O(g)$ 的反应历程为

① $2NO(g)+H_2(g) \rightleftharpoons N_2(g)+H_2O_2(g)$　（慢反应）

② $H_2O_2(g)+H_2(g) \rightleftharpoons 2H_2O(g)$（快反应）

则该反应称为________。此两步反应均称为________。反应①称为总反应的________，总反应的速率方程近似为________，此反应为________级反应。

2. 已知基元反应 $CO(g)+NO_2(g) \rightleftharpoons CO_2(g)+NO(g)$，该反应的速率方程为________；此速率方程为________定律的数学表达式，此反应对 NO_2 是________级反应，总反应是________级反应。

3. 催化剂加快反应速率主要因为催化剂参与反应，________了反应途径，________了活化能。

4. 增加反应物浓度，反应速率加快的主要原因是增加了________；升高温度，反应速率加快的主要原因是增加了________。

5. 增加反应物的量或降低生成物的量，则 Q ________ $K^{\ominus}$，所以平衡向正反应方向移动；对放热反应，升高温度，则 Q ________ $K^{\ominus}$，所以平衡向逆反应方向移动。

6. 对于气相反应，当 Δn ________ 0时，增加压力，平衡不移动；当 Δn ________ 0时，增加压力，平衡向正反应方向移动；Δn ________ 0时，增加压力，平衡向逆反应方向移动。

7. 在气相平衡 $PCl_5(g) \rightleftharpoons PCl_3(g) + Cl_2(g)$ 系统中，如果保持温度、体积不变，充入惰性气体，平衡将________；如果保持温度、压力不变，充入氮气使体积增加，平衡将________移动。

8. 化学平衡状态的主要特性是：温度一定时，改变浓度、压力可使平衡发生移动，但 $K^{\ominus}$ 值________，如温度改变使化学平衡发生移动，此时 $K^{\ominus}$ 值________。

二、单项选择题

1. 反应 $3A + 4B \Longrightarrow 2C + 5D$，以下化学反应速率的表示中，表示反应速率最慢的是（　　）

A. $v_A = 0.36mol/(L \cdot s)$

B. $v_B = 0.60mol/(L \cdot s)$

C. $v_C = 0.28mol/(L \cdot s)$

D. $v_D = 0.70mol/(L \cdot s)$

2. 对反应 $2SO_2(g) + O_2(g) \rightleftharpoons 2SO_3(g)$，下列几种速率表达式之间关系正确的是（　　）

A. $\frac{dc(SO_2)}{dt} = \frac{dc(O_2)}{dt}$

B. $\frac{dc(SO_2)}{dt} = \frac{dc(SO_3)}{dt}$

C. $\frac{dc(SO_3)}{2dt} = \frac{dc(O_2)}{dt}$

D. $\frac{dc(SO_3)}{2dt} = \frac{dc(SO_2)}{dt}$

3. 下列因素中与速率常数无关的是（　　）

A. 催化剂　　B. 反应物的本性

C. 浓度和压力（气体）　　D. 温度

4. 在2L的溶液中含8.0mol某反应物，经过2秒后，该反应物还剩4.0mol，则以该反应物表示的反应速率是（　　）

A. 1.0mol/（L·s）　　B. 0.5mol/（L·s）

C. 3.0mol/（L·s）　　D. 1.5mol/（L·s）

5. 由实验测定，反应 $H_2(g) + Cl_2(g) \Longrightarrow 2HCl(g)$ 的速率方程为 $v = kc(H_2)c^{\frac{1}{2}}(Cl_2)$，在其他条件不变的情况下，将每一反应物浓度加倍，此时反应速率为（　　）

A. $2v$　　B. $4v$　　C. $2.5v$　　D. $2\sqrt{2}v$

6. 某反应的速率常数为 $2.15L^2 \cdot mol^{-2} \cdot min^{-1}$，该反应为（　　）

A. 零级反应　　B. 一级反应

C. 二级反应　　D. 三级反应

7. 已知反应 $2NO(g) + Cl_2(g) \rightleftharpoons 2NOCl(g)$ 的速率方程为 $v = kc^2(NO)c(Cl_2)$，故该反应（　　）

A. 一定是复杂反应　　B. 一定是基元反应

C. 无法判断　　D. 没有正确答案

8. 在20℃时某化学反应的速率为，若0.15mol/（L·s），若温度每升高5℃，反应速率提高到原来的2倍，则为使反应速率达到1.2mol/（L·s），应使反应在什么温度下进行（　　）

A. 30℃　　B. 35℃　　C. 40℃　　D. 45℃

9. 测得某反应正反应的活化能 $E_a(+) = 70$ kJ/mol，逆反应的活化能 $E_a(-) = 20$ kJ/mol，此反应的反应热为（　　）

A. 50 kJ/mol　　B. −50 kJ/mol

C. 90 kJ/mol　　D. −45 kJ/mol

10. 在298K时，反应 $2H_2O_2 \rightleftharpoons 2H_2O + O_2$，无催化剂时活化能为71kJ/mol，加 Fe^{3+} 作催化剂活化能为42kJ/mol，加入催化剂后反应速率为原来的（　　）倍

A. 29　　B. 1×10^3　　C. 1.2×10^5　　D. 5×10^2

11. 已知反应 $N_2(g) + O_2(g) \rightleftharpoons 2NO(g)$，$\Delta H_m^{\ominus} > 0$，当升高温度时，$K^{\ominus}$ 将（　　）

A. 减小　　B. 增大　　C. 不变　　D. 无法判断

12. 当可逆反应达到平衡后（　　）

A. 反应物和产物的质量分数相同

B. 反应物和产物的质量分数不再随时间而变化

C. 反应物和产物的质量分数不再因温度、压强的变化而变化

D. 正、逆反应停止了

13. 已知反应 $2SO_2(g)+O_2(g) \rightleftharpoons 2SO_3(g)$ 的平衡常数$K_1^\ominus$，反应 $SO_2(g)+\frac{1}{2}O_2(g) \rightleftharpoons SO_3(g)$ 的平衡常数$K_2^\ominus$，则$K_1^\ominus$和$K_2^\ominus$的关系为（　　）。

A. $K_1^\ominus = K_2^\ominus$　　B. $K_1^\ominus = \sqrt{K_2^\ominus}$

C. $K_2^\ominus = \sqrt{K_1^\ominus}$　　D. $2K_1^\ominus = K_2^\ominus$

14. 已知可逆反应（1）减去可逆反应（2）可得可逆反应（3），若对应的标准的标准平衡常数分别是$K_1^\ominus$、$K_2^\ominus$和$K_3^\ominus$，则下列反应关系式正确的为（　　）

A. $K_3^\ominus = K_1^\ominus \cdot K_2^\ominus$　　B. $K_3^\ominus = K_1^\ominus / K_2^\ominus$

C. $K_3^\ominus = K_2^\ominus / K_1^\ominus$　　D. $K_3^\ominus = K_1^\ominus - K_2^\ominus$

15. X、Y、Z 都是气体，下列反应中，在加压后 Z 的物质的量减小的是（　　）

A. $X + Y \rightleftharpoons 3Z$　　B. $2X + Y \rightleftharpoons 3Z$

C. $X + 2Y \rightleftharpoons Z$　　D. $X + Y \rightleftharpoons 2Z$

16. 已知可逆反应 $AB(g) \rightleftharpoons A(g)+B(g)$ 的正反应放热。欲使此平衡向正反应方向移动，需要采取的措施是（　　）

A. 降低温度和增大压力

B. 升高温度和增大压力

C. 升高温度和减小压力

D. 降低温度和减小压力

17. 设有可逆反应 $aA(g)+bB(g) \rightleftharpoons dD(g)+eE(g)$，$\Delta H_m^\ominus>0$，且 $a+b > d+e$，要提高 A 和 B 的转化率，应采取的措施是（　　）

A. 升温减压　　B. 升温加压

C. 降温减压　　D. 降温加压

18. 改变下列条件，能使可逆反应的标准平衡常数发生变化的是（　　）

A. 温度　B. 浓度　C. 压力　D. 催化剂

三、简答题

1. 什么叫化学反应的活化能？活化能与反应速率有何关系？

2. 催化剂能影响反应速率，但不能影响化学平衡，为什么？

3. 什么是可逆反应？化学平衡状态有哪些特征？

4. 正三价钒离子被催化氧化为四价状态的反应机制被认为是：

$V^{3+}+Cu^{2+} \rightleftharpoons V^{4+}+Cu^{+}$（慢）

$Cu^{+}+Fe^{3+} \rightleftharpoons Cu^{2+}+Fe^{2+}$（快）

试回答：总的反应式是什么？哪种离子为催化剂？总反应的速率方程应怎样表示？

5. 可逆反应：$C(s)+H_2O(g) \rightleftharpoons CO(g)+H_2(g)$，$\Delta H_r$=133.9kJ/mol。试对下列说法表示你的看法：

（1）达到平衡时，反应物和生成物的浓度相等；

（2）加入催化剂可以加快反应到达平衡的速率；

（3）由于反应前后分子数目不相等，所以增加压力对平衡没有影响；

（4）增加温度，将对 C（s）的转化有利。

6. 运用化学平衡原理，解释食用油的酸败现象。

四、计算题

1. $2HI \longrightarrow H_2+I_2$ 的活化能为 44.3kJ/mol，问这个反应的逆反应的活化能是多少？（已知 HI 的生成热为 −1.35 kJ/mol）

2. $CO(CH_2COOH)_2$ 在水溶液中分解成丙酮和二氧化碳，分解反应速率常数在 10℃时为 1.08×10^{-4}mol/s，60℃时为 5.48×10^{-2}mol/s，试计算在 30℃时分解的反应速率常数。

3. 在 200℃时，反应 $3Fe(s)+4H_2O(g) \rightleftharpoons Fe_3O_4(s)+4H_2(g)$ 达到平衡时，H_2O 和 H_2 的分压力分别为 6.13kPa 和 127.69kPa；如 H_2O 的平衡分压力改变为

12.93kPa，H_2的分压力如何？

4. 某化学反应在298K时的速率常数为$3.4\times10^{-5}s^{-1}$，在323K时的速率常数为$1.5\times10^{-3}s^{-1}$。则该反应的活化能是多少？303K时的频率因子A是多少？

5. 反应$2SO_2+O_2 \rightleftharpoons 2SO_3$在一升的密闭容器中进行。已知$SO_2$和$O_2$的起始浓度分别为0.4mol/L和1mol/L。如达到平衡时有80%的SO_2转化为SO_3，求平衡时三种气体的浓度及平衡常数。

6. 工业上用乙苯脱氢的方法制取苯乙烯：$C_8H_5C_2H_5(g) \rightleftharpoons C_8H_5CH{=}CH_2(g)+H_2(g)$，在627℃下此反应$K_p=1.49$，试计算反应压力为101.3kPa时乙苯的平衡转化率（α）。

7. 肌红蛋白（Mb）存在于肌肉组织中，具有携带O_2能力。肌红蛋白的氧合作用可表示为：$Mb(aq)+O_2(g) \rightleftharpoons MbO_2(aq)$在310K时，反应的标准常数$K^{\ominus}=1.30\times10^2$，试计算当$O_2$的分压力为5.30kPa时，氧合肌红蛋白（$MbO_2$）与肌红蛋白的平衡浓度的比值。

（罗恩平）

第 5 章　电解质溶液

● 案例

患者，女，54 岁，近来常觉得四肢软弱无力，靠手扶支撑物勉强站起，不能自主翻身，中枢神经系统正常，神志清醒，但表情淡漠，抑郁，思睡，记忆力减退等，同时神经浅反射减弱，但深腱反射、腹壁反射较正常。窦性心动过速，房性或室性期前收缩，房室传导阻滞。伴有厌食、恶心、呕吐、腹胀等症状，到医院化验检查，血清钾浓度为 3.01mol/L，且尿液呈酸性。

问题： 1. 患者是由于缺钾引起的什么病?

2. 如何配制临床需要浓度的氯化钾溶液?

电解质是生命活动必需物质。比如人的体液中含有大量的电解质物质，它们对于体液渗透浓度、酸碱度和生理功能的作用至关重要。水和电解质广泛分布在细胞内外，参与体内许多重要的功能和代谢活动，并且电解质对维持正常生命活动起着非常重要的作用。

人体内的电解质多以离子的形式存在于体液中，如 Na^+、K^+、Ca^{2+}、Mg^{2+}、Cl^-、CO_3^{2-}、HPO_4^{2-}、$H_2PO_4^-$、SO_4^{2-} 等。它们是维持体液渗透平衡、酸碱平衡的必需成分。其含量与人体的许多生理及病理现象有着密切的关系。通过对电解质溶液基本理论和基本知识的学习，体液的组成与性质的了解，为今后医学知识的学习奠定一定基础。

第 1 节　弱电解质的电离平衡

一　电解质的分类

在水溶液或熔融状态下能导电的化合物称为电解质，如酸、碱、盐均为电解质；在水溶液或熔融状态下都不能导电的化合物称为非电解质，如蔗糖、葡萄糖、蛋白质、纤维素、淀粉等。溶液的导电能力强弱与溶液中单位体积内能自由移动的离子数目有关，也就是说单位体积内自由移动的离子数目越多，溶液的导电能力就越强；单位体积内自由移动的离子数目越少，溶液的导电能力就越弱。而溶液中单位体积内离子数目的多少，不仅与电解质溶液的浓度有关，而且与电解质的电离程度有关。根据电解质在水中电离程度的不同，把电解质分为强电解质和弱电解质。

（一）强电解质

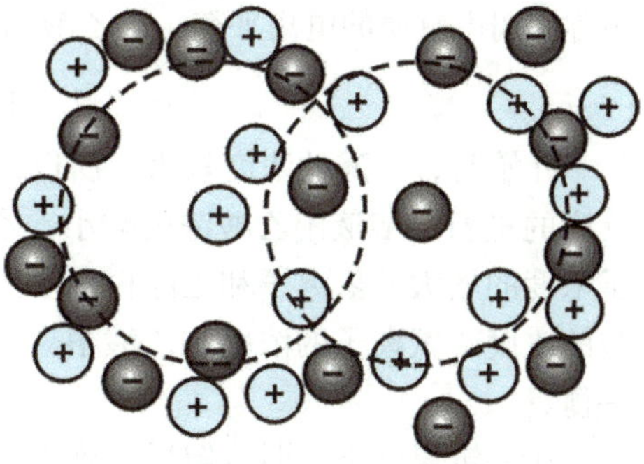

图 5-1　离子氛示意图

强电解质是指在水溶液中已经溶解并能全部电离为离子的电解质。例如，强酸（盐酸、硫酸、硝酸等）、强碱（氢氧化钠、氢氧化钾、氢氧化钡等）及大部分盐（氯化钠、氯化钾、碘化钠、碘化钾等）。但是根据导电性实验测定发现，强电解质在溶液中并不能全部电离。什么原因致使强电解质不能完全电离？根据 Debye P. 和 Hückel E. 提出的离子互吸理论，指出强电解质在溶液中是完全电离的，由于离子之间存在相互作用，阳离子附近有较多的阴离子，形成了由阴离子所组成的离子氛；而阴离子附近则有较多的阳离子，形成了由阳离子所组成的离子氛，如图 5-1 所示。

由于离子的不断运动，离子氛不断形成，又不断拆散，结果使离子自由活动的能力降低。由于离子间的这种相互作用，使得离子在溶液中并不能完全自由存在。因而，强电解质溶液中的离子不是独立的自由离子。

强电解质的电离是不可逆的，其电离方程式用“$=$”表示。

例如：

$$NaCl = Na^{+} + Cl^{-}$$
$$H_2SO_4 = 2H^{+} + SO_4^{2-}$$
$$NaOH = Na^{+} + OH^{-}$$

（二）弱电解质

弱电解质是指在水溶液中少部分能电离成离子，大部分仍以分子形式存在的电解质，如弱酸（碳酸、氢硫酸、乙酸、甲酸、氢氟酸等）、弱碱（氨水等）及部分盐（如氯化汞等）。弱电解质的电离是可逆的，其电离方程式用“$\rightleftharpoons$”表示。例如：

$$NH_3 \cdot H_2O \rightleftharpoons NH_4^{+} + OH^{-}$$
$$CH_3COOH \rightleftharpoons CHCOO^{-} + H^{+}$$

多元弱酸的电离是分步进行的，如 H_2CO_3、H_3PO_4 等。

$$H_3PO_4 \rightleftharpoons H^{+} + H_2PO_4^{-}$$
$$H_2PO_4^{-} \rightleftharpoons H^{+} + HPO_4^{2-}$$
$$HPO_4^{2-} \rightleftharpoons H^{+} + PO_4^{3-}$$

由于强电解质完全电离，弱电解质部分电离，所以相同浓度的强、弱电解质的导电能力是不同的。

强调指出，电解质的强弱与它们在水中的电离程度有关，而与溶解度无关，如 $BaSO_4$、AgCl 等虽然是难溶物，但溶解的部分完全电离，属于强电解质。

二　弱电解质的电离平衡、电离度

（一）弱电解质的电离平衡

1. 电离平衡和电离平衡常数　在一定条件下，当弱电解质溶液中分子电离成离子和离子重新结合成分子的速率相等时，溶液中各组分的浓度保持不变，即达到了动态平衡，这种状态称为弱电解质的电离平衡。以乙酸的电离为例来讲解弱电解质的电离平衡。

$$HAc \rightleftharpoons H^+ + Ac^-$$

开始时，乙酸的浓度较大，所以乙酸电离出氢离子和乙酸根离子的速率增大，随着电离反应的进行，溶液中乙酸浓度减小，乙酸的电离速率减慢；而随着溶液中氢离子和乙酸根离子浓度的增大，氢离子和乙酸根离子结合生成乙酸分子的速率增大，到某一时刻，溶液中乙酸的浓度、氢离子的浓度和乙酸根离子的浓度不再随着时间的变化而变化时，就达到了电离平衡。

在一定温度下，弱电解质达到电离平衡时，已电离的各离子浓度的幂次方的乘积与未电离的弱电解质分子的浓度之比为一个常数，称为弱电解质的电离平衡常数，简称为电离常数，用符号 K 表示。每种物质都有特定的电离平衡常数，且电离平衡常数的数值跟浓度变化无关。电离常数大小表示弱电解质在溶液中的电离程度。一般情况下，弱酸和弱碱的电离常数常用 K_a 和 K_b 表示。弱酸的 K_a 和弱碱的 K_b 表示弱酸和弱碱在溶液中的电离程度，常见部分弱电解质的电离常数见表 5-1。K_a 越大，酸性越强；K_b 越大，碱性越强。

表 5-1　常见部分弱电解质的电离常数（25℃）

名称	K_a 或 K_b
乙酸（HAc）	1.76×10^{-5}
甲酸（HCOOH）	1.77×10^{-4}
碳酸（H_2CO_3）	4.3×10^{-7}（K_{a_1}）　5.61×10^{-11}（K_{a_2}）
氨水（$NH_3 \cdot H_2O$）	1.79×10^{-5}

一元弱酸在水溶液中电离方程式为：

$$HA \rightleftharpoons H^+ + A^-$$

根据电离平衡常数概念，当达到电离平衡时，电离平衡常数可表示为：

$$K_a = \frac{[H^+] \cdot [A^-]}{[HA]} \tag{5-1}$$

一元弱碱在水溶液中电离方程式为：

$$HB \rightleftharpoons H^+ + B^-$$

根据电离平衡常数概念，当达到电离平衡时，电离平衡常数可表示为：

$$K_b = \frac{[H^+] \cdot [B^-]}{[HB]} \tag{5-2}$$

例如：乙酸在水溶液中电离方程式：

$$HAc \rightleftharpoons H^+ + Ac^-$$

根据电离平衡常数概念，当达到电离平衡时，电离平衡常数可表示为：

$$K_a = \frac{[H^+] \cdot [Ac^-]}{[HAc]}$$

例如：氨在水溶液中的电离方程式为：

$$NH_3 \cdot H_2O \rightleftharpoons NH_4^+ + OH^-$$

根据电离平衡常数概念，当达到电离平衡时，电离平衡常数可表示为：

$$K_b=\frac{[NH_4^+]\cdot[OH^-]}{[NH_2\cdot H_2O]}$$

事实上，不仅一元弱酸、弱碱的水溶液存在上述的电离平衡和电离平衡常数，多元弱酸、弱碱也都存在，只是多元弱酸、弱碱是分步电离的，并且每步电离都有自己的平衡常数，分别用 K_{a_1}（K_{b_1}）、K_{a_2}（K_{b_2}）、K_{a_3}（K_{b_3}）等。

例如：碳酸水溶液中

$$H_2CO_3 \rightleftharpoons H^+ + HCO_3^- \qquad K_{a_1}=\frac{[H^+]\cdot[HCO_3^-]}{[H_2CO_3]}$$

$$HCO_3^- \rightleftharpoons H^+ + CO_3^{2-} \qquad K_{a_2}=\frac{[H^+]\cdot[CO_3^{2-}]}{[HCO_3^-]}$$

电离平衡与其他化学平衡一样，存在以下特点：①“等”是弱电解质溶液中分子电离成离子和离子重新结合成分子的速率相等，但不等于零；②“动”是指弱电解质的电离平衡属于动态平衡；③“定”是指达到电离平衡时，溶液中各组分的浓度保持不变。

电离平衡是有条件的、暂时的、相对的，当外界条件（如温度、浓度等）发生变化时，电离平衡也会随之改变。

2. 电离平衡移动　在氨水中存在以下平衡：

$$NH_3\cdot H_2O \rightleftharpoons NH_4^+ + OH^-$$

当氨水达到电离平衡时，溶液里 $NH_3\cdot H_2O$、NH_4^+、OH^- 的浓度相对稳定，如果改变三者中的任一浓度，平衡就会发生改变。

如往上述溶液中加少量盐酸，溶液中的 OH^- 将会与盐酸电离的 H^+ 反应生成水，随着 OH^- 浓度的降低，破坏了原来的电离平衡，使电离平衡将向右移动，而建立新的电离平衡；加少量氢氧化钠，溶液中的 OH^- 浓度增大，破坏了原来的电离平衡，使电离平衡将向左移动，而建立新的电离平衡；加少量氨水，溶液中的 $NH_3\cdot H_2O$ 浓度增大，破坏了原来的电离平衡，使电离平衡将会向右移动，从而建立新的电离平衡。通过以上条件的改变，氨水的电离平衡发生了一系列移动，如此反复，直至建立新的电离平衡。

一般的电离平衡都是吸热过程。温度升高，电离平衡将会向正反应方向移动；温度降低，电离平衡将会向逆反应方向移动。

总之，由于外界条件（温度、浓度等）的改变，弱电解质会打破原来的电离平衡而形成新的电离平衡，这个过程称为电离平衡的移动。

（二）电离度

不同的弱电解质，在溶液中的电离程度不同。弱电解质达到电离平衡时其电离程度的差异，可以用电离度表示。

电离度是指温度一定，弱电解质达到电离平衡时，溶液中已经电离的弱电解质分子数与弱电解质分子总数（包括已电离的和未电离的）之比。用符号 α 表示。

$$\alpha=\frac{\text{已经电离的弱电解质分子数}}{\text{弱电解质分子总数}}\times 100\% \qquad (5\text{-}3)$$

例如，25℃时，0.1mol/L 的乙酸溶液中，每 10 000 个乙酸分子中有 132 个乙酸分子电离

成离子，其电离度为

$$\alpha = \frac{\text{已经电离的弱电解质分子数}}{\text{弱电解质分子总数}} \times 100\%$$
$$= \frac{132}{10\,000} \times 100\%$$
$$= 1.32\%$$

条件相同时，不同的弱电解质电离度不同，电离度越小，弱电解质相对较弱；电离度大，弱电解质相对较强。所以弱电解质的相对强弱在一定程度上可以定量的用电离度来表示。常见弱电解质的电离度见表 5-2。

表 5-2　常见弱电解质的电离度（0.1mol/L，25℃）

电解质	化学式	电离度（%）
乙酸	CH_3COOH	1.32
碳酸	H_2CO_3	0.17
氨水	$NH_3 \cdot H_2O$	1.33
氢氰酸	HCN	0.01

弱电解质电离度的不同，主要取决于弱电解质的本身性质。其次还与弱电解质的浓度、温度、溶剂有关。溶液的浓度越小，单位体积内的离子数越少，离子重新结合生成弱电解质分子的机会就越少，弱电解质的电离度反而增大，反之减小；弱电解质的电离平衡是吸热过程，温度升高，电离平衡向吸热方向移动，因而弱电解质的电离度增大，反之减小。

三　同离子效应

实验现象：加入 2 滴紫色石蕊的 HAc 溶液，由于 HAc 是酸性，所以溶液显红色，当加少量的 NaAc 固体后溶液的颜色又逐渐变为紫红色。

实验结论：向此溶液中加强电解质 NaAc 固体后，由于溶液中的 $[Ac^-]$ 增大，平衡就向生成 HAc 的方向移动，使 $[H^+]$ 减小，即 HAc 的电离度降低。这一过程可以表示为：

$$HAc \rightleftharpoons H^+ + Ac^-$$
$$NaAc = Na^+ + Ac^-$$

在弱电解质溶液中加入含有相同离子的易溶强电解质，使弱电解质电离度下降的现象，称为同离子效应。同离子效应非常有实际意义，可以控制弱酸或弱碱溶液的 pH（详见第四节缓冲溶液）。

若向 HAc 溶液中加入 NaCl 时，由于 NaCl 在溶液中完全电离成 Na^+ 和 Cl^-，使得溶液总的离子浓度增大，致使 H^+ 和 Ac^- 结合生成 HAc 分子的机会减少，所以 HAc 分子在溶液中的浓度增大，HAc 的电离度略有增大。

在弱电解质溶液中，加入与弱电解质具有不同离子的强电解质，使弱电解质的电离度略微增大的现象，称为盐效应。强电解质的加入，使溶液中存在的离子间相互牵制作用增强，导致离子结合成分子的机会减少，降低了分子化的程度，因而达到平衡时，弱电解质的电离度比未加入强电解质时有所增大。

强调指出，由于同离子效应和盐效应经常同时发生，但由于同离子效应对电离度的影响远远超过盐效应。因此在讨论同离子效应时，通常忽略其盐效应的影响。

第 2 节　水的电离、溶液的 pH

水是细胞和体液的重要组成部分之一，人体的每个细胞及其基本单元均含有水分，人体的各种腺体分泌物均为液体。其作用为水参与人体内新陈代谢的全过程，同时水具有较大的流动性，在人体消化、吸收、循环、排泄过程中可以加速协助营养物质的运送和废物的排泄，使人体内新陈代谢和生理化学反应得以顺利进行；同时水还保持着人体一定的血容量——人体的血液含水量约占 80%，如果大量失水，则使血溶量减少而产生低血压，从而影响着人体的各种器官，特别是心、脑、肾的功能活动。

一 水的电离

纯水具有一定的导电能力，但是导电性能非常弱，只有用精密的仪器才能测定。这种现象说明水只能电离出微量的 H^+ 和 OH^-，即水是一种极弱电解质。

水是一种既可以释放质子又可以接受质子的两性物质。纯水的电离从本质上是一个水分子从另一个水分子夺取质子而形成 H_3O^+ 和 OH^- 的质子转移反应。水的电离反应可表示为：

$$H_2O + H_2O \rightleftharpoons H_3O^+ + OH^-$$

H_3O^+ 是水和氢离子，为了简便，通常写成 H^+。因此，上式可简写为：

$$H_2O \rightleftharpoons H^+ + OH^-$$

像这种质子从同类的一个分子转移给另一个分子的反应称为质子自递反应。上述反应为水的质子自递反应。其电离平衡常数可写为：

$$K = \frac{[H^+]\cdot[OH^-]}{[H_2O]} \tag{5-4}$$

水是非常弱的电解质，因此水的质子自递反应也十分弱，可以将 $[H_2O]$ 看作是个常数，合并于 K 中，用 K_W 表示。

$$K_W=[H^+][OH^-] \tag{5-5}$$

K_W 称为水的离子积常数，是一个温度的常数。由实验测出，纯水在 25℃（298K）时，1L 纯水中有 1×10^{-7}mol 的水分子电离，根据$H_2O \rightleftharpoons H^+ + OH^-$

可以导出 $[H^+]=[OH^-]=1\times10^{-7}$mol/L，则

$$K_W=[H^+][OH^-]=1\times10^{-7}\times1\times10^{-7}=1\times10^{-14}$$

水的质子自递反应是吸热过程，当温度升高，水的电离增强，水的离子积增大，因此水的离子积将会随着温度的变化而变化。如在 100℃时，K_W 约为 5.5×10^{-13}。如不指明温度，一般是指室温（25℃），则 $K_W=1\times10^{-14}$。水的离子积公式不仅适用于纯水，也适用于一切稀水溶液。只要知道了水溶液中的 $[H^+]$ 或 $[OH^-]$，根据 $[H^+][OH^-]=K_W$ 就可以计算出 $[OH^-]$ 或 $[H^+]$，只要温度一定，K_W 将保持不变。水的离子积与温度的关系见表 5-3。

表 5-3 水的离子积与温度的关系

温度（℃）	K_W	温度（℃）	K_W
0	1.1×10^{-15}	40	2.9×10^{-14}
10	2.9×10^{-15}	50	5.5×10^{-14}
20	6.8×10^{-15}	90	3.8×10^{-13}
25	1.0×10^{-14}	100	5.5×10^{-13}

二 溶液的酸碱性和 pH

（一）溶液的酸碱性和 pH

室温时，纯水中的 $[H^+]=[OH^-]=1\times10^{-7}$mol/L，所以纯水是中性的。当向纯水中加入适量的盐酸，由于盐酸电离出的 H^+ 导致溶液中 $[H^+]$ 增大，根据同离子效应，水的电离平衡将向生成水的方向移动，直至建立新的电离平衡时，溶液中 $[OH^-]$ 减小。因此，$[H^+]>1\times10^{-7}\text{mol/L}>[OH^-]$，溶液显酸性。加酸是同离子效应，同离子效应只能降低水的电离程度但不能阻止水的电离，即溶液中的 $[OH^-]$ 不能为零。同理，向纯水中加入适量的氢氧化钠，由于氢氧化钠电离出的 OH^- 导致溶液中 $[OH^-]$ 增大，根据同离子效应，水的电离平衡将向生成水的方向移动，直至建立新的电离平衡时，溶液中 $[H^+]$ 减小。因此，$[H^+]<1\times10^{-7}\text{mol/L}<[OH^-]$，溶液显碱性。加碱是同离子效应，同离子效应只能降低水的电离程度但不能阻止水的电离，即溶液中的 $[H^+]$ 不能为零。

综上所述，在温度一定，无论是加酸还是加碱，达到新的平衡时 $[H^+][OH^-]=K_W$ 是保持不变的。即溶液的酸碱性仍可以用 $[H^+]$ 或 $[OH^-]$ 来表示。室温下，溶液的酸碱性与 $[H^+]$ 和 $[OH^-]$ 的关系表示如下：

中性溶液 $[H^+]=[OH^-]=1\times10^{-7}$mol/L

酸性溶液 $[H^+]>1\times10^{-7}\text{mol/L}>[OH^-]$

碱性溶液 $[H^+]<1\times10^{-7}\text{mol/L}<[OH^-]$

例 5-1 室温时 0.0001mol/L 盐酸溶液中的 $[OH^-]$ 是多少？

解：已知 $[H^+]=0.0001$mol/L

$$\because K_W=[H^+][OH^-]$$

$$1\times10^{-14}=0.0001\times[OH^-]$$

$$\therefore [OH^-]=\frac{1\times10^{-14}}{0.0001}=1\times10^{-10}\text{（mol/L）}$$

答：室温时 0.0001mol/L 盐酸溶液中的 $[OH^-]$ 是 1×10^{-10}mol/L。

因 $[H^+]$ 很小的溶液中，用 $[H^+]$ 表示溶液的酸碱性时，其数值非常小，很不方便，因此，常用 pH 表示溶液的酸碱性。pH 为氢离子浓度的负对数。表达式为：

$$pH=-\lg[H^+]$$

例如：$[H^+]=1\times10^{-7}$mol/L，$pH=-\lg[H^+]=-\lg1\times10^{-7}=7$

$[OH^-]=1\times10^{-9}$mol/L，$[H^+]=\dfrac{K_W}{[OH^-]}=\dfrac{10^{-14}}{10^{-9}}=10^{-5}$（mol/L），

$pH=-\lg[H^+]=-\lg1\times10^{-5}=5$

室温时，溶液的酸碱性与 $[H^+]$ 及 pH 的对应关系见表 5-4。

表 5-4　溶液的酸碱性与 $[H^+]$ 及 pH 的对应关系

$[H^+]$	10^0	10^{-1}	10^{-2}	10^{-3}	10^{-4}	10^{-5}	10^{-6}	10^{-7}	10^{-8}	10^{-9}	10^{-10}	10^{-11}	10^{-12}	10^{-13}	10^{-14}
pH	0	1	2	3	4	5	6	7	8	9	10	11	12	13	14
酸碱性				酸性				中性				碱性			

根据表 5-4 中溶液的酸碱性和 pH 的关系是：

中性溶液　pH=7

酸性溶液　pH ＜ 7

碱性溶液　pH ＞ 7

所以 pH + pOH=14

例 5-2　室温时，0.1mol/L 氨水溶液中，$[OH^-]$ 为 3.6×10^{-6}mol/L，求该氨水溶液的 pH？

解：$pOH=-\lg3.6\times10^{-6}=5.44$

$pH=14-5.44=8.56$

答：该氨水溶液的 pH 为 8.56。

溶液的 pH 越小，$[H^+]$ 越大，酸性越强；溶液的 pH 越大，$[H^+]$ 越小，碱性越强。但是 pH 的应用范围总是在 0 ～ 14。若 $[H^+]$>1mol/L，溶液的酸性用 $[H^+]$ 表示；若 $[OH^-]$>1mol/L，溶液的碱性用 $[OH^-]$ 表示。

溶液酸碱性的测定常规用 pH 试纸或者酸碱指示剂，可以快速地测出溶液的近似 pH，若想得到准确的 pH，必须使用酸度计。

（二）pH 在医学上的应用

pH 在医学上具有非常重要的意义，医学上常用 pH 来表示体液的酸碱性（表 5-5）。例如，正常人血浆的 pH 比较恒定，保持在 7.35 ～ 7.45，如果血液的 pH 大于 7.45，在临床上就表现出比较明显的碱中毒症状。反之，当血液的 pH 小于 7.35 时，则在临床上表现出比较明显的酸中毒症状。临床资料显示，体液酸碱性常与各种疾病有关，如尿液酸碱性（pH）检验，正常值为 4.8 ～ 7.5。尿液 pH 小于正常值，常见于酸中毒、糖尿病、痛风、服酸性药物等；尿液 pH 大于正常值，多见于碱中毒、膀胱炎或服碱性药物等。

表 5-5　几种体液的 pH

体液	pH	体液	pH
血清	7.35 ～ 7.45	大肠液	8.3 ～ 8.4
成人胃液	0.9 ～ 1.5	乳汁	6.6 ～ 6.9
婴儿胃液	5.0	泪液	7.4
唾液	6.35 ～ 6.85	尿液	4.8 ～ 7.5
胰液	7.5 ～ 8.0	脑脊液	7.35 ～ 7.45
小肠液	7.6 左右		

第3节　盐类的水解

盐类的水解在生活和医药卫生方面意义非凡。净化水用的明矾及临床上治疗某种疾病所使用的药物等都是利用盐类的水解原理，但是盐类水解也有其不利影响，如很多强酸弱碱盐或强碱弱酸盐等具有离子键的药物易发生水解反应，引起药物的失效或减效。

要点：盐的水解，盐的组成规律，强酸弱碱盐、强碱弱酸盐溶液的酸碱性及盐类水解的实质。

一　盐类的水解

实验结果显示：氯化钠溶液的 pH=7，溶液显中性；碳酸钠溶液 pH=10，溶液显碱性；乙酸钠溶液 pH=9，溶液显碱性；氯化铵溶液 pH=5，溶液显酸性；氯化铝溶液 pH=3，溶液显酸性。

实验结论：上述五种溶液均为盐溶液但其酸碱性却有所不同，如碳酸钠、乙酸钠显碱性；氯化铵、氯化铝显酸性；氯化钠显中性。分析发现，这五种盐中碳酸钠、乙酸钠、氯化铵及氯化铝发生了水解，所以导致这五种盐的酸碱性不同。

一般来说，盐是由酸与碱反应的产物。像这种在水溶液里，盐所电离出来的离子与水所电离出来的 H^+ 或 OH^- 生成弱电解质的反应，称为盐类的水解。

由于生成盐的酸或碱强弱不同，因此盐的类型也有所不同（表 5-6），其水解的情况也各不相同。

表 5-6　盐的类型

盐的组成	盐的类型	实例
强酸 + 强碱	强酸强碱盐	$NaCl$、KNO_3、K_2SO_4
强酸 + 弱碱	强酸弱碱盐	NH_4Cl、NH_4NO_3、$(NH_4)_2SO_4$
强碱 + 弱酸	强碱弱酸盐	CH_3COONa、Na_2CO_3、$NaHCO_3$
弱酸 + 弱碱	弱酸弱碱盐	CH_3COONH_4、$(NH_4)_2CO_3$、NH_4CN

二　盐类水解的类型

（一）强酸弱碱盐的水解

氯化铵是由强电解质盐酸和弱电解质氨水生成的盐，现以氯化铵为例讲解其水解过程：

$$NH_4Cl = NH_4^+ + Cl^-$$

$$+$$

$$H_2O \rightleftharpoons OH^- + H^+$$

$$\Updownarrow$$

$$NH_3 \cdot H_2O$$

氯化铵在水中完全电离成 NH_4^+ 和 Cl^-，水能电离出微量的 H^+ 和 OH^-。NH_4^+ 与 OH^- 结合生成弱电解质 $NH_3 \cdot H_2O$，使水的电离平衡向右移动，加速了水的电离，导致溶液中 $[OH^-]$ 不断减小，而 $[H^+]$ 不断增大，当反应达到新的电离平衡时，溶液中的 $[H^+]>1\times10^{-7}mol/L>[OH^-]$， pH<7，所以溶液显酸性。

氯化铵的水解反应方程式：

$$NH_4Cl + H_2O \rightleftharpoons NH_3 \cdot H_2O + HCl$$

氯化铵的水解离子方程式：

$$NH_4^+ + H_2O \rightleftharpoons NH_3 \cdot H_2O + H^+$$

由此可见，强酸弱碱盐水解的实质是弱碱离子和水电离出来的氢氧根离子结合，生成弱碱的反应，致使溶液中 $[H^+]>[OH^-]$，溶液显酸性。这种类型的物质有：硫酸铵、硝酸铜、硫酸铜、三氯化铁、氯化铝等。

（二）强碱弱酸盐的水解

乙酸钠是由强电解质氢氧化钠和弱电解质乙酸生成的盐，现以乙酸钠为例讲解其水解过程：

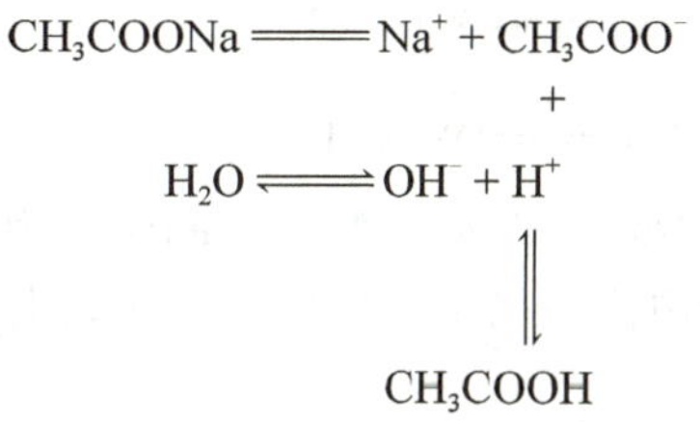

乙酸钠在水中完全电离成 CH_3COO^- 和 Na^+，水能电离出微量的 H^+ 和 OH^-。CH_3COO^- 与 H^+ 结合生成弱电解质 CH_3COOH，使水的电离平衡向右移动，加速了水的电离，导致溶液中 $[H^+]$ 不断减小，而 $[OH^-]$ 不断增大，当反应达到新的电离平衡时，溶液中的 $[H^+]<1\times10^{-7}$mol/L$<[OH^-]$，pH>7，所以溶液显碱性。

乙酸钠的水解反应方程式：

$$CH_3COONa + H_2O \rightleftharpoons CH_3COOH + NaOH$$

乙酸钠的水解离子方程式：

$$CH_3COO^- + H_2O \rightleftharpoons CH_3COOH + OH^-$$

由此可见，强碱弱酸盐水解的实质是弱酸根离子和水电离出来的氢离子结合，生成弱酸的反应，致使溶液中 $[H^+]<[OH^-]$，溶液显碱性。这种类型的物质有：碳酸钠、碳酸钾、碳酸氢钠、硫化钠、乙酸钾等。

（三）弱酸弱碱盐的水解

乙酸铵是由弱电解质乙酸和弱电解质氨水生成的盐，现以乙酸铵为例讲解其水解过程：

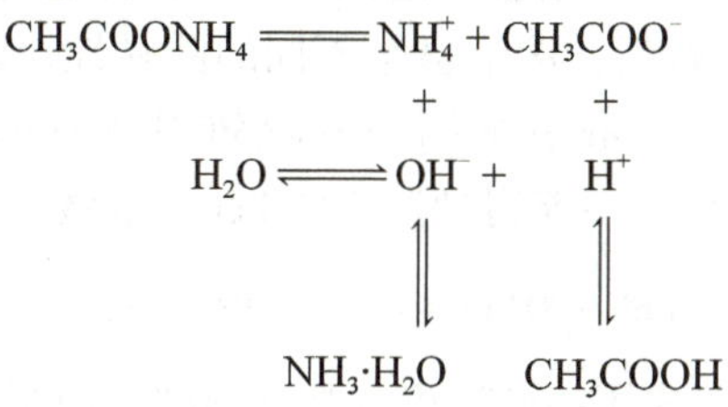

乙酸铵在水中完全电离成 CH_3COO^- 和 NH_4^+，水能电离出微量的 H^+ 和 OH^-。CH_3COO^- 与 H^+ 结合生成弱电解质 CH_3COOH，NH_4^+ 与 OH^- 结合生成弱电解质 $NH_3 \cdot H_2O$，更大程度上使水

的电离平衡发生了改变，所以这类盐的水解程度更大。

乙酸铵的水解反应方程式：

$$CH_3COONH_4 + H_2O \rightleftharpoons CH_3COOH + NH_3 \cdot H_2O$$

乙酸铵的水解离子方程式：

$$CH_3COO^- + NH_4^+ + H_2O \rightleftharpoons CH_3COOH + NH_3 \cdot H_2O$$

由此可见，弱酸弱碱盐水解的实质是弱酸弱碱盐电离出来的阴离子、阳离子和水电离出来的氢离子、氢氧根离子结合，生成弱酸、弱碱的反应，致使水解的程度更大。弱酸弱碱盐水解后溶液的酸碱性判断要根据 K_a 和 K_b 来进行比较，情况较为复杂，在此不作讨论。这种类型的物质有氰化铵、硫化铵等。

（四）强酸强碱盐不水解

氯化钠是由强电解质盐酸和强电解质氢氧化钠生成的盐，现以氯化钠为例说明：

$$NaCl = Na^+ + Cl^-$$

$$H_2O \rightleftharpoons OH^- + H^+$$

氯化钠在水中完全电离成 Cl^- 和 Na^+，水能电离出微量的 H^+ 和 OH^-。Cl^- 和 Na^+ 不与 H^+ 和 OH^- 结合生成弱电解质，所以水的电离平衡不发生移动，即氯化钠不会发生水解，溶液显中性。

由此可见，强酸强碱盐不水解的实质是强酸强碱盐电离出来的阴阳离子不与水电离出来的氢离子、氢氧根离子结合，生成弱酸或弱碱，致使水的电离平衡不发生移动。这种类型的物质有硝酸钠、硫酸钠、氯化钡、氯化钾等。

综上所述，盐类水解的实质就是溶液中盐电离出来的离子跟水电离出来的 H^+ 或 OH^- 生成弱电解质，导致水的电离平衡发生改变，使溶液显示了酸碱性。

影响盐类水解的因素：

盐的水解过程是中和反应的逆反应，盐的水解反应程度较小。

$$\text{酸} + \text{碱} \underset{\text{水解}}{\overset{\text{中和}}{\rightleftharpoons}} \text{盐} + \text{水}$$

不同的盐水解程度不同，同一种盐在不同的浓度、温度、酸度条件下，水解程度也不同。影响盐类水解的主要因素是盐本身的性质，另外还受外在因素影响：

1. 温度　盐的水解反应是吸热反应，升高温度，水解程度增大。比如用纯碱去油污，可用热水，实际上是提高温度。

2. 浓度　盐的浓度越小，一般水解程度越大，加水稀释盐的溶液，可以促进水解。

3. 溶液的酸碱性　盐类水解后，溶液会呈不同的酸碱性，因此控制溶液的酸碱性，可以促进或抑制盐类的水解，故在盐溶液中加入酸或碱都能影响盐的水解。例如，在配制 $FeCl_3$ 溶液时，由于发生如下的水解反应，不能得到澄清的 $FeCl_3$ 溶液：

$$Fe^{3+} + 3H_2O \rightleftharpoons Fe(OH)_3\downarrow + 3H^+$$

所以在配制 $FeCl_3$ 溶液时，先用一定浓度的盐酸溶解，抑制 Fe^{3+} 的水解，再加水稀释到所需浓度。

强调指出，书写盐类水解离子方程式时，须注意以下几点：

（1）判断盐中是否含有弱酸根离子或弱碱阳离子存在，是否能与水电离出来的H^+或OH^-结合生成弱电解质。

（2）盐类水解一般是比较微弱的，通常用“$\rightleftharpoons$”表示，通常无明显沉淀和气体生成，不用标“↓”“↑”。

（3）多元弱酸的酸根离子水解是分步进行的，以第一步为主，但多步不能合并。

（4）多元弱碱阳离子水解较为复杂，通常只写一步。

三 盐类水解的意义

在日常生活和医药卫生方面，盐的水解应用较为常见，也具有非常重要的意义。如酸中毒是血液中酸太多（或碱太少），通常引起血液 pH 降低。常见病：肺气肿引起的肺部换气不足、充血型心力衰竭和支气管炎、糖尿病、食用低糖类和高脂肪食物引起的代谢酸增加。根据病因分为代谢性酸中毒和呼吸性酸中毒；碱中毒是血液中碱太多（或酸太少），偶尔引起血液 pH 上升。常见病：发高热、换气过速、摄入过多的碱性物质、严重的呕吐等都会引起血液碱性增加。根据病因分为代谢性碱中毒和呼吸性碱中毒。代谢性酸中毒和碱中毒是由于肾产生和排出酸或碱不平衡引起。呼吸性酸中毒和碱中毒是由肺或呼吸系统疾病引起的。临床上治疗胃酸过多或代谢酸中毒时，使用碳酸氢钠（$NaHCO_3$）和乳酸钠（$C_3H_5O_3Na$），因为两者水解后显弱碱性；治疗碱中毒使用氯化铵（NH_4Cl），因为其水解后显弱酸性；治疗胃溃疡时常使用铝盐，因为铝盐水解产生的胶状氢氧化铝可在溃疡表面形成保护层。

但是盐的水解也会带来不利影响，对于某些药物的保存及配制必须考虑到水解的影响。容易水解变质的药物应保存在密闭干燥处，这是为了防止盐水解变质。例如，青霉素钠盐和钾盐及巴比妥类等药物要密封干燥保存。

第4节 缓冲溶液

许多化学反应和生理过程需要在一定的酸度下才能正常进行。例如，医学检验中许多成分的测定常需要控制一定的 pH 范围；机体的许多生理和病理现象与酸碱平衡有关，尽管机体在代谢过程中不断产生酸性和碱性物质，也会摄入某些酸性或碱性物质，但是人体血液的 pH 始终维持在 7.35 ~ 7.45，基本上不受体内复杂的代谢过程影响而保持相对恒定；一些酶需要在一定的 pH 范围内才能发挥其催化活性作用；某些药物在一定的 pH 范围内才能稳定存在。所以，学习缓冲溶液的概念、组成和基本原理等知识，对后续医学知识的学习有十分重要的意义。

要点：缓冲溶液的组成，缓冲作用，缓冲溶液的缓冲作用原理。

一 缓冲溶液的概念

根据表 5-7 可以看出，向纯水和 NaCl 溶液中分别加入少量 HCl，溶液的 pH 都下降了 4 个 pH 单位，由原来的 7.00 变为 3.00；向纯水和 NaCl 溶液中分别加入少量 NaOH，溶液的 pH 都上升了 4 个 pH 单位，由原来的 7.00 变为 11.00。可见向此两种溶液中分别加酸或碱，溶液 pH 变化显著。而向 HAc 和 NaAc 混合溶液中加入少量 HCl，溶液的 pH 下降了 0.01 个 pH 单位，由原来的 4.75 变为 4.74；向 HAc 和 NaAc 混合溶液中加入少量 NaOH，溶液的 pH

上升了 0.01 个 pH 单位，由原来的 4.75 变为 4.76。可见向此溶液中加少量酸或碱，溶液的 pH 几乎不变。

表 5-7　三种溶液pH变化

项目	纯水	NaCl	HAc 和 NaAc 混合溶液
原溶液的 pH	7.00	7.00	4.75
加 HCl 后 pH	3.00	3.00	4.74
加 NaOH 后 pH	11.00	11.00	4.76

若向 HAc 和 NaAc 混合溶液中加入适量的水，溶液的 pH 变化也不显著。

由此可见，一般的溶液抗酸和抗碱能力较弱，只有像 HAc 和 NaAc 混合溶液则具有明显的抗酸和抗碱能力，而保持溶液的 pH 几乎不变。这种能够抵抗外加的少量强酸、强碱，或适量水的稀释而保持溶液的 pH 不发生显著变化的作用，称为缓冲作用。具有缓冲作用的溶液称为缓冲溶液。

二　缓冲溶液的组成

缓冲溶液之所以具有缓冲能力，是由于溶液中存在充足的抗酸和抗碱成分，这两种成分之间通过质子转移平衡的移动，调节和保持溶液的 pH 几乎不变。常把这两种具有缓冲作用的物质称为缓冲对或缓冲系。

缓冲溶液可以分为以下三种类型：

1. 弱酸及其对应的盐

缓冲对	弱酸（抗碱成分）	对应的盐（抗酸成分）
CH_3COOH-CH_3COONa	CH_3COOH	CH_3COONa
H_2CO_3-$NaHCO_3$	H_2CO_3	$NaHCO_3$

2. 弱碱及其对应的盐

缓冲对	弱碱（抗酸成分）	对应的盐（抗碱成分）
$NH_3 \cdot H_2O$-NH_4Cl	$NH_3 \cdot H_2O$	NH_4Cl

3. 多元弱酸的酸式盐及其对应的次级盐

缓冲对	弱酸（抗碱成分）	对应的盐（抗酸成分）
$NaHCO_3$-Na_2CO_3	$NaHCO_3$	Na_2CO_3
KH_2PO_4-K_2HPO_4	KH_2PO_4	K_2HPO_4
K_2HPO_4-K_3PO_4	K_2HPO_4	K_3PO_4

缓冲溶液具有保持 pH 相对稳定的能力，因此，知道缓冲溶液本身的 pH 非常重要。现以 HB-B^- 缓冲溶液为例，来推导缓冲溶液 pH 计算的近似公式，即亨德森 - 哈塞尔巴赫方程式（缓冲公式）。

设 HB 的初始浓度为 C_{HB}，B^- 的初始浓度为 C_{B^-}，在水溶液中存在下列平衡：

$$HB \rightleftharpoons H^+ + B^-$$

其平衡常数可记为：

$$K_a=\frac{[H^+]\cdot[B^-]}{[HB]} \quad 或 \quad [H^+]=\frac{K_a\cdot[HB]}{[B^-]}$$

两边取对数可记为：

$$pH=pK_a+\lg\frac{[B^-]}{[HB]} \tag{5-6}$$

式中，pK_a 为缓冲系中弱酸的电离平衡常数的负对数，[HB] 与 $[B^-]$ 为弱酸和弱碱的平衡浓度，此公式可计算各种缓冲溶液的 pH。

此公式表明：缓冲溶液的 pH 主要取决于 pK_a 和$\frac{[B^-]}{[HB]}$。当同一缓冲系时，pK_a 为一定值，则缓冲溶液的 pH 将随着$\frac{[B^-]}{[HB]}$的变化而变化，所以改变$\frac{[B^-]}{[HB]}$的值就可以得到一系列 pH 的缓冲溶液。当$\frac{[B^-]}{[HB]}=1$ 时，$pH=pK_a$。当加水稀释溶液时，$\frac{[B^-]}{[HB]}$不变，所以溶液的 pH 就不变。

如何配制缓冲溶液，才能发挥其缓冲作用呢？应按照以下原则和步骤：

1. 选择适当的缓冲对　选择缓冲系时，应使所配制溶液的 pH 在所选择的缓冲对的有效缓冲范围内，即 $pK_a-1<pH<pK_a+1$，并尽量接近于弱酸的 pK_a，选择缓冲系时，应考虑所选缓冲系是否对主反应有干扰，是否会产生副反应或沉淀。医用缓冲溶液还要考虑，缓冲溶液是否有毒，缓冲系在加温灭菌和储藏期内是否稳定等。

2. 要有适当的总浓度　为了保证所配制的缓冲溶液具有较大的缓冲能力，缓冲溶液要有恰当的总浓度。总浓度过高或过低都会影响缓冲溶液的缓冲能力，因此控制缓冲溶液的总浓度在 0.05 ~ 0.20mol/L。

3. 计算所需缓冲系的量　根据亨德森 - 哈塞尔巴赫方程式，即缓冲公式进行计算。

4. 校正　对 pH 要求精确的实验，需要用酸度计对所配制缓冲溶液 pH 进行校正。

三 缓冲作用原理

为什么缓冲溶液具有缓冲作用，而溶液的 pH 保持不显著变化呢？若溶液中存在一定的抗酸和抗碱成分，抗酸和抗碱成分是如何发挥它们的作用的？现以 HAc-NaAc 为例进行讲解：

$$HAc \rightleftharpoons H^+ + Ac^-$$

$$NaAc = Na^+ + Ac^-$$

HAc-NaAc 缓冲溶液中，乙酸为弱电解质，只有微量的乙酸电离出来 H^+ 和 Ac^-；而乙酸钠为强电解质，在溶液中全部电离成 Na^+ 和 Ac^-，由于同离子效应，致使溶液中的乙酸大部分以分子形式存在。从上述电离方程式可以看出，HAc-NaAc 缓冲溶液中存在着大量的乙酸和乙酸根离子，其中乙酸为抗碱成分，乙酸根离子为抗酸成分。

当向此溶液中加入少量强酸时，溶液中的 H^+ 浓度增加，溶液中的 Ac^- 就会和 H^+ 结合生成 HAc，破坏了乙酸的电离平衡，当建立新的电离平衡时，由于大量的 Ac^- 中少量与 H^+ 反应。因此，溶液中的 [HAc] 略有增大，$[Ac^-]$ 略有减小，但是 $[H^+]$ 几乎不变，所以溶液的 pH 并没有显著变化。溶液中 Ac^- 起到了对抗 $[H^+]$ 增大的作用，所以 Ac^- 为抗酸成分。

当向此溶液中加入少量强碱时，溶液中的 HAc 分子就会发生电离，产生的 H^+ 就会跟强碱电离出来的 OH^- 结合生成 H_2O，破坏了乙酸的电离平衡，由于 HAc 在溶液中存在较多，而强碱量较少，当建立新的电离平衡时，溶液中的 [HAc] 略有减小，[Ac^-] 略有增大，但是 [H^+] 几乎不变，所以溶液的 pH 并没有显著变化。溶液中 [HAc] 起到了对抗 [OH^-] 增大的作用，所以 HAc 为抗碱成分。

对溶液进行适当稀释时，[H^+] 虽然降低，但是 [Ac^-] 和 [HAc] 也降低，Ac^- 的同离子效应减弱，HAc 电离度增加，所产生的 H^+ 可保持溶液的 pH 基本不变。

总之，乙酸和乙酸钠混合溶液具有抗酸和抗碱能力，即具有缓冲作用。

其他两类缓冲溶液作用原理与本例原理基本相同，这里不再作具体分析。

强调指出，缓冲溶液的缓冲作用是有限的，如外加的强酸、强碱过量时，缓冲溶液的抗酸和抗碱成分无法对抗，缓冲溶液就会失去缓冲作用，溶液的 pH 也将发生很大改变。

四 缓冲溶液在医学上的意义

由于缓冲溶液在临床上有着广泛的应用，如微生物的培养、组织切片的染色、血液的保存、药液的配制等。同时缓冲溶液的缓冲作用对人体的正常生命活动意义重大。正常人体中各种体液都需要保持在一定的 pH 范围内，机体的各种功能活动才能正常有序进行。例如，血液的 pH 应保持在 7.35 ~ 7.45 这一狭小的范围内，若 pH 小于 7.35 将会发生酸中毒；若 pH 大于 7.45 将会发生碱中毒。那血液的 pH 如何保持在这一狭小范围呢？这是血液中存在的很多缓冲对的缓冲作用及肺、肾等器官作用的共同结果。

如血浆中缓冲对：$\frac{H_2CO_3}{NaHCO_3}$、$\frac{\text{H}-\text{蛋白质}}{\text{Na}-\text{蛋白质}}$、$\frac{NaH_2PO_4}{Na_2HPO_4}$；

红细胞中缓冲对：$\frac{H_2CO_3}{KHCO_3}$、$\frac{\text{H}-\text{血红蛋白(HHb)}}{\text{K}-\text{血红蛋白(KHb)}}$、$\frac{KH_2PO_4}{K_2HPO_4}$、$\frac{\text{H-氧合血红蛋白}(HHbO_2)}{\text{K-氧合血红蛋白}(KHbO_2)}$。

在上述这些缓冲对中，碳酸的缓冲对浓度最高。血浆中主要是以$\frac{H_2CO_3}{NaHCO_3}$缓冲对为主，其缓冲机制与肺的呼吸功能及肾脏的排泄和重吸收功能密切相关，起到调节和保持血液 pH 恒定的作用；红细胞中主要是以$\frac{\text{H}-\text{血红蛋白(HHb)}}{\text{K}-\text{血红蛋白(KHb)}}$和$\frac{\text{H-氧合血红蛋白}(HHbO_2)}{\text{K-氧合血红蛋白}(KHbO_2)}$缓冲对为主，调节正常人体产生的 CO_2 的浓度。当酸性物质进入血液时，血液中的$\frac{H_2CO_3}{NaHCO_3}$发挥缓冲作用，HCO_3^- 与 H^+ 反应生成 CO_2 和 H_2CO_3，过多的 CO_2 主要通过血红蛋白和氧合血红蛋白运送到肺部排出体外。当碱性物质进入血液时，则抗碱成分 H_2CO_3 电离出来的 H^+ 与之结合成难电离的物质。消耗的 H^+ 由 H_2CO_3 的电离来补充，使血液的 pH 基本保持稳定。

研究表明，正常的血浆中 H_2CO_3-$NaHCO_3$ 中 H_2CO_3 与 $NaHCO_3$ 之比为 20 ∶ 1，已经超过缓冲溶液的缓冲作用范围了，为什么仍具有缓冲作用呢？在正常的生命活动中，CO_2 和 HCO_3^- 浓度可以通过肺的呼吸和肾的排泄功能进行调节，使 H_2CO_3 与 $NaHCO_3$ 之比基本维持在 20 ∶ 1。当酸性物质进入血液时，抗酸成分 [HCO_3^-] 有所降低，而 [H_2CO_3] 有所增大，增加的 H_2CO_3 由血液循环带到肺部，以 CO_2 形式呼出。HCO_3^- 减少部分，则由肾保留 HCO_3^- 的排泄来补偿，从而使 [H_2CO_3]/[HCO_3^-] 比值保持相对稳定。当碱性物质进入血液时，肺部呼吸速率减慢，减少了 CO_2 的排出量，肾脏分泌较低酸度的尿，而保持了 [H_2CO_3]/[HCO_3^-] 的比值相对恒定。

临床上，常把血液中的 HCO_3^- 浓度看作“碱储备”，作为常规检查的一项重要指标，用来了解患者体液的酸碱平衡情况。如果由于某些疾病使代谢发生障碍，体内聚集过多的酸或碱，超过缓冲物质的缓冲作用范围，就可能出现酸中毒或碱中毒症状，严重时甚至危及生命。

知识链接

缓冲溶液在制药中的应用

在药物生产中，应该全面考虑药物的疗效、稳定性、溶解性及对人体刺激性等。选择合适的缓冲溶液在药物生产中是必需的。例如，维生素 C 水溶液（5mg/ml）pH=3.0。常常用碳酸氢钠调节其 pH 在 5.5 ~ 6.0，就可以减轻注射时的刺痛，并能增加其稳定性。在配制抗生素的注射剂时，常加如适量的维生素 C 与甘氨酸钠作为缓冲剂以减少对机体的刺激，而有利于对药物的吸收利用。因此，缓冲溶液在医药制备中非常重要。

目标检测

一、名词解释

1. 电离平衡　2. 电离度　3. 同离子效应
4. 盐的水解　5. 缓冲作用

二、填空题

1. 将电解质分为强电解质和弱电解质，是根据它们________的不同来划分。强电解质是在水溶液里能________的电解质，常见的物质有________；弱电解质是在水溶液里能________的电解质，常见的物质有______。
2. 某溶液的 $[OH^-]=1.0\times10^{-3}$mol/L，则 $[H^+]=$________mol/L，pH=__________，属于________溶液。
3. 正常人体血液的 pH 总是维持在________。当 pH________，即为临床上所说的酸中毒；当 pH________，即为临床上所说的碱中毒。
4. 在中性溶液中，pH________；在酸性溶液中，pH________；在碱性溶液中，pH________。
5. 常见的缓冲对主要有三种类型：________、________和________。
6. 具有缓冲作用的溶液称为________。
7. 盐的水解的实质是：在水溶液中，盐电离出来的离子和________作用，生成________，使________的电离平衡破坏，溶液显酸性或碱性。
8. K_W 称为水的________，其表达式为________。
9. 弱电解质的电离平衡是指在一定条件下，当________的速率和________的速率相等时的状态。
10. 人体血浆中存在的主要缓冲对是________、________和________。

三、单项选择题

1. 下列为弱电解质的是（　　）
   A. CH_3COOH　　B. CH_3COONa
   C. NaCl　　D. HCl
2. pH=5 和 pH=10 的溶液，它们的氢离子浓度相差的倍数是（　　）
   A. 5 倍　　B. 100 倍
   C. 1000 倍　　D. 100 000 倍
3. 能破坏水的电离平衡，使溶液的 pH 大于 7 的物质是（　　）
   A. Cl_2　B. Na_2CO_3　C. NH_4Cl　D. NaCl

4. 下列物质因水解而显碱性的是（　　）

A. Na_2CO_3　B. HCl　C. NaCl　D. NH_4Cl

5. 关于酸性溶液下列叙述正确的是（　　）

A. 只有氢离子存在　　B. $[H^+]>[OH^-]$

C. $[H^+]>10^{-7}mol/L$　　D. pH=7

6. 下列溶液中 pH 最大的是（　　）

A. $[H^+]=0.01mol/L$

B. $[OH^-]=0.000\ 01mol/L$

C. pH=3

D. pOH=8

7. 下列各组物质中能组成缓冲对的是（　　）

A. HCl 和 NaCl

B. H_3PO_3 和 Na_2HPO_4

C. H_2CO_3 和 $NaHCO_3$

D. $NH_3 \cdot H_2O$ 和 HNO_3

8. 临床上纠正碱中毒可以选择（　　）

A. 氯化钠　　B. 氯化铵

C. 碳酸氢钠　　D. 乳酸钠

9. 对于缓冲作用的叙述，下面说法正确的是（　　）

A. 能够抵抗外来酸而保持溶液的 pH 几乎不变的作用

B. 能够对抗外来碱而保持溶液的 pH 几乎不变的作用

C. 能够对抗外来大量酸或碱而保持溶液的 pH 几乎不变的作用

D. 能够对抗外来少量酸、少量碱或适量稀释而保持溶液的 pH 几乎不变的作用

10. 常温下，在纯水中加入酸或碱后，水的离子积（　　）

A. 增大　B. 减小　C. 不变　D. 无法判断

四、简答题

1. 试解释临床上为什么用氯化铵纠正酸中毒，用乳酸钠纠正碱中毒？
2. 向乙酸溶液中分别加入适量乙酸钠和盐酸，溶液的 pH 如何变化？
3. 配制缓冲溶液时，应遵循哪些原则？
4. 对于有呼吸功能障碍的患者，可能会发生酸中毒还是碱中毒？试简要说明。
5. 在氨水中加入下列物质时，氨水的电离度和 pH 将如何变化？

（1）氯化铵　（2）氢氧化钠　（3）盐酸

（4）水

6. 正常成人胃液的 pH 为 1.4，婴儿胃液的 pH 为 5.0，成人胃液的 $[H^+]$ 是婴儿胃液的多少倍？

五、计算题

1. 计算下列溶液的 pH。

（1）500ml 溶液中含氢氧化钾 0.28g。

（2）0.001mol/L 的盐酸溶液。

2. 将 0.01mol/L HCl 溶液和 0.012mol/L NaOH 溶液等体积混合（混合前后溶液的体积变化忽略不计），试计算混合后溶液的 pH。

（鞠丽颖）

第6章 有机化合物概述

物质是人类生存的基础，自然界的物质种类繁多，数不胜数。为了系统研究各种物质，人们通常将物质分为无机化合物和有机化合物两大类。有机化合物在人们的衣食住行、医疗卫生、工农业生产、能源、材料、生命科学等领域中起着重要的作用。在本章中，我们主要学习有机物的概念、特性、结构和分类等一些基础知识。

一 有机化合物和有机化学

19世纪以前，人们已知的有机物都是从动植物等有机体中取得，所以把这类化合物称为有机物。到19世纪20年代，科学家先后用无机物人工合成了许多有机物，如尿素、乙酸、脂肪等，从而打破了有机物只能从有机体中取得的观念。由于大多数有机化合物由碳、氢、氧、氮等元素组成，少数还含有硫、磷、卤素等。因此，现代人们把碳氢化合物及其衍生物称为有机化合物，简称有机物。研究有机化合物的化学称为有机化学。

有机物与临床医学的关系十分密切。人体组织主要由有机物组成，如生命物质蛋白质、糖类、脂肪、维生素等都属于有机物，人类生命的过程，主要为人体内有机化学反应的结果；绝大多数合成药物和中草药的有效成分，都是有机物，它们的结构和性质决定了其应用及疗效。所以掌握有机化学的基础知识，对学习临床医学是非常必要的。

二 有机化合物的特性

不同的有机物，它们的性质各不相同。但有机物也具有共性，碳原子的特殊结构导致了大多数有机物与无机物相比具有下列特性。

（一）易燃烧

绝大多数有机物都可以燃烧，如棉花、油脂、乙醇、汽油等。如果有机物只含有碳和氢两种元素，则燃烧的最终产物是二氧化碳和水。而大部分无机物如酸、碱、盐、氧化物等则不能燃烧。因此，通过检验物质是否燃烧可初步区别有机物和无机物。

（二）熔点低

有机物的熔点都较低，一般不超过400℃。例如，尿素的熔点为133℃，无水葡萄糖的熔点为146℃。而无机化合物的熔点一般较高，如氯化钠的熔点是800℃，氧化铝的熔点则高达2050℃。

（三）难溶于水，易溶于有机溶剂

绝大多数有机物难溶或不溶于水，而易溶于乙醇、汽油、乙醚等有机溶剂。因此，有机物反应常在有机溶剂中进行。而无机物则相反，大多数易溶于水，难溶于有机溶剂。

（四）稳定性差

多数有机物不如无机物稳定，常因温度、细菌、空气或光照的影响而分解变质。例如，维生素 C 片剂是白色的，若长时间放置于空气中会被氧化而变质呈黄色，失去药效。此外许多抗生素片剂或针剂，经过一定时间后也会发生变质而失效，就是因为这些药物稳定性差，所以常注明有效期。

（五）反应速度比较慢

有机物之间的反应速度较慢，有时需要几小时、几天，甚至更长时间才能完成，所以常采用加热、光照或使用催化剂等方法加快反应的进行。而无机物之间的反应主要是阴阳离子间的反应，因此反应速度很快，如酸碱中和反应能在瞬间完成。

（六）反应产物复杂

多数有机物之间的反应，常伴有副反应发生，所以反应产物复杂，常常是混合物。而无机物之间的反应比较专一，一般没有副反应发生。

三 有机化合物的结构

有机物的结构特点，主要是由碳原子的结构特点决定的。

（一）碳原子的结构

碳原子位于元素周期表中第 2 周期第Ⅳ A 族，最外层有 4 个电子，它既不容易失去电子也不容易得到电子，为不活泼的非金属元素。因此，在有机化合物中碳原子易与其他原子共用 4 对电子达到 8 电子的稳定结构，表现为 4 价。我们把原子间通过共用电子对形成的化学键称为共价键，可用短线“—”表示。

例如：甲烷（CH_4）分子中，碳原子最外电子层的 4 个电子，能与 4 个氢原子各出一个电子配对成共用电子对，形成 4 个共价键。如果以“×”表示氢原子的 1 个电子，以“·”表示碳原子的最外层电子，则是甲烷分子的电子式；如果把电子式中的共用电子对用短线“—”表示，则为甲烷分子的结构式。

电子式　　结构式

这种能表示有机物分子中原子之间的连接顺序和方式的图式，称为分子结构式，简称结构式。

（二）碳碳键的类型

有机物中，碳原子的 4 个价电子不仅能与氢原子或其他原子（O、N、S 等）形成共价键，而且碳原子之间也能相互形成共价键。两个碳原子之间共用一对电子形成的共价键称为碳碳单键；两个碳原子之间共用两对电子形成的共价键称为碳碳双键；两个碳原子之间共用三对电子形成的共价键称为碳碳三键。碳原子之间的单键、双键、三键可表示如下：

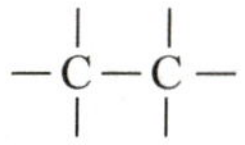
单键

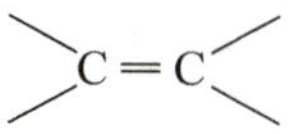
双键

三键

碳原子之间还能够相互连接形成长短不一的链状和各种不同的环状，构成有机化合物的基本骨架。例如：

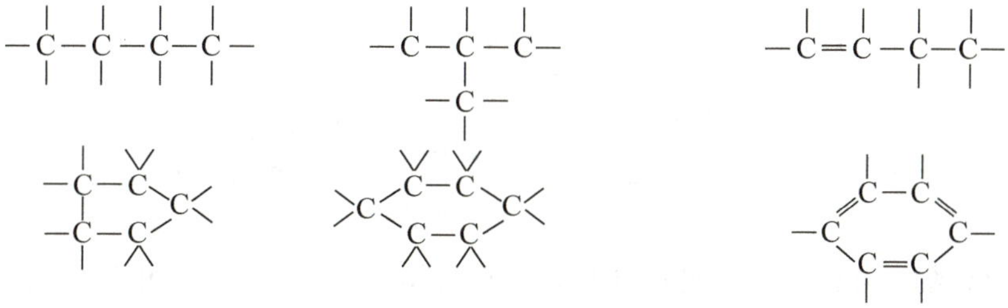

这些结构上的特点，是造成有机化合物种类繁多的原因之一。

知识链接

同分异构现象

化合物具有相同分子式，但结构不同，因而性质各异的现象，称为同分异构现象。具有同分异构现象的化合物互为同分异构体。有机化合物中普遍存在同分异构现象，并且同分异构体的数目随着碳原子数目的增多而增多。

如分子组成为 C_2H_6O 的物质就有乙醇和甲醚两种性质不同的化合物，它们属于官能团异构。

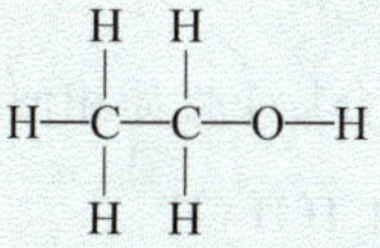
乙醇

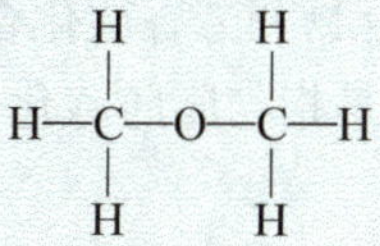
甲醚

有机物中碳链异构的如下：

有机物中顺反异构的如下：

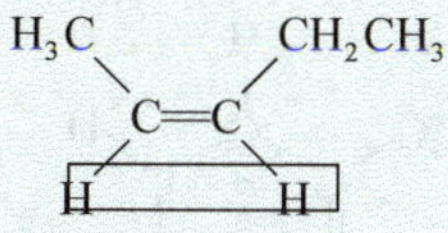
cis-2-戊烯
顺式

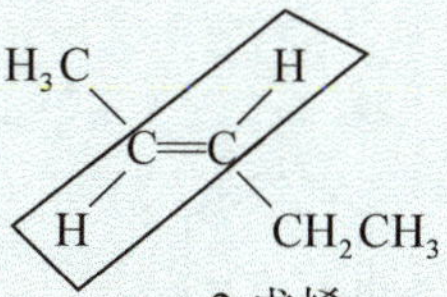
trans-2-戊烯
反式

有机物中对映异构的如下：

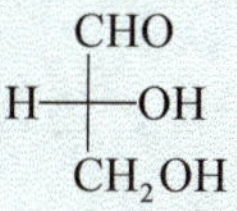
D-(+)-甘油醛

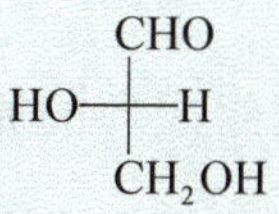
L-(-)-甘油醛

这也是造成有机物数目繁多的主要原因之一。

四 有机化合物的分类

有机物的数目众多，种类繁杂，为方便学习和研究，需要对其进行科学分类。常用的分类方法有两种：按碳链分类和按官能团分类。

（一）按碳链分类

- 有机化合物
  - 开链化合物（脂肪族化合物）
  - 闭链化合物
    - 碳环化合物
      - 脂环族化合物
      - 芳香族化合物
    - 杂环化合物

1. 开链化合物　开链化合物是指碳与碳或碳与其他元素原子之间相互连接成链状的有机物。由于这类化合物最初是从脂肪中得到的，所以又称脂肪族化合物。例如：

$CH_3—CH_2—OH$

乙醇

$CH_3—CH_2—CH_2—CH_3$

丁烷

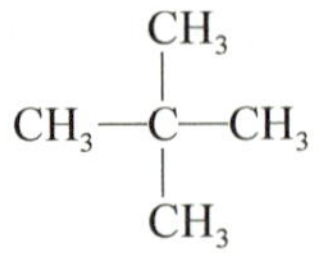

新戊烷

2. 闭链化合物　闭链化合物是指碳与碳或碳与其他元素原子之间连接成环状的有机物。根据分子中成环的原子种类不同，又分为碳环化合物和杂环化合物。

（1）碳环化合物：是指分子中组成环的原子全部都是碳原子的化合物。根据碳环结构不同，又分为脂环族化合物和芳香族化合物。

1）脂环族化合物：是指与脂肪族化合物（开链化合物）性质相似的碳环化合物。例如：

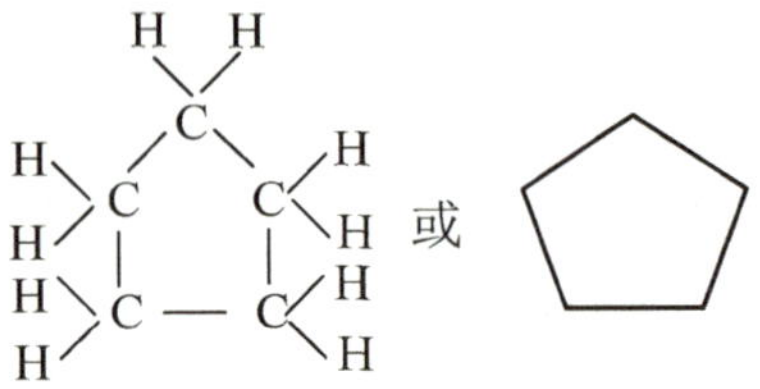

环戊烷

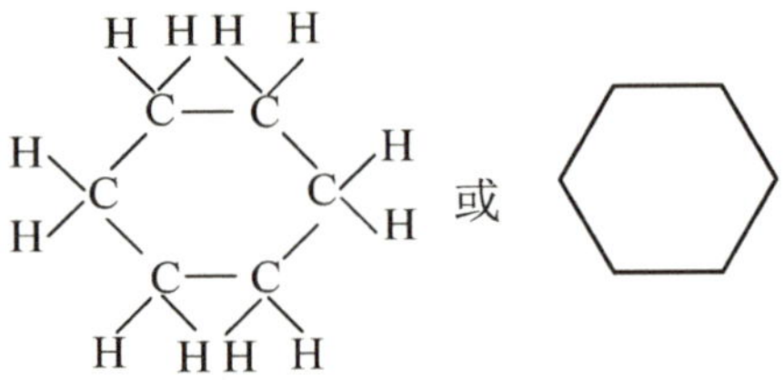

环己烷

2）芳香族化合物：多数是指苯和含有苯环的化合物。例如：

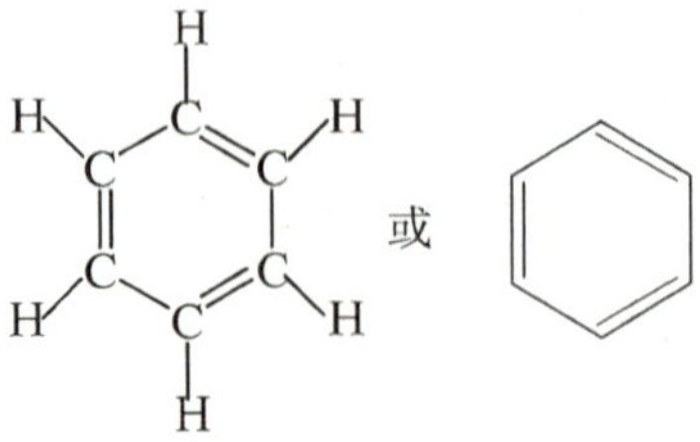

苯

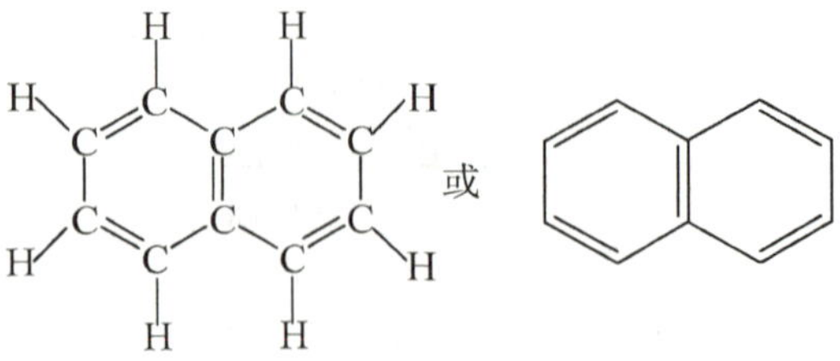

萘

（2）杂环化合物：是指组成环的原子除碳原子外，还含有其他元素原子的化合物。例如：

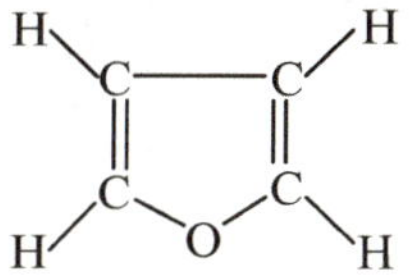 或 

呋喃

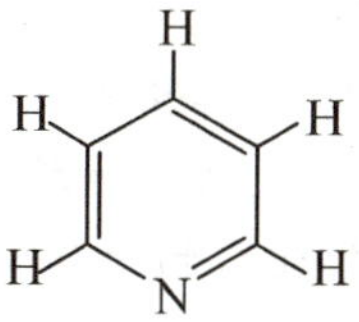 或 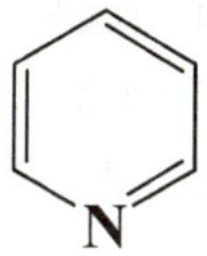

吡啶

(二)按官能团分类

我们把能决定一类有机化合物的化学特性的原子或原子团，称为官能团。表6-1中列出的是几类比较重要的有机物和它们所含的官能团。

表 6-1 部分有机物类型及官能团

化合物类型	官能团名称	官能团结构	化合物类型	官能团名称	官能团结构
烯烃	碳碳双键	$\gt C=C\lt$	醛	醛基	$-\overset{\overset{O}{\|}}{C}-H$
炔烃	碳碳三键	$-C\equiv C-$	酮	酮基	$-\overset{\overset{O}{\|}}{C}-$
醇和酚	羟基	—OH	羧酸	羧基	$-\overset{\overset{O}{\|}}{C}-OH$
醚	醚键	—O—			

官能团是分子中比较活泼而易发生反应的原子或原子团，常决定着化合物的主要化学性质。含有相同官能团的化合物具有相似的化学性质，所以我们将分子中的官能团作为标志对有机化合物进行分类，更有利于系统学习有机物。

目标检测

一、名词解释

1. 有机化合物 2. 官能团

二、填空题

1. 有机化合物含有________、________等元素。
2. 与多数无机物相比，有机物一般具有________、________、________、________、________、________等特性。
3. 按照有机化合物的碳链形式，可将有机物分成________和________。
4. 有机化合物分子中，两个碳原子之间共用一对电子形成的共价键称为________；共用两对电子或三对电子形成的共价键分别称为________和________。

三、单项选择题

1. 下列物质中，属于有机物的是（ ）
   A. CO_2 B. $CaCO_3$
   C. CH_4 D. H_2CO_3
2. 下列不属于碳原子结合方式的是（ ）
   A. 单键 B. 双键
   C. 三键 D. 四键
3. 下列物质中，不容易变质的是（ ）
   A. 维生素片剂 B. 抗生素片剂
   C. 油脂 D. 大理石

4. 下列方法得不到有机物的是（　　）

A. 动物体内提取　　B. 人工合成

C. 煮沸蒸馏水　　D. 培养微生物

5. 下列有机物中，属于开链化合物的是（　　）

A. $CH_3CH_2CH{=}CH_2$

B. 

C. 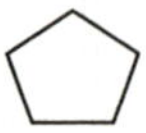

D. 

（周恩红）

第7章 烃

只有碳氢两种元素组成的化合物称为碳氢化合物，简称烃。烃是一类非常重要的有机化合物，它广泛地存在于自然界中，如石油和煤中存有大量的烃类物质，烃是有机物中最简单的一类。其他各类有机化合物可视为烃的衍生物，因此烃可看作是有机化合物的母体。

根据烃的结构和性质的不同，烃可分为下列几类：

- 烃
  - 开链烃（脂肪烃）
    - 饱和链烃（烷烃）
    - 不饱和链烃
      - 烯烃
      - 炔烃
  - 闭链烃
    - 脂环烃
    - 芳香烃

第1节 烷　烃

分子中碳原子形成的骨架全部是开放性的烃，称为开链烃。碳原子之间都是以单键相连接，碳原子的其余价键全部与氢原子相结合，这样的开链烃称为饱和链烃，简称烷烃，是最简单的一类有机化合物。烷烃分子中，氢原子数目达到最大值，其通式为 C_nH_{2n+2}。最简单的烷烃是甲烷。

一 甲烷

（一）甲烷分子中碳原子的 sp^3 杂化

甲烷的分子式为 CH_4，是正四面体立体结构，如图 7-1 所示，碳原子位于正四面体的中心，它的四个价键从中心指向正四面体的四个顶点上，并和氢原子连接，四个 C—H 键长都相等，键角都等于 109.5°，键能都为 413kJ/mol。可见甲烷分子中四个 C—H 键是相同的。

甲烷的分子结构式，甲烷的结构示意图和甲烷分子结构模型见图 7-1。

甲烷分子的四面体结构可用原子轨道杂化理论解释；碳原子在基态时核外电子排布为 $1s^2 2s^2 2p_X^1 2p_Y^2 2p_Z^0$，碳原子价电子层上有两个未成对电子，按照价键理论，碳原子只能形成两个共价键，即碳原子为二价的。然而，碳原子在甲烷等有机化合物中都是四价。

原子轨道杂化理论认为，杂化是成键原子中的几种能量相近的原子轨道进行重新组合形成新的原子轨道。新轨道称为杂化轨道，杂化前后其轨道数目不变。

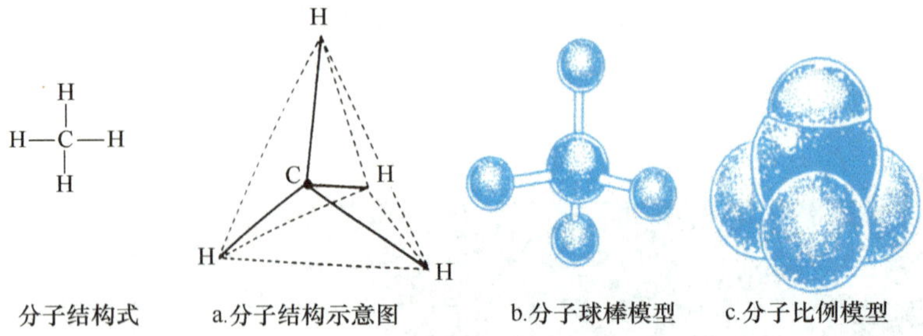

图 7-1　甲烷的分子结构

碳原子在成键时，1 个 2s 电子接受能量，迁跃到 2p 轨道上，碳原子形成激发态。1 个 2s 轨道和 3 个 2p 轨道分别有一个未成对电子。激发态能量高，不稳定，它一经形成，4 个原子轨道立即重新组合，形成与原来不同的但能量相等的 4 个新的杂化轨道。由于这种杂化是 1 个 2s 轨道和 3 个 2p 轨道进行的杂化，所以称 sp^3 杂化。形成的 4 个新的原子轨道称为 sp^3 杂化轨道，如图 7-2 所示：

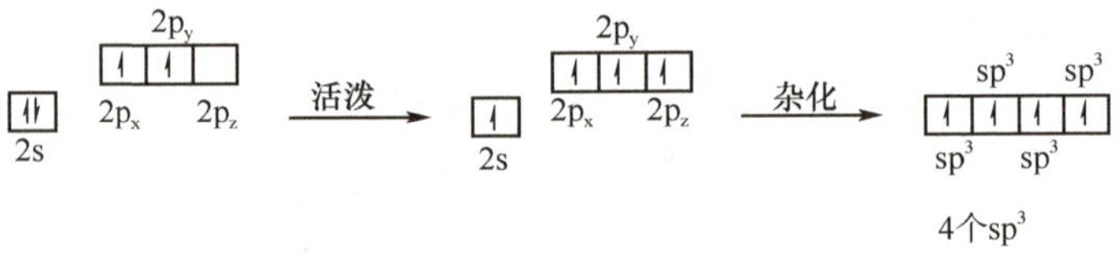

图 7-2　sp^3 杂化示意图

sp^3 杂化轨道的形成是一端大一端小，这样有利于轨道间的最大重叠，容易形成稳定的化学键，4 个 sp^3 杂化轨道在碳原子周围是对称分布的，轨道对称轴互成 109.5°，相当于正四面体的中心伸向四个顶点。只有这样轨道才能在空间相距最大，体系才能最稳定。

（二）甲烷分子中 σ 键的形成

甲烷是由 sp^3 杂化轨道与氢原子 1s 进行重叠，形成 4 个 C—H 键而构成四面体结构，碳在四面体中心，氢在四个顶点上。

碳原子的 sp^3 杂化轨道与氢原子 1s 轨道沿键轴方向形成 C—H 键，两个碳原子的 sp^3 杂化轨道也可相互重叠形成 C—C。这种沿着键轴方向形成的键，轨道重叠程度大，键比较牢固，称为 σ 键（sigma bonds），简称“头碰头”重叠。由于 σ 键的电子云沿着键轴呈对称分布，故 σ 键可以绕键轴自由旋转却不影响电子云的重叠。因此，σ 键比较牢固。

二　烷烃的同系物和通式

烷烃中除了甲烷以外，还有乙烷、丙烷、丁烷、戊烷等一系列有机化合物。

甲烷　CH_4

} CH_2

乙烷　$CH_3—CH_3$

} CH_2

丙烷　$CH_3—CH_2—CH_3$

} CH_2

丁烷　$CH_3—CH_2—CH_2—CH_3$

} CH_2

戊烷　$CH_3—CH_2—CH_2—CH_2—CH_3$

比较这些烷烃，可以看出，它们在分子组成上都相差一个或几个 CH_2 原子团。在有机化合物中，把结构相似，在分子组成上相差一个或几个 CH_2 原子团的一系列化合物称为同系列。同系列中的化合物互称为同系物。

从烷烃的结构可以看出，任何一个烷烃分子中，碳原子和氢原子在数值上都有一定的关系，如果碳原子数目是 n，则氢原子的数目是 $2n+2$，所以烷烃分子的通式为 C_nH_{2n+2}。

因为同系物结构相似，化学性质也相似，物理性质也随着碳原子数目的增加呈现出有规律的变化，所以通过深入研究同系列中一个或几个化合物，就可以推测出同系列中其他物质的性质。

三 烷烃的同分异构现象

有机化合物中分子组成相同而结构不同的化合物，互称为同分异构体，这种现象称为同分异构现象。同分异构现象在有机物中非常普遍。例如：

C_4H_{10}:

$CH_3CH_2CH_2CH_3$

正丁烷

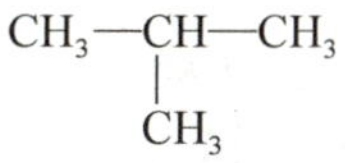

异丁烷

C_5H_{12}:

$CH_3CH_2CH_2CH_2CH_3$

正戊烷

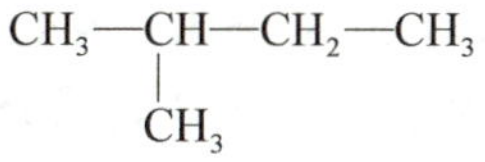

异戊烷

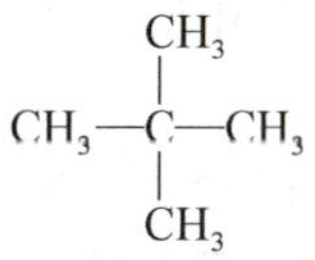

新戊烷

在烷烃中，含有 4 个碳原子以上的烷烃，都有同分异构体。

随着烷烃中碳原子数目的增多，同分异构体的数目也增加。例如：C_6H_{14} 有 5 种同分异构体，C_7H_{16} 有 9 种同分异构体，C_8H_{18} 有 18 种同分异构体。

在烷烃分子中，一个碳原子可能与另外 1 个、2 个、3 个或 4 个碳原子直接相连。按照一个碳原子直接相连的碳原子数目不同，可把碳原子分为四种不同的类型。例如：

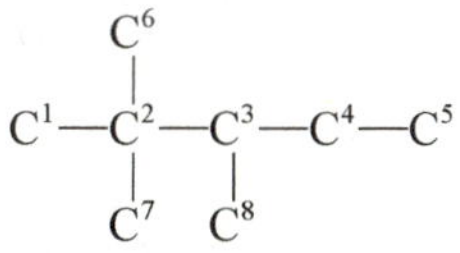

伯碳原子：只与一个碳原子直接相连的碳原子，如上述结构式中的 C^1、C^5、C^6、C^7、C^8。

仲碳原子：与两个碳原子直接相连的碳原子，如上述结构式中的 C^4。

叔碳原子：与三个碳原子直接相连的碳原子，如上述结构式中的 C^3。

季碳原子：与四个碳原子直接相连的碳原子，如上述结构式中的 C^2。

四 烷烃的命名

有机化合物的种类繁多，数目庞大，掌握有机化合物的命名方法是学习有机化学的一项基本任务，正确的名称能够反映有机化合物的组成和结构。烷烃的命名方法一般采用普通命名法和系统命名法。

（一）普通命名法

对于结构比较简单的烷烃，常用普通命名法命名，命名原则如下：

1. 按分子中碳原子数目称为“某烷”　碳原子数目在 10 个及以下的烷烃，常采用天干顺序（甲、乙、丙、丁、戊、己、庚、辛、壬、癸）命名，含有 10 个碳原子以上的烷烃，用中文数字命名。如：

CH_4 甲烷　　$C_{10}H_{22}$ 癸烷　　$C_{12}H_{26}$ 十二烷　　$C_{21}H_{44}$ 二十一烷

2. 为区分同分异构体，常用“正”、“异”、“新”命名　对于不含支链的烷烃称为“正某烷”，对于链端第二个碳上含有一个甲基的称为“异某烷”，对于链端第二个碳上含有两个甲基的称为“新某烷”，例如：

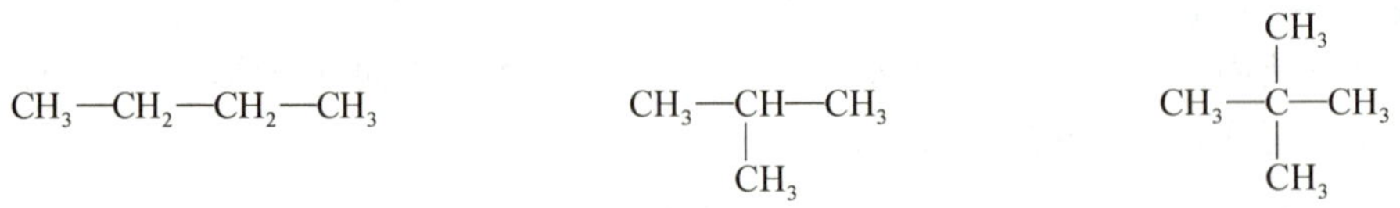

正丁烷　　异丁烷　　新戊烷

（二）系统命名法

系统命名法是中国化学会根据国际上通用的命名原则，结合我国文字特点制定的一种命名方法。

1. 直链烷烃的命名　按分子中的碳原子数称为“某烷”。含碳原子在 10 个以下者，用天干即甲、乙、丙、丁、戊、己、庚、辛、壬、癸来表示分子中的碳原子数目；若碳原子数在 10 个以上，用汉字十一、十二……表示分子中的碳原子数。例如：

CH_4 甲烷　　C_2H_6 乙烷　　C_6H_{14} 己烷　　$C_{12}H_{26}$ 十二烷　　$C_{15}H_{32}$ 十五烷

烷烃分子中去掉一个氢原子所剩的原子团称烷基，常用“—R”表示。简单烷基的命名是把它对应的烷烃名称中“烷”字改为“基”字。例如：

CH_4	甲烷	$—CH_3$	甲基
$CH_3—CH_3$	乙烷	$—CH_2—CH_3$	乙基
$CH_3—CH_2—CH_3$	丙烷	$—CH_2—CH_2—CH_3$	丙基
		$CH_3—\underset{\vert}{CH}—CH_3$	异丙基

2. 带支链烷烃的命名

（1）选主链：选择含碳原子数最多的碳链作为主链，按主链所含碳原子数称为“某烷”。

（2）编号：从靠近支链的一端开始，用阿拉伯数字给主链碳原子依次编号，确定支链的位置。

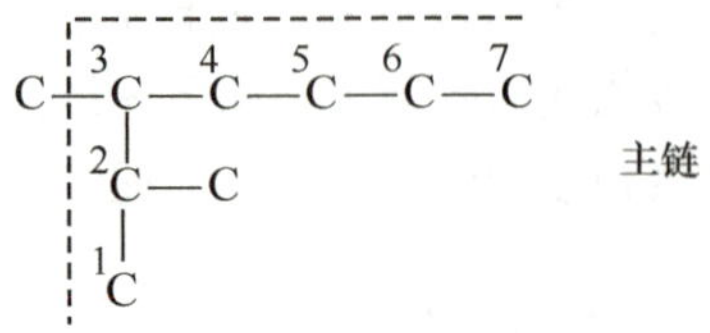

（3）命名：把支链的名称写在“某烷”之前，把支链的位置编号写在支链名称的前面，中间用短线隔开。

（4）把相同支链合并起来，用二、三、四等中文数字表示相同支链的数目，表示相同支链位置的几个阿拉伯数字间用“，”号隔开；若几个支链不同，应把简单的写在前面，复杂的写在后面，中间用短线隔开。例如：

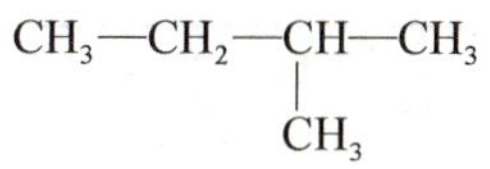

2-甲基丁烷

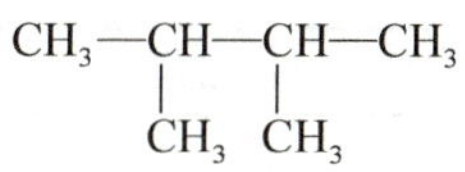

2，3-二甲基丁烷

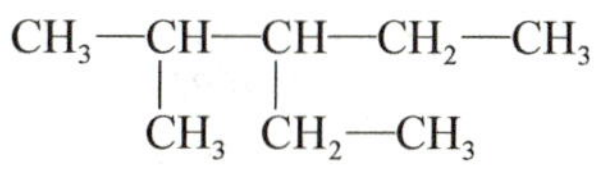

2-甲基-3-乙基戊烷

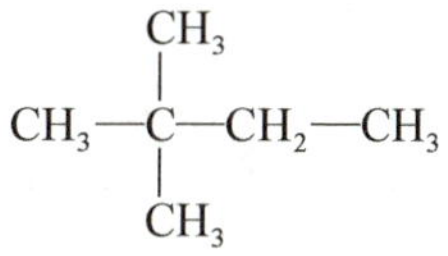

2，2-二甲基丁烷

（5）若主链上连有几个相同的支链，主链编号顺序应使支链的位次之和最小，并将支链合并，用“二、三、四”等注明数目。例如：

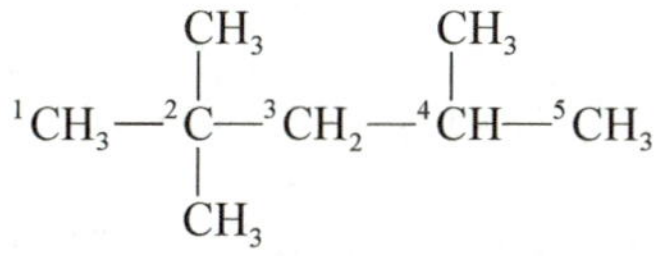

2，2，4-三甲基戊烷

（6）若主链上连有几个不同的支链，应把小的支链写在前面，把大的支链写在后面。

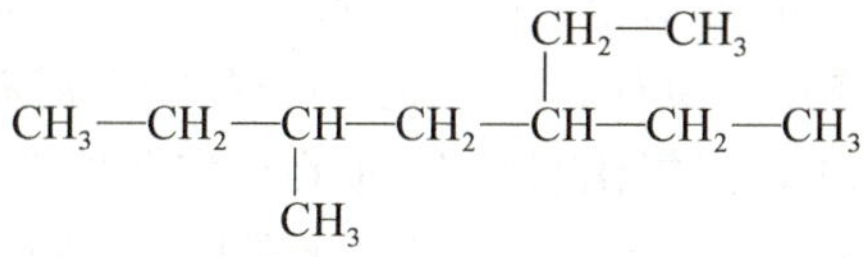

3-甲基-5-乙基庚烷

（7）“等长”原则：如果有几条等长碳链均可作为主链时，应选择含支链最多的碳链为主链。例如：

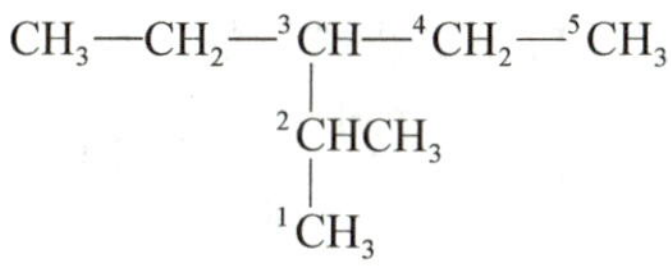

2-甲基-3-乙基戊烷

五 烷烃的性质

（一）物理性质

烷烃的密度都小于 1g/ml，因此都比水轻，且属于非极性化合物，难溶于水，易溶于乙醚、氯仿、苯等有机物溶剂。

在常温常压下，含有 1 ~ 4 个碳原子的烷烃为气体，含有 5 ~ 16 个碳原子的烷烃为液体，含有 17 个碳原子以上的直链烷烃为固体，随着碳原子数目的增加，直链烷烃的熔点和沸点升高，见表 7-1。

表 7-1　几种烷烃的物理性质

名称	分子式	沸点（℃）	熔点（℃）	常温下状态
甲烷	CH_4	−161.7	−182.6	气态
乙烷	C_2H_6	−88.6	−183.3	气态
丙烷	C_3H_8	−42.2	−189.7	气态
丁烷	C_4H_{10}	−0.5	−183.4	气态
戊烷	C_5H_{12}	36.7	−129.3	液态
己烷	C_6H_{14}	68.7	−94.0	液态
庚烷	C_7H_{16}	98.4	−90.5	液态
辛烷	C_8H_{18}	125.6	−56.8	液态
壬烷	C_9H_{20}	150.0	−53.7	液态
癸烷	$C_{10}H_{22}$	174.1	−29.9	液态
十六烷	$C_{16}H_{34}$	280.0	−18.1	液态
十七烷	$C_{17}H_{36}$	301.8	−22.0	固态

（二）化学性质

烷烃分子中各个原子都以 σ 健结合，比较牢固，其化学性质比较稳定，在通常情况下，不与强酸、强碱、强氧化剂作用。例如，将甲烷气体通入高锰酸钾酸性溶液，可以观察到高锰酸钾溶液不褪色，说明甲烷不与强氧化剂反应。但在一定条件下能发生氧化反应和取代反应。

1. 氧化反应　甲烷能在空气中燃烧，生成二氧化碳和水，同时放出大量的热。

$$CH_4 + 2O_2 \xrightarrow{\text{点燃}} CO_2 + 2H_2O$$

所以，甲烷是一种很好的气体燃料。

2. 取代反应　在光照、高温或催化剂的作用下，甲烷能与卤素发生反应。例如：在光照条件下，甲烷能与氯气发生反应，反应是分步进行的。

$$CH_4 + Cl_2 \xrightarrow{\text{光照}} \underset{\text{一氯甲烷}}{CH_3Cl} + HCl$$

$$CH_3Cl + Cl_2 \xrightarrow{\text{光照}} \underset{\text{二氯甲烷}}{CH_2Cl_2} + HCl$$

$$CH_2Cl_2 + Cl_2 \xrightarrow{\text{光照}} \underset{\text{三氯甲烷}}{CHCl_3} + HCl$$

$$CHCl_3 + Cl_2 \xrightarrow{\text{光照}} \underset{\text{四氯甲烷}}{CCl_4} + HCl$$

在这几步反应中，甲烷分子中的氢原子逐步被氯原子所替代。这种有机化合物分子中的某些原子或原子团，被其他原子或原子团所代替的反应，称为取代反应。有机化合物分子中的氢原子被卤素原子取代的反应称为卤代反应。

甲烷的四种氯代物都不溶于水。常温下，一氯甲烷为气体，其他三种为液体。三氯甲烷又称氯仿，四氯甲烷又称四氯化碳，都是常用的有机溶剂。四氯化碳还是一种效率较高的灭火剂。

第 2 节　烯烃和炔烃

分子中含有碳碳双键或碳碳三键的开链烃称为不饱和链烃，不饱和链烃又分为烯烃和炔烃。

一 烯烃概念和结构

分子中含有碳碳双键的不饱和链烃，称为烯烃，碳碳双键是烯烃的官能团。分子中含有一个碳碳双键的单烯与含有相同碳原子数的烷烃相比，组成上要少两个氢原子，因此含一个碳碳双键的烯烃通式为 C_nH_{2n+2}。含有两个双键的烯烃为二烯，含有两个以上双键的烯烃为多烯烃。

最简单的烯烃是乙烯，乙烯的分子式为 C_2H_4，分子中有 4 个 C—H 键和一个 C ═ C 键，分子中所有原子都分布在同一平面上，彼此间的键角都约为 120°。其结构简式为 CH_2 ═ CH_2，分子模型如图 7-3 所示。

球棍模型　　比例模型

图 7-3　乙烯分子模型

乙烯分子成键时，每个碳原子的三个 sp^2 杂化轨道分别与两个氢原子的 1s 轨道及另一个碳原子的一个 sp^2 杂化轨道沿轴相互重叠，形成四个 C—H σ 键，一个 C—C σ 键，且五个 σ 键在同一个平面内（图 7-4）。乙烯分子中每个碳原子的未参与杂化的 2p 轨道都垂直于五个 σ 键所在的平面，能彼此平行侧面（“肩并肩”）重叠成键，形成 π 键。

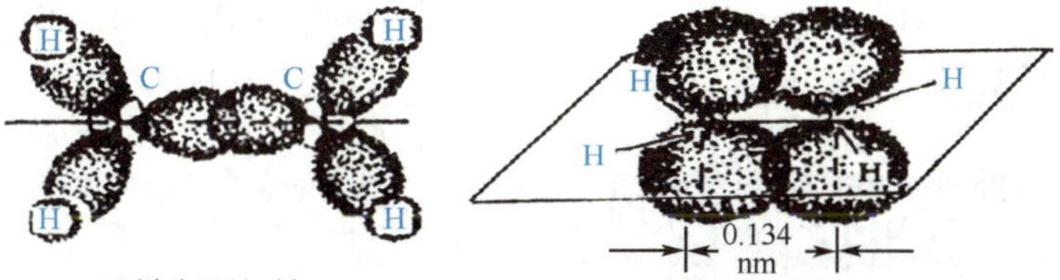

乙烯分子的σ键　　乙烯分子的π键

图 7-4　乙烯分子的形成

二 炔烃的概念和结构

分子中含有碳碳三键的不饱和链烃，称为炔烃。在炔烃的碳碳三键中，其中两个是碳碳 π 键，一个是碳碳 σ 键。最简单的炔烃是乙炔。乙炔的分子式为 C_2H_2，结构简式为 CH ≡ CH。其分子模型如图 7-5 所示。

球棍模型　　　　比例模型

图 7-5　乙炔的分子模型

乙炔分子中的两个碳原子均为 sp 杂化，每个碳原子形成 2 个 sp 杂化轨道和两个未杂化的 p 轨道，其中每个碳原子以 1 个 sp 轨道与氢原子的 1s 轨道重叠形成 C—H σ 键，碳原子之间以 sp 杂化轨道重叠形成一个 C—C σ 键，一个碳原子的两个 p 轨道与另一个碳原子的两个 p 轨道经侧面重叠形成两个 π 键，所以 C ≡ C 键中有 1 个 σ 键和 2 个 π 键。由于 π 键是经过侧面重叠形成的，不是重叠的很充分，故其键能比 σ 键低，较易打开，乙炔是一个线形分子，两个碳原子和两氢原子处于同一直线上。

乙炔俗名电石气。纯的乙炔是无色、无臭的气体，比空气稍轻，微溶于水。乙炔是重要的化工原料，也可用来照明、焊接和切割金属。

三　不饱和链烃的同系物和同分异构现象

烯烃和炔烃同烷烃一样，也有同系物，如：

$$\left.\begin{matrix} CH_2{=}CH_2 \\ CH_3{-}CH{=}CH_2 \end{matrix}\right\} CH_2 \qquad \left.\begin{matrix} CH{\equiv}CH \\ CH{\equiv}C{-}CH_3 \end{matrix}\right\} CH_2$$

从烯烃和炔烃的结构可以看出，烯烃的分子通式为 C_nH_{2n}, 炔烃的分子通式为 C_nH_{2n-2}，也有同分异构现象，如：

$$\begin{matrix} CH_2{=}CH{-}\underset{\displaystyle CH_3}{\underset{|}{CH}}{-}CH_3 \end{matrix}$$

3- 甲基 - 1- 丁烯

$$CH_2{=}CH{-}CH_2{-}CH_2{-}CH_3$$

1- 戊烯

$$\begin{matrix} CH{\equiv}C{-}\underset{\displaystyle CH_3}{\underset{|}{CH}}{-}CH_3 \end{matrix}$$

3- 甲基 - 1- 丁炔

$$CH{\equiv}C{-}CH_2{-}CH_2{-}CH_3$$

1- 戊炔

四　烯烃和炔烃的命名

不饱和链烃的命名与烷烃相似，所不同的是要指出双键或三键在碳链上的位置。具体步骤如下：

1. 选主链　选择含碳碳双键（或碳碳三键）在内的最长碳链作为主链，根据主链所含碳原子数称为“某烯”（某炔）。

2. 编号　从靠近双键（或三键）的一端开始，给主链碳原子依次编号。双键（或三键）的位次编号写在“某烯”（或某炔）的前面，中间用短线隔开。

3. 命名　按先简单后复杂的顺序，把支链的位置、数目和名称写在双键（或三键）位置的前面，如：

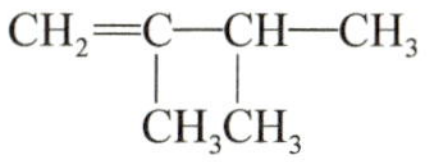

2，3- 二甲基- 1- 丁烯

$CH_2{=}CH{-}CH_2{-}CH_3$

1- 丁烯

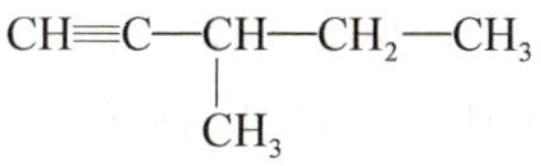

3- 甲基- 1- 戊炔

$CH{\equiv}C{-}CH_2{-}CH_3$

1- 丁炔

五 烯烃和炔烃的性质

（一）物理性质

烯烃常温常压下 C_2 ~ C_4 的是气体，C_5 ~ C_{18} 为液体，C_{19} 以上的高级烯烃是固体。烯烃的熔沸点和密度都随着碳原子数的增加而升高；均为无色物质，难溶于水，易溶于有机溶剂。

炔烃常温常压下 C_2 ~ C_4 的是气体，C_5 ~ C_{15} 的是液体，C_{16} 以上的炔烃是固体。炔烃难溶于水，但易溶于石油醚、四氯化碳等有机溶剂中。

（二）化学性质

由于烯烃和炔烃中的碳碳双键和碳碳三键中含有不稳定、易断裂的 π 键，因此化学性质活泼，易发生加成、氧化等化学反应。

1. 加成反应　有机化合物分子中的双键或三键中的 π 键断裂，加入其他原子或原子团的反应称为加成反应。

（1）加 H_2：在 Pt、Pd、Ni 等催化剂的催化作用下，烯烃或炔烃都可以和氢气发生加成反应，生成相应的烷烃。例如：

$$CH_2{=}CH_2 + H_2 \xrightarrow{Pt} \underset{\text{乙烷}}{CH_3{-}CH_3}$$

$$CH{\equiv}CH + 2H_2 \xrightarrow{Pt} \underset{\text{乙烷}}{CH_3{-}CH_3}$$

（2）加卤素：将乙烯或乙炔气体通入溴水中，可以观察到溴水的红棕色消失。

$$\underset{\text{乙烯}}{CH_2{=}CH_2} + Br_2 \longrightarrow \underset{\text{1，2- 二溴乙烷（无色）}}{CH_2Br{-}CH_2Br}$$

$$\underset{\text{乙炔}}{CH{\equiv}CH} + 2Br_2 \longrightarrow \underset{\text{1，1，2，2- 四溴乙烷（无色）}}{CHBr_2{-}CHBr_2}$$

因为反应有明显的颜色变化，所以常用这一反应来鉴别不饱和烃。

（3）与卤化氢加成：烯烃与卤化氢发生加成反应，生成相应的一卤代烷。炔烃与卤化氢发生加成反应，生成相应的二卤代烷。

$$CH_2{=}CH_2 + HBr \longrightarrow CH_3{-}CH_2Br$$

$$CH{\equiv}CH + 2HBr \longrightarrow CH_3{-}CHBr_2$$

不对称烯烃和炔烃与卤化氢发生加成反应时，应遵守马氏规则。马尔柯夫 · 尼柯夫（Markov Nikov）根据许多实验事实总结出一条经验规律：当不对称烯烃和不对称试剂（如 HX、H_2O）发生加成反应时，不对称试剂的带正电部分，主要加到双键中含氢较多的碳原子上，简称为马氏规则。

根据马氏规则，丙烯与溴化氢反应时，主要产物是 2- 溴丙烷，丙炔与卤化氢的加成反应分两步进行，反应也遵循马氏规则。如：

$$CH_2=CH-CH_3 + HBr \longrightarrow CH_3-CHBr-CH_3$$

$$CH\equiv C-CH_3 + HBr \longrightarrow CH_3-CHBr_2-CH_3$$

2. 金属炔化物的生成　乙炔及结构通式为 $RC\equiv CH$ 的炔烃可与硝酸银的氨溶液和氯化亚铜的氨溶液作用。

$$HC\equiv CH + 2Ag(NH_3)_2NO_3 \longrightarrow AgC\equiv CAg\downarrow + 2NH_4NO_3 + 2NH_3$$

$$HC\equiv CH + 2Cu(NH_3)_2Cl \longrightarrow CuC\equiv CCu\downarrow + 2NH_4Cl + 2NH_3$$

上述反应极为灵敏，常用来鉴定端基为炔烃的有机物分子，并可利用这一反应从混合物中把这类有机物分子分离出来。乙炔银和乙炔亚铜在湿润时比较稳定，在干燥时能因撞击或升温发生爆炸，生成金属和碳。所以，实验完毕后应立即加稀硝酸把它们分解掉。

3. 氧化反应　不饱和烃分子中，由于含有不稳定的 π 键，很容易被氧化。如把乙烯或乙炔通入高锰酸钾溶液中，溶液的紫色很快消失，而饱和链烃没有此反应。因此常利用这个反应来区别饱和链烃和不饱和链烃。若不饱和键在链端，不饱和键被氧化生成二氧化碳和羧酸；若不饱和键在链中，不饱和键被氧化生成两分子羧酸，因此，也可以利用此反应推测不饱和烃的结构。

$$CH_3CH=CHCH_2CH_3 \xrightarrow{KMnO_4/H^+} CH_3COOH + CH_3CH_2COOH$$

$$CH_3C\equiv CH \xrightarrow{KMnO_4/H^+} CH_3COOH + CO_2\uparrow$$

不饱和链烃与烷烃一样，也能在空气中燃烧，生成二氧化碳和水。例如：

$$CH_2=CH_2 + 3O_2 \xrightarrow{\text{燃烧}} 2CO_2\uparrow + 2H_2O$$

$$2HC\equiv CH + 5O_2 \xrightarrow{\text{燃烧}} 4CO_2\uparrow + 2H_2O$$

第3节　闭　链　烃

分子中含有由碳原子组成的环状结构的烃称闭链烃。闭链烃分为脂环烃和芳香烃。

一　脂环烃

具有脂肪烃性质的闭链烃，称为脂环烃。脂环烃又分为饱和脂环烃和不饱和脂环烃。饱和脂环烃分子里构成环的碳原子，都是以单键相互结合。不饱和脂环烃分子里构成环的碳原子间含有不饱和键。例如：

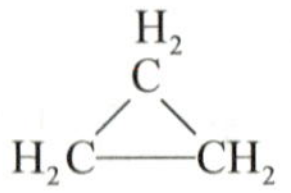

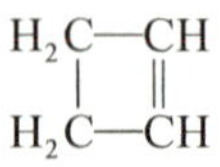

脂环烃的命名如表 7-2 所示。

表 7-2 脂环烃的命名

结构简式	键线式	名称	结构简式	键线式	名称
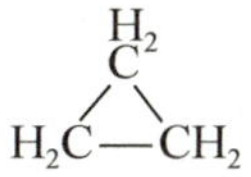	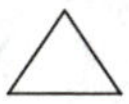	环丙烷	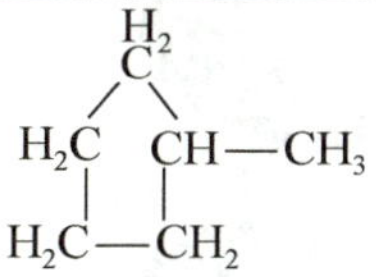	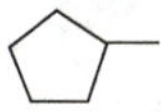	甲基环戊烷
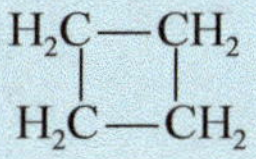	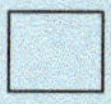	环丁烷	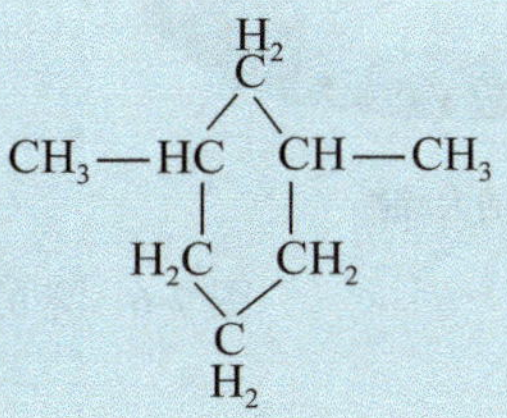	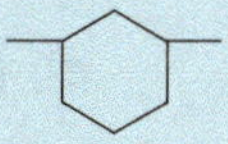	1，3-二甲基环己烷
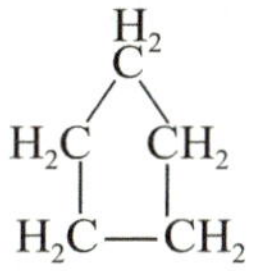	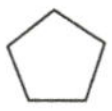	环戊烷	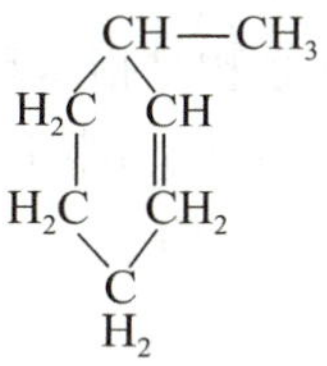	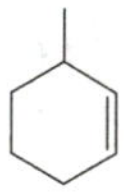	3-甲基环己烯

二 芳香烃

分子中含有苯环结构的一类烃称为芳香烃。苯是最简单的芳香烃。

（一）苯的分子结构

苯的分子式为 C_6H_6。根据研究，苯的结构为：

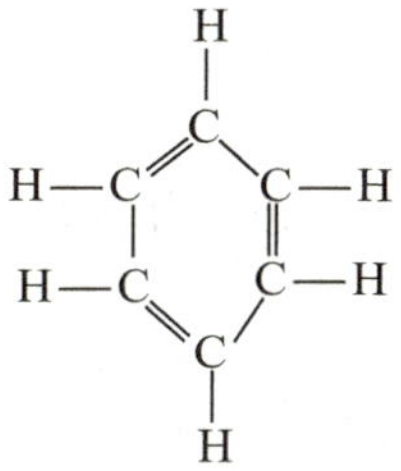 简写为 

苯环上的每个 C—C 键的键长都是相同的，无单双键之分，键角都是 120°，分子中 6 个碳原子均以 sp^2 杂化轨道重叠形成 C—C σ 键，又以相同的杂化轨道与 6 个 H 原子形成 6 个 C—H σ 键，苯环上每个碳原子上还有 1 个未杂化的 p 轨道，均垂直于碳环的平面，6 个 p 轨道彼此平行重叠形成 1 个大 π 键，整个苯环构成 1 个闭合的共轭效应。由于共轭效应，使苯分子具有特殊的稳定性，在化学性质方面表现易取代、难加成、难氧化等芳香性，苯的分子结构、大 π 键和比例模型见图 7-6。

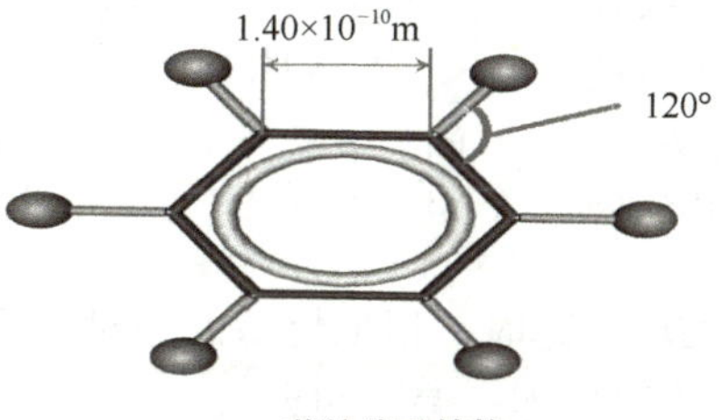

苯的分子结构

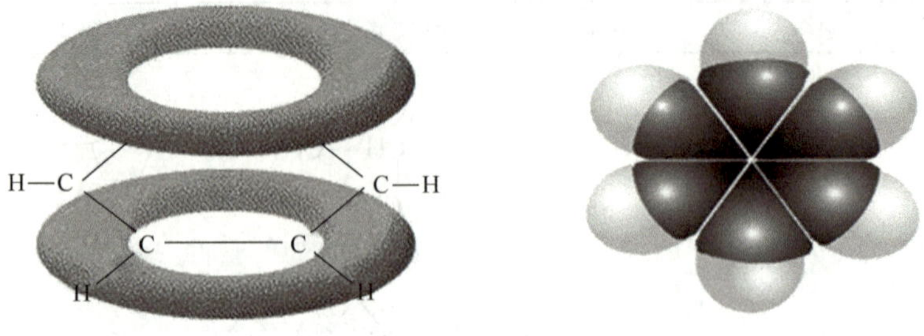

苯分子的大π键　　　苯分子比例模型

图 7-6　苯的结构

（二）苯的同系物

1. 苯的同系物的结构　苯的同系物是指苯环上的氢原子被烷基取代后的化合物。苯及苯的同系物的组成通式为 C_nH_{2n-6}（$n \geqslant 6$）。例如：

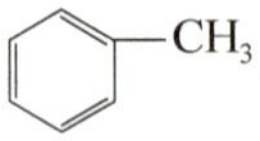

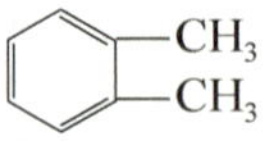

苯或苯的同系物分子中，去掉一个氢原子剩下的原子团，称为芳香烃基。通常用符号—Ar 表示。例如：

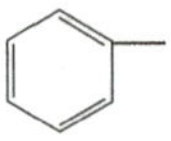

或 $—C_6H_6$ 苯基

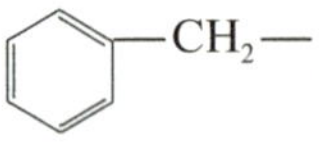

或 $C_6H_5—CH_2—$苯甲基（又称苄基）

2. 苯的同系物的命名

（1）苯环上只有一个取代基，无异构现象，以苯作为母体，烷基作为取代基，称为“某基苯”，简称“某苯”。

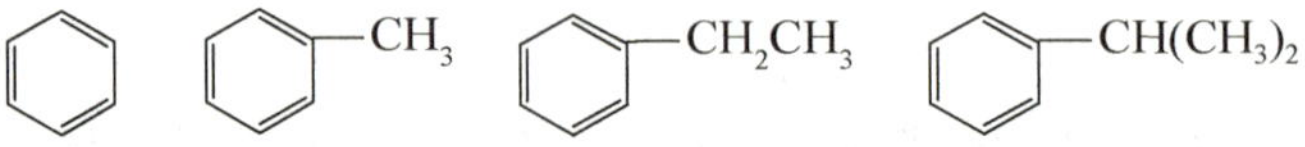

苯　甲苯　乙苯　异丙苯

（2）苯环上有两个相同的取代基时，根据烷基的相对位置不同，有三种同分异构体，命名时用阿拉伯数字表明位置，也可用邻、间、对表示。

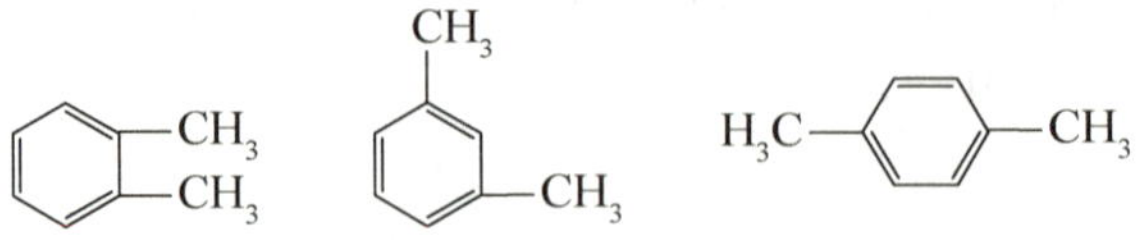

邻二甲苯（1,2-二甲苯）　间二甲苯（1,3-二甲苯）　对二甲苯（1,4-二甲苯）

（3）苯环上有三个相同的取代基时，根据烷基的相对位置不同，有三种同分异构体，命名时用阿拉伯数字表明位置，也可用连、偏、均表示。

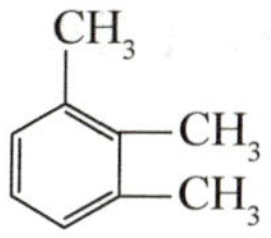

连三甲苯（1,2,3-三甲苯）

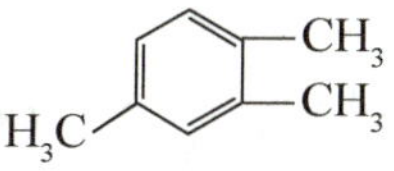

偏三甲苯（1,2,4-三甲苯）

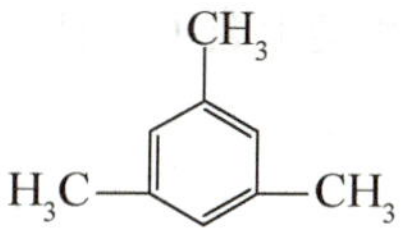

均三甲苯（1,3,5-三甲苯）

（三）苯和苯同系物的性质

苯是无色、有特殊气味的液体，比水轻，不溶于水，易挥发。苯有毒，短时间吸入高浓度的苯蒸气会引起急性中毒，甚至危及生命；长时间吸入低浓度的苯蒸气，可引起慢性中毒，损害造血器官和神经系统。苯也易被皮肤吸收引起中毒。

苯的主要化学性质有以下几个方面。

1. 稳定性　苯具有特殊的环状结构，化学性质比较稳定，在一般情况下，不与氧化剂（如高锰酸钾）作用。

2. 取代反应

（1）卤代反应：在铁粉的催化下，苯与卤素作用，苯环上的氢原子被卤素原子取代生成卤素取代物。例如：

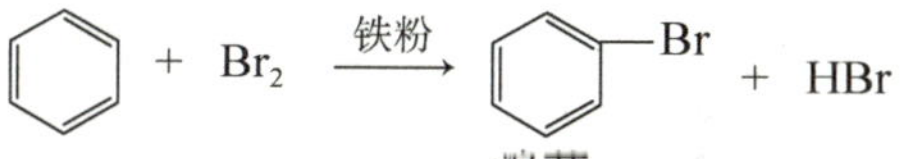

溴苯

（2）硝化反应：在浓硫酸存在下，苯与浓硝酸作用，苯环上的氢原子被硝基（—NO_2）取代，生成硝基苯。

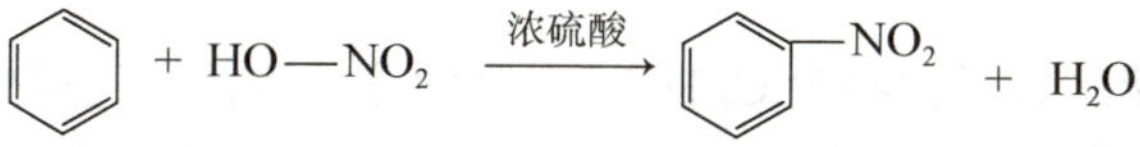

硝酸　　硝基苯

（3）磺化反应：苯与浓硫酸共热，苯环上的氢原子被磺酸基（—SO_3H）取代，生成苯磺酸。

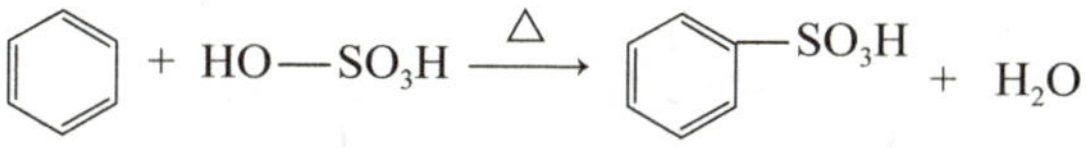

硫酸　　苯磺酸

3. 加成反应　苯比一般不饱和烃稳定，不容易进行加成反应，但在特殊的条件下，苯也能与氢气或氯气等进行加成反应。例如：

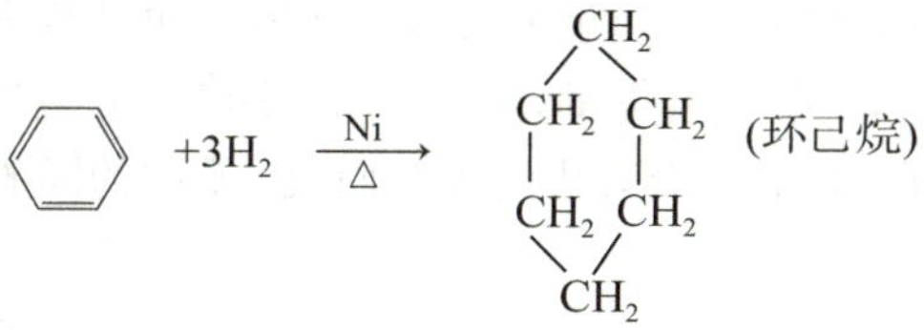

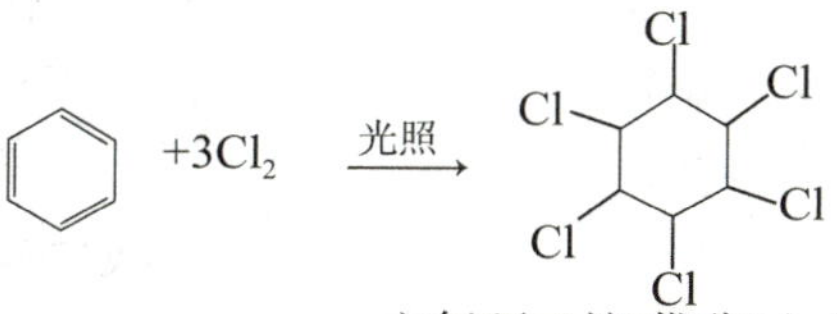

六氯环己烷(俗称“六六六”)

4. 氧化反应　苯环本身很稳定，一般情况下很难被氧化。苯同系物的氧化反应通常发生在侧链上，只要侧链上含 C—H，而且不论烷基长短，均可被氧化剂氧化，一般氧化产物为苯甲酸。例如：

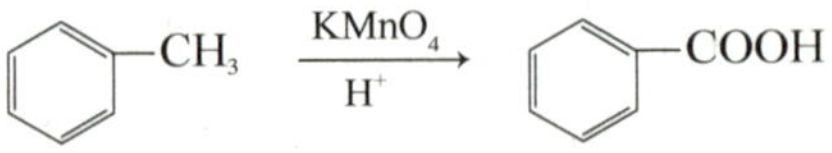

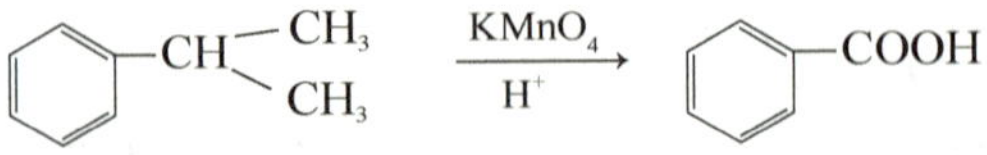

苯同系物的侧链易被氧化，能使高锰酸钾溶液褪色，而苯没有此性质，利用该点可以区分苯和苯的同系物。

（四）稠环芳香烃

稠环芳香烃是由两个或两个以上的苯环共用两个相邻的碳原子而形成的多环芳香烃，比较重要的有萘、蒽、菲。

1. 萘　萘是稠环芳香烃中最简单的一个，其分子式为 $C_{10}H_8$，白色片状晶体，熔点为 80.6℃，沸点为 218℃，易升华，不溶于水，易溶于有机试剂，能溶于热的乙醇和乙醚中，是重要的有机化工原料，也可用作防蛀剂。它是由两个苯稠合而成，其结构式和碳原子的编号表示如下：

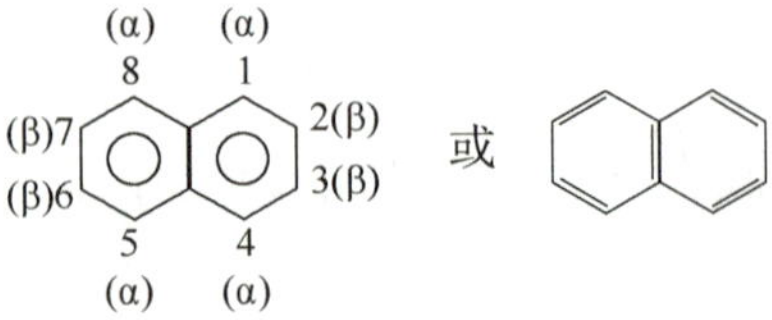

2. 蒽和菲　蒽和菲的分子式都为 $C_{14}H_{10}$，互为同分异构体，都是由三个苯环稠合而成。蒽是无色片状晶体，熔点 216℃，沸点 340℃，菲是具有光泽的无色晶体，熔点 101℃，沸点 340℃，它们都存在于煤焦油中，均溶于苯。两者的结构式如下：

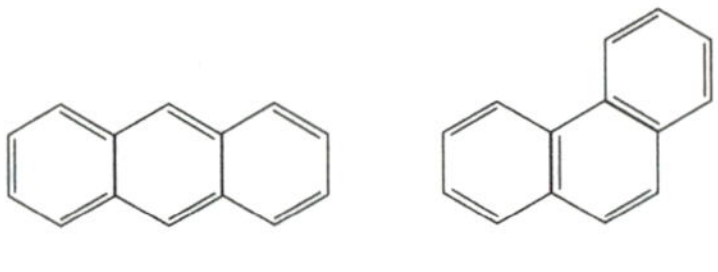

蒽　　　菲

由一个完全氢化的菲与环戊烷稠合在一起的结构称为环戊烷多氢菲，环戊烷多氢菲本身并不存在于自然界，它的衍生物广泛分布于动植物体内，而且具有重要的生理功能。例如，胆固醇、胆酸、维生素 D 和某些激素等都含有环戊烷多氢菲的骨架。环戊烷多氢菲是所有固醇的基本结构，它由三个环己烷和一个环戊烷稠合而成。不同的固醇，碳原子数及取代基不同，因此生理功能各异。

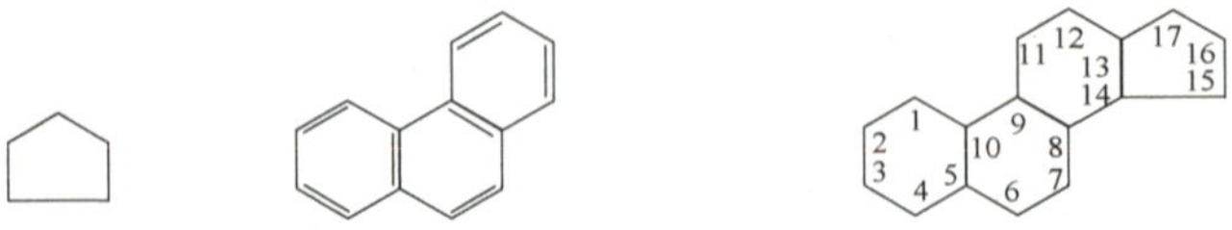

环戊烷　　　菲　　　环戊烷多氢菲

3. 致癌烃　某些含有四个或四个以上苯环的稠苯芳香烃有致癌作用，称为致癌烃。例如，1，2，3，4- 二苯并菲、1，2，5，6- 二苯并蒽、3，4- 苯并芘等。

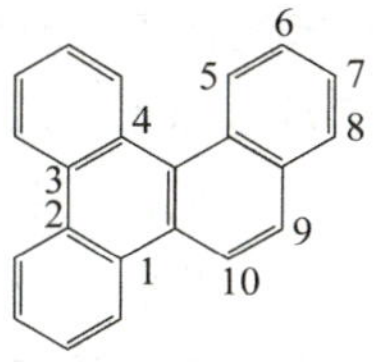

1,2,3,4-二苯并菲

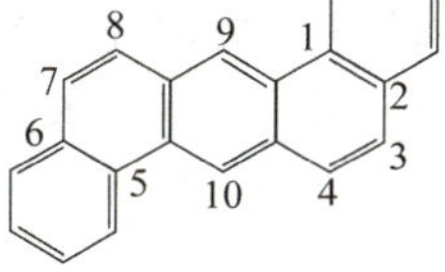

1,2,5,6-二苯并蒽

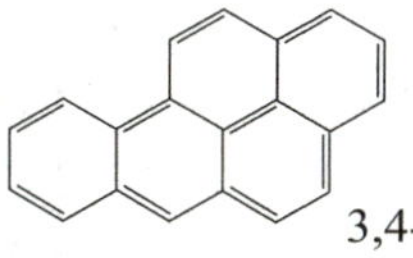

3,4-苯并芘

在已查出的致癌物中，有一半以上是多环芳烃类化合物。苯并芘（BaP）不仅是其中毒性最大的一种，也是所占比例较大的一种，约占全部环境中致癌多环芳烃类化合物的20%。

知识链接

离我们最近的苯并芘在哪呢？

BaP主要存在于煤焦油、各类碳、煤、石油等燃烧时产生的烟气、汽车尾气中，也存在于工业废水中。此外也存在于以下物质中。

1. 香烟　在吸烟时产生的烟雾中含有多种致癌物，其中最具有代表性的就是BaP。在我国，约80%以上的肺癌是由于长期吸烟引起的；在肺癌患者中，有90%以上的人有长期吸烟史。

2. 厨房油烟　食用油在200℃左右的高温下可发生一系列化学变化并产生油烟。因此，油烟携带着大量BaP，厨房空气中BaP的含量比普通房间高好几倍。

3. 烧烤和熏制食品　烤羊肉串和炸油条时，冒出的油烟里附带大量的BaP，羊肉串和油条上也有这种强致癌物。

目标检测

一、填空题

1. 根据烃分子中碳原子的连接方式不同，可将烃分为________和________。
2. 烯烃的官能团是________，烯烃的组成通式是________。
3. 不对称烯烃和HBr加成时，得到的产物符合________规则。
4. 在光照下，甲烷能跟氯气发生________反应，反应后生成的产物有________种。
5. 苯是一种________色、有________气味的________体，________溶于水。苯容易发生________反应，而较难发生________反应和________反应。
6. 烷烃分子中的所有碳原子都是采取________杂化来形成共价键。
7. 在某烷烃分子中，氢原子数为14，其中的碳原子数为________。
8. 分子式为C_8H_{10}的苯的同系物共有________种同分异构体。
9. 在分子中与一个碳原子相连的碳原子为________碳，与两个碳原子相连的碳原子为________碳，与三个碳原子相连的碳原子为________碳，与四个碳原子相连的碳原子为________碳。

10. 烷烃的化学性质不活泼，室温下一般不与________、________及________发生反应。

二、单项选择题

1. 甲烷分子的碳原子和四个氢原子结合形成的立体结构是（　　）
A. 直线　B. 正四面体
C. 三角形　D. 平面三角形

2. 化学性质比较稳定，一般情况下，不与强酸、强碱、强氧化剂反应的是（　　）
A. 丙烷　B. 丙烯
C. 丙炔　D. 1，3- 丁二烯

3. 下列物质中常温下不能使酸性高锰酸钾溶液褪色的是（　　）
A. 丙烷　B. 乙烯
C. 甲苯　D. 乙炔

4. 下列物质中属于饱和链烃的是（　　）
A. C_5H_8　B. C_5H_{10}
C. C_5H_{12}　D. C_6H_6

5. 下类物质不属于烃的是（　　）
A. 乙烯　B. 乙炔
C. 乙烷　D. 乙酸

6. 烷烃能发生的反应是（　　）
A. 消去反应　B. 取代反应
C. 加成反应　D. 聚合反应

7. 下列物质在常温下能使溴水褪色的化合物是（　　）
A. 乙烷　B. 乙烯
C. 苯　D. 丁烷

8. 下列物质组成一定能使高锰酸钾溶液和溴水褪色的化合物是（　　）
A. $CH_2{=}CH_2$　B. C_6H_{14}
C. $C_6H_5CH_3$　D. $C_6H_5C_2H_5$

9. 下列说法正确的是（　　）
A. 烷烃能使高锰酸钾溶液褪色
B. 烯烃能使溴水褪色
C. 炔烃能发生取代反应
D. 苯能被高锰酸钾溶液氧化

10. 下列名称正确的是（　　）
A. 3- 甲基丁烷　B. 2- 乙基丙烷
C. 3- 甲基 -2- 丁烯　D. 2- 甲基 -1- 丁烯

11. 芳香烃的芳香性是指（　　）
A. 易取代、难加成、难氧化的性质
B. 难取代、易加成、易氧化的性质
C. 易取代、易加成、易氧化的性质
D. 易加成、难取代、难氧化的性质

12. 下列属于苯及其同系物的通式是（　　）
A. C_nH_{2n+2}　B. C_nH_{2n}
C. C_nH_{2n-2}　D. C_nH_{2n-6}

13. 下列物质易发生加成反应的是（　　）
A. 乙烷　B. 1- 己烯
C. 甲苯　D. 环己烷

14. 鉴别饱和烃和不饱和烃的试剂是（　　）
A. 浓硫酸　B. 浓硝酸
C. 氢氧化钠　D. 溴水

15. 在 2- 甲基丁烷中不存在哪种原子（　　）
A. 伯碳原子　B. 仲碳原子
C. 叔碳原子　D. 季碳原子

16. 烷烃的结构特点是（　　）
A. 全部单键　B. 全部双键
C. 全部三键　D. 既有双键又有三键

17. 将酸性高锰酸钾溶液滴入甲苯中，震荡后（　　）
A. 不发生反应，高锰酸钾溶于甲苯中
B. 发生加成反应，高锰酸钾褪色
C. 会发生取代反应，高锰酸钾褪色
D. 发生氧化反应，高锰酸钾褪色

18. 乙炔在催化剂存在下与氢气发生的反应属于（　　）
A. 取代反应　B. 加成反应
C. 氧化反应　D. 聚合反应

19. 下列能与银氨溶液反应生成金属炔化物的是（　　）
A. $CH_3CH{=}CHCH_3$
B. $CH_2{=}CHCH_2CH_3$
C. $CH_3C{\equiv}CCH_3$

D. $CH_3-CH_2C\equiv CH$

20. 1- 丁炔和 2- 丁炔常用的鉴别剂是（　　）

A. 硝酸银氨水溶液　B. 高锰酸钾溶液

C. 重铬酸钾溶液　D. 硫酸

三、写出下列烷基的名称

1. $CH_3CH_2\ CH_2—$　　2.（CH_3）$_2CH_2—$

3. $C_6H_5—CH_2—$　　4. $CH_3—$

5. $CH_3CH_2—$　　6. $C_6H_5—$

四、写出下列化合物的结构式

1. 2- 甲基 -3- 乙基戊烷
2. 3,4,4- 三甲基 -1- 戊炔
3. 乙苯

（尚　杰）

第 8 章 醇、酚、醚

醇、酚和醚都是烃的含氧衍生物。醇和酚都含有羟基（—OH），羟基连接在脂肪烃、脂环烃、或芳香侧链上的称为醇；羟基直接连接在芳香环上的称为酚。通常醇类的羟基称为醇羟基，酚类的羟基称为酚羟基。醚是一元醇的一种同分异构体，它的官能团是醚键（—O—），可以看作是醇和酚羟基中的氢原子被烃基取代，也可以看作是烃基和烃氧基结合而成的化合物。许多天然产物的分子中都含有醇、酚或醚的结构，它们在医药、化妆品等方面都具有广泛的应用。

醇、酚、醚的通式分别为：

R—OH	AR—OH	R—O—R′（或 AR）
醇	酚	醚

第 1 节 醇

● 案例 8-1

患者，男，44 岁，喝假酒后急诊入院。有头痛、头晕、乏力、步态不稳、嗜睡、意识不清等症状。视物模糊、畏光、眼前闪光感、黑影、视力减退、眼球疼痛。

问题：根据患者的症状推测，假酒中可能含有哪种物质？

一 醇的概念、结构和分类

醇是烃分子中饱和碳原子上的一个或几个氢原子被羟基取代的产物，官能团是羟基（—OH）。与醚互为同分异构体。饱和一元醇的通式为 $C_nH_{2n+1}OH$。

按照烃基的类别，醇可分脂肪醇、脂环醇和芳香醇（表 8-1）。

表 8-1 按照烃基的类别分类

脂肪醇	CH_3OH	甲醇
脂环醇	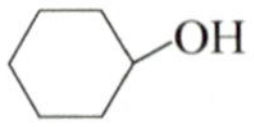	环己醇
芳香醇	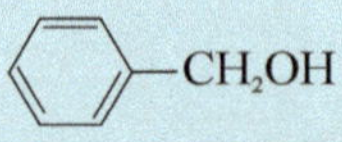	苯甲醇

按照烃基的不饱和程度，醇可分为饱和醇、不饱和醇两类（表 8-2）。

表 8-2　按照烃基的不饱和程度分类

饱和醇	CH_3CH_2OH	乙醇
不饱和醇	CH_2=$CHCH_2OH$	2- 丙烯醇

醇还可因与羟基相连接的碳原子的不同而分为伯、仲、叔醇（表 8-3）。

表 8-3　按与羟基相连接的碳原子不同分类

R—CH_2—OH	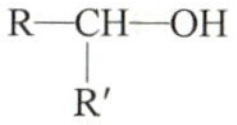	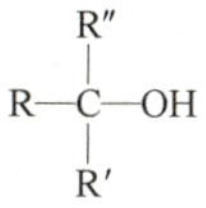
伯醇	仲醇	叔醇

按照分子中所含羟基的数目，醇又可分为一元醇、二元醇和多元醇（表 8-4）。

表 8-4　按照分子中所含羟基数目分类

一元醇	$CH_3CH_2CH_2OH$	丙醇
二元醇	$HOCH_3CH_2OH$	乙二醇
多元醇	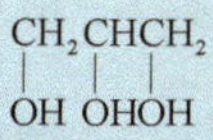	丙三醇

二　醇的命名

醇可按普通命名法和系统命名法来命名。

结构比较简单的醇可以用普通命名法来命名，即在相应的烃基名称后加上“醇”，称为“某醇”。例如：

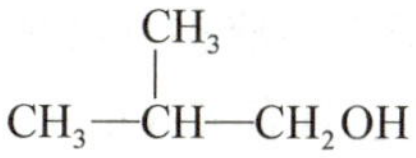

异丁醇

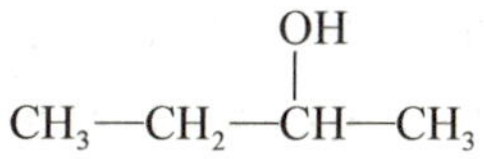

仲丁醇

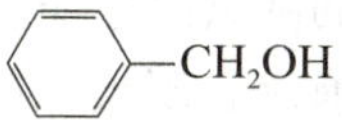

苄醇

分子较对称的醇常以甲醇衍生物命名。

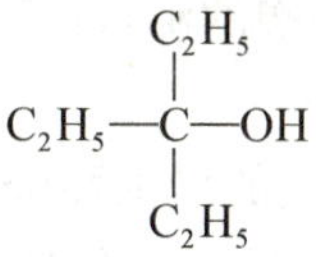

三乙基甲醇

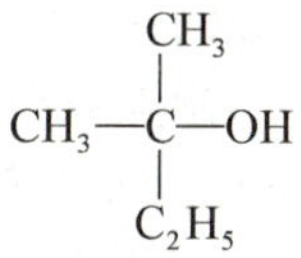

二甲基乙基甲醇（叔戊醇）

较复杂的醇要用系统命名法来命名。

（1）选择含有羟基的最长的碳链作为主链，按主链所含碳原子的数目称为某醇。

（2）从靠近羟基的一端将主链的碳原子依次编号，羟基的位置用阿拉伯数字表示，放在某醇的前面，得到母体的名称后，再将其他取代基的位次、数目、名称写在母体名称之前。

（3）多元醇命名时，要选取含有尽可能多的带羟基的碳链作为主链，羟基的数目写在醇字的前面，用二、三、四等数字表明。

（4）不饱和醇命名时，应将连有羟基和双键或三键在内的最长的碳链作为主链，端号应从靠近羟基的一端开始，根据主链所含碳原子数称为“某烯醇”（或“某炔醇”）。

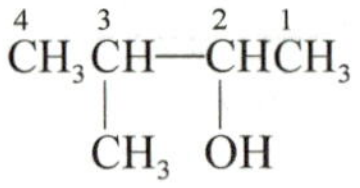
3-甲基-2-丁醇

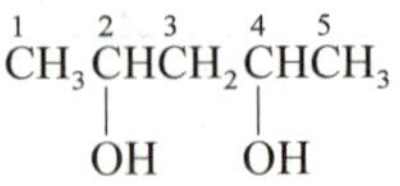
2,4-戊二醇

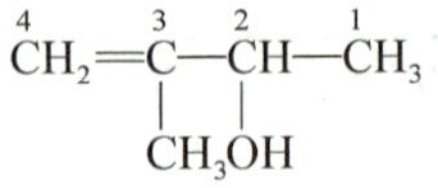
3-甲基-3-丁烯-2-醇

（5）脂环醇命名时从羟基所连的碳原子开始编号，并使环上其他取代基处于较小位次。而命名芳香醇时，则以侧链的脂肪醇为母体，将芳基作为取代基。

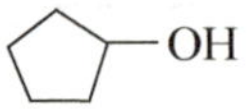
环戊醇

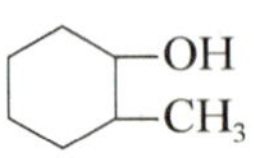
2-甲基环己醇

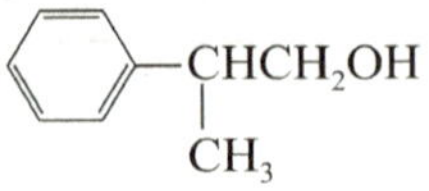
2-苯基-1-丙醇

如果分子中除羟基外尚有其他官能团时，需按规定的官能团次序选择最前面的一个官能团作为这个化合物的类名。其他官能团则作为取代基。IUPAC 规定的次序大体上为：正离子（如铵盐）、羧酸、磺酸、酸的衍生物（酯、酰卤、酰胺等）、腈、醛、醇、酚、硫醇、胺、醚、过氧化物，如：

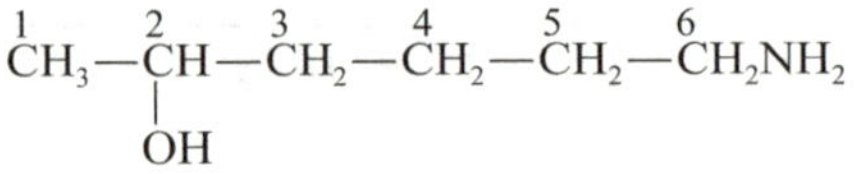
6-氨基-2-己醇

三 醇的性质

（一）物理性质

1. 状态　C_1 ~ C_4 是低级一元醇，是无色液体，比水轻。C_5 ~ C_{11} 为油状液体，C_{12} 以上高级一元醇是无色的蜡状固体。甲醇、乙醇、丙醇都带有酒味，丁醇开始到十一醇有不愉快的气味，二元醇和多元醇都具有甜味，故乙二醇又称为甘醇。

2. 沸点　醇的沸点比分子量相近的烷烃、卤代烷高。这是因为液态时水分子和醇分子一样，在它们的分子间有缔合现象存在。由于氢键缔合的结果，使它具有较高的沸点。

在同系列中醇的沸点也是随着碳原子数的增加而有规律地上升。例如，直链饱和一元醇中，每增加一个碳原子，它的沸点升高 15 ~ 20℃。此外在同数碳原子的一元饱和醇中，沸点也是随支链的增加而降低。在相同碳数的一元饱和醇中，伯醇的沸点最高，仲醇次之，叔醇最低。

若分子量相近，含羟基越多，沸点越高。

3. 溶解度　低级的醇能溶于水，溶解度随着分子量的增加而降低。含有三个以下碳原子的一元醇，可以和水混溶。正丁醇在水中的溶解度就很低，只有 8%，正戊醇就更小了，只有 2%。高级醇和烷烃一样，几乎不溶于水。低级醇之所以能溶于水主要是由于它和水分子之间能形成氢键，所以促使醇分子易溶于水。

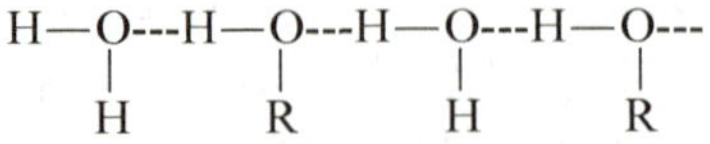

当醇的碳链增长时，羟基在整个分子中的影响减弱，在水中的溶解度也就降低，直至不溶于水。相反的，当醇中的羟基增多时，分子中和水相似的部分增加，同时能和水分子形成

氢键的部位也增加了，因此二元醇的水溶性要比一元醇大。

（二）化学性质

醇的化学性质主要由其官能团（—OH）所决定，从化学键上看，C—O 键与 O—H 键都是极性键，醇的大多数反应发生在这两个极性键上。另外羟基是吸电子基团，由于吸电子效应使得 α- 碳原子上的氢原子比较活泼，也可以在反应中表现出来。醇分子中容易发生化学反应的部位：

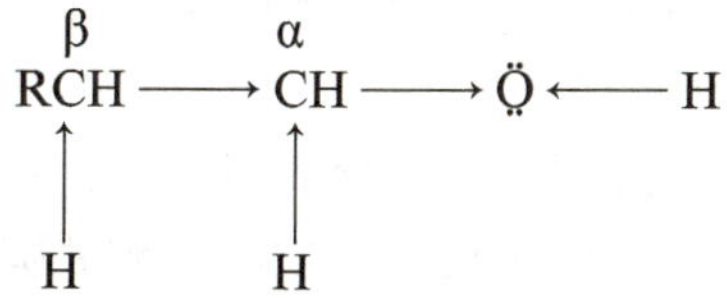

- O—H 键的断裂：弱酸性
- C—O 键的断裂：羟基被取代
- β-H 断裂和羟基的脱水反应：消除反应
- α-H 断裂：伯醇和仲醇的氧化反应

1. 与碱金属的反应　醇和水相似，也能与活泼金属如钠、钾等反应，结果是羟基上的氢被取代而放出氢气并生成醇钠、醇钾等。

从实验可以观察到，有气泡缓缓产生，反应比水与金属钠的反应缓和，说明醇的酸性比水弱。

$$2H_2O + 2Na \longrightarrow 2NaOH + H_2\uparrow$$

$$2C_2H_5OH + 2Na \longrightarrow 2C_2H_5ONa + H_2\uparrow$$

$$2R—OH + 2Na \longrightarrow 2R—ONa + H_2\uparrow$$

事实上，醇与活泼金属的反应速度随着分子量的增加而减慢。

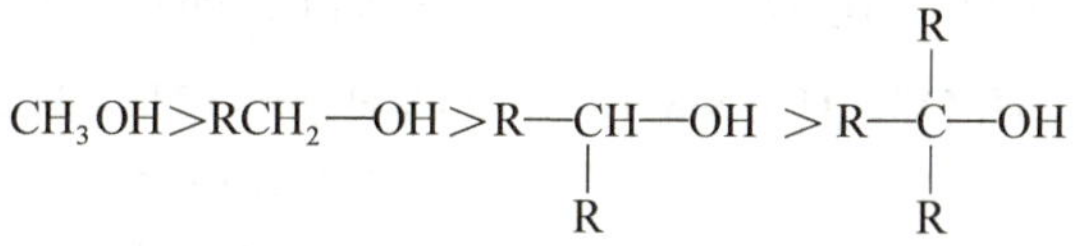

生成的醇钠是强碱，不稳定，可溶解于醇中，但如遇到水分则容易水解而生成原来的醇与氢氧化钠，故滴入酚酞试液后，溶液显红色。

$$C_2H_5ONa + H_2O = C_2H_5OH + NaOH$$

含相同数碳原子的伯、仲、叔醇相比，醇与活泼金属的作用以伯醇最快，仲醇次之，叔醇最慢。

2. 卤代反应　醇能与氢卤酸反应，分子中的羟基可被卤原子取代而生成卤代烃。如

$$R—OH + HX \longrightarrow 2R—X + H_2O$$

对同一种醇，反应速度是 HI ＞ HBr ＞ HCl；

当一级醇与氢碘酸 47% 一起加热就可生成碘代烃。

$$RCH_2OH + HI \xrightarrow[\triangle]{} RCH_2I + H_2O$$

与氢溴酸（48%）作用是必须在 H_2SO_4 存在下加热才能生成溴代烃。

$$RCH_2OH + HBr \xrightarrow[\triangle]{H_2SO_4} RCH_2Br + H_2O$$

与浓盐酸作用必须有氯化锌存在并加热才能生成氯代烃。

$$RCH_2OH + HCl \xrightarrow[\triangle]{ZnCl_2} RCH_2Cl + H_2O$$

对于同一种氢卤酸，反应速度是：叔醇＞仲醇＞伯醇。

例如，将醇与浓盐酸和氯化锌配成的溶液一同振摇，叔醇立即反应而析出卤代烃，仲醇在几分钟内可以反应，而伯醇则必须加热才能反应。反应的生成物卤代烃不溶于水，因此溶液分层或变浊，就表示反应的发生，从溶液分层或变浊的快慢，可以鉴别低级的伯、仲、叔醇。这个反应称为卢卡斯（Lucas）反应。浓盐酸和氯化锌配成的溶液称为卢卡斯试剂。但卢卡斯反应只适用于6个碳原子以下的醇。

3. 与无机含氧酸的反应　醇可与无机含氧酸反应，失去水而生成相应的无机酸酯。这一反应醇与无机含氧酸发生分子间脱水反应，反应中醇的碳氧键发生断裂，羟基被无机酸的负离子基团所取代，生成无机酸酯。

$$R—OH + H—A \rightleftharpoons R—A + H_2O$$

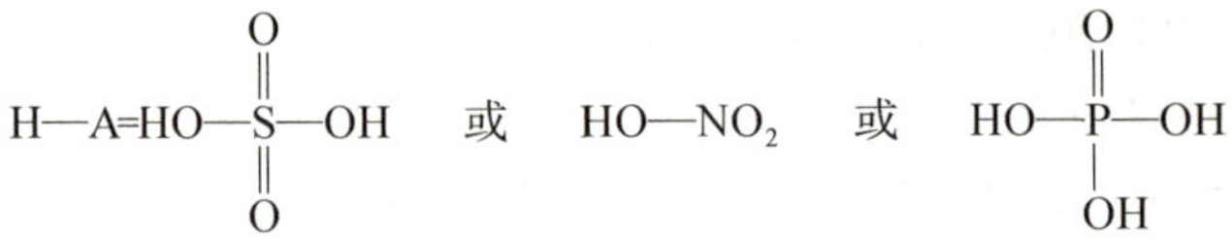

（1）与硫酸反应：

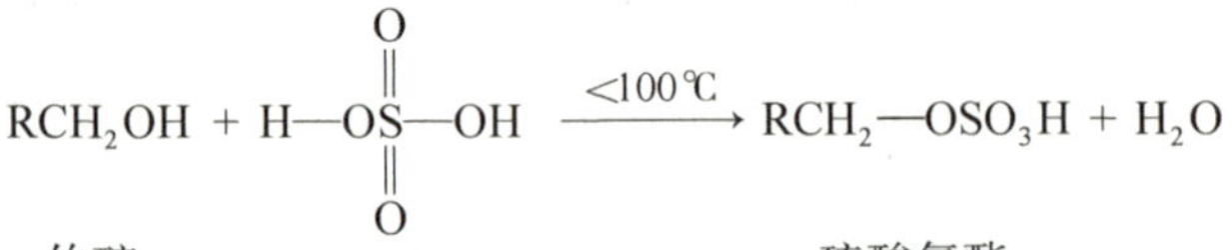

伯醇　　　　硫酸氢酯

十二醇的硫酸氢酯的钠盐是一种合成洗涤剂。

$$C_{12}H_{25}OH + H_2SO_4（浓）\xrightarrow{40 \sim 50℃} C_{12}H_{25}OSO_3H + H_2O$$

$$C_{12}H_{25}OSO_3H + NaOH \longrightarrow C_{12}H_{25}OSO_3Na + H_2O$$

十二烷基硫酸钠

硫酸氢甲酯和硫酸氢乙酯在减压下蒸馏变成中性的硫酸二甲酯和硫酸二乙酯，它们是很好的烷基化试剂。

$$2CH_3OSO_3H \xrightarrow{减压蒸馏} (CH_3)_2SO_4 + H_2SO_4$$

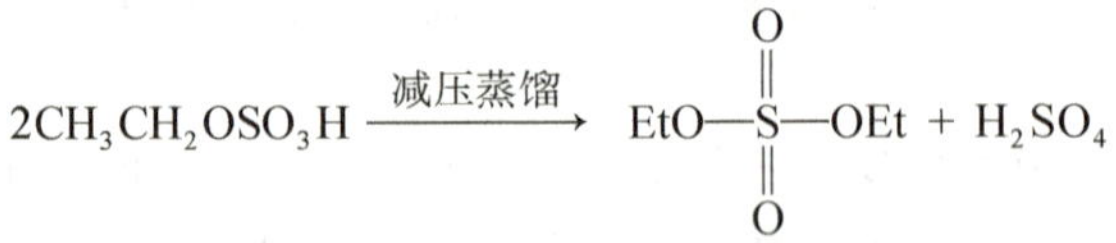

硫酸二甲酯有剧毒，对呼吸器官和皮肤都有强烈的刺激作用。

（2）与硝酸反应：HNO_3 能很快地和伯醇作用生成酯，和叔醇作用生成烯。硝酸酯有一个特性，那就是它受热会发生爆炸。所以在处理和制备硝酸酯时必须小心。

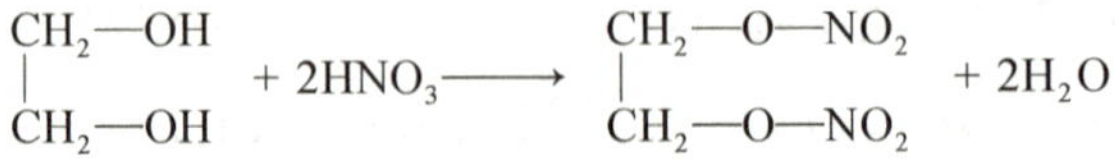

二硝酸乙二醇酯（炸药）

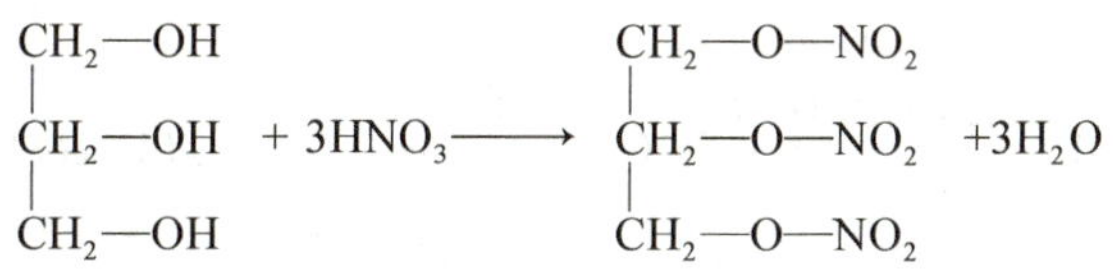

三硝酸甘油酯（炸药）

三硝酸甘油酯又称硝酸甘油，是诺贝尔发明的硝酸甘油炸药，遇到震动会发生强烈爆炸，也称为烈性炸药。医药上常用作缓解心绞痛的药物。

（3）与 H_3PO_4（$POCl_3$）反应：

$$H_3PO_4 + 3ROH \rightleftharpoons (RO)_3PO + 3H_2O \quad \text{逆反应更容易}$$

磷酸酯

一般磷酸酯是由醇和 $POCl_3$ 作用制得。

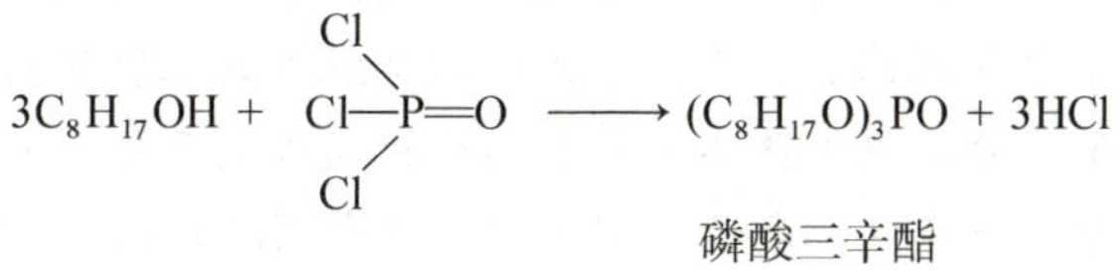

磷酸三辛酯

磷酸酯是一类很重要的化合物，常被用作萃取剂、增塑剂。

4. 脱水反应　醇在不同条件下可发生不同的脱水反应。

（1）分子内脱水：醇与过量浓硫酸在 170℃下作用，醇分子中的羟基与相邻碳原子上的氢脱去一分子水而形成烯烃。

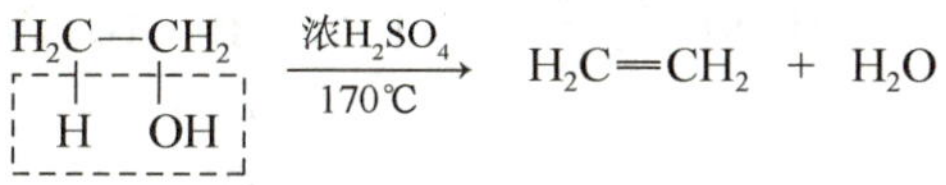

有机化合物在适当的条件下，由分子中脱去一个小分子（如 H_2O、HX 等），而生成含不饱和键化合物的反应称为消除反应（或消去反应）。仲醇、叔醇分子内脱水生成烯烃时，主要脱去含氢较少的 β- 碳上的氢原子，生成双键上有较多烃基的烯烃。这一经验规律称为札依采夫（Saytzeff）规则。

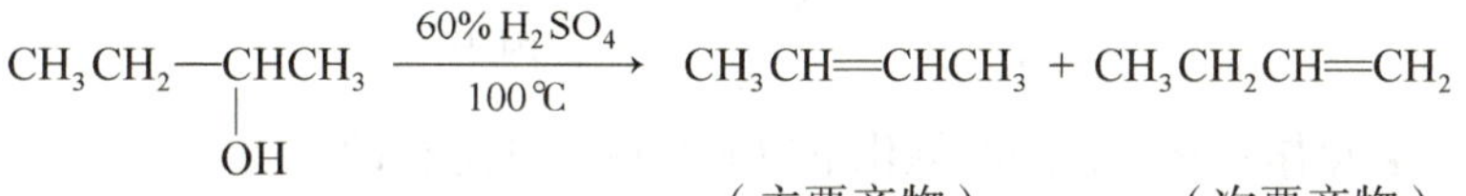

（主要产物）　　（次要产物）

（2）分子间脱水：浓硫酸与过量的醇在 140℃左右可以进行分子间的脱水反应，使两分子醇脱去一分子水而形成醚。

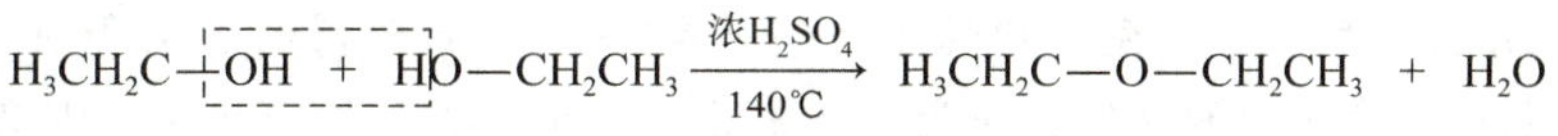

乙醚

5. 氧化反应　醇能被酸性的重铬酸钾氧化。伯醇氧化生成醛，并继续氧化生成羧酸；仲醇氧化生成酮；叔醇因为没有 α-H 一般难被氧化，而 $Cr_2O_7^{2-}$（橙红色）则被还原为 Cr^{3+}（绿色），可利用该反应鉴别伯醇、仲醇与叔醇。

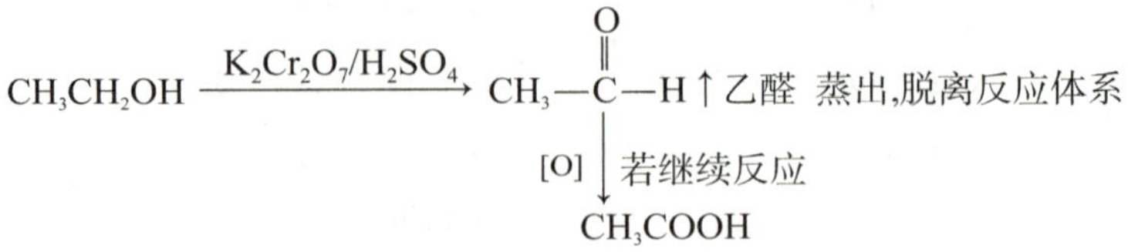

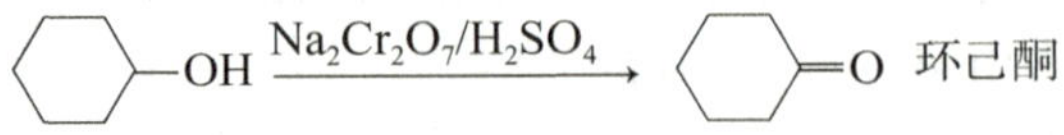

知识链接

酒精分析仪的化学原理

交警用于测试司机是否酒驾的酒精分析仪内装有经硫酸酸化处理过的强氧化剂三氧化铬，能快速地氧化乙醇，三氧化铬则被氧化为三价铬离子。当被测人员对准酒精分析仪呼气时，如果呼出的气体中含有乙醇蒸气，分析仪内橙红色的三氧化铬就会迅速与之反应，生成绿色的三价铬离子。分析仪中铬离子颜色的变化通过电子传感元件转化成电信号，并使酒精分析仪的蜂鸣器发出声响，表示被测者饮用过含酒精的饮料。

醇的氧化也可以脱氢的方式进行。例如，在铜或银的催化下，醇脱去两个氢原子而生成醛或酮。

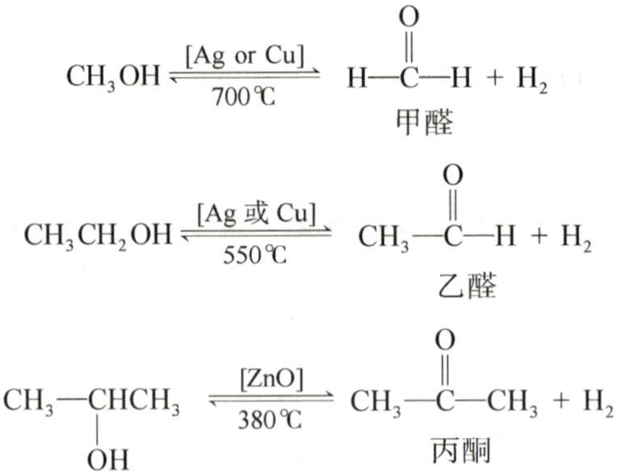

生物体内的氧化作用常是在酶的催化下以脱氢的方式进行的。

知识链接

为什么有的人喝酒会脸红?

简单来说，乙醇经乙醇脱氢酶催化，代谢得到乙醛。乙醛会进一步在乙醛脱氢酶的作用下转化为乙酸，乙酸会参与到体内的多个代谢途径中去，最终得到CO_2和H_2O排出体外。乙醛具有让毛细血管扩张的功能，而脸红正是脸部毛细血管扩张的原因。所以喝酒脸红意味着他们有高效的乙醇脱氢酶而没有乙醛脱氢酶。所以体内迅速积聚大量乙醛而迟迟不能代谢，出现中毒现象，如面红耳赤、头疼、心率加快，严重者可导致死亡。长期喝酒，会使乙醛脱氢酶活性降低，使肝脏乙醛浓度过高，损伤肝脏，引起疾病。

6. 多元醇的特性　多元醇具有与一元醇相似的化学性质，但由于分子中羟基数目的增多，产生了一些特殊的性质，如乙二醇、丙三醇等具有邻二羟基结构的多元醇，能与氢氧化铜发生反应生成深蓝色的铜盐。利用此反应可以鉴别具有邻二羟基结构的多元醇。

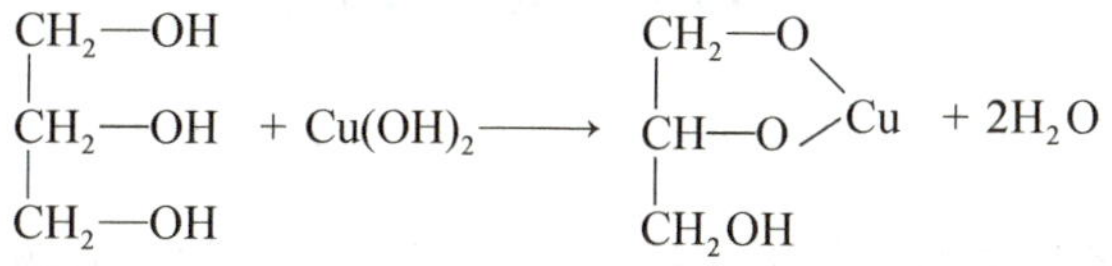

可溶性的甘油铜

实验结果表明，加入乙醇的试管无变化，而加入甘油的试管中，浅蓝色沉淀溶解，溶液变为深蓝色。

四 常见的醇

（一）甲醇

甲醇（CH_3OH）最初由木材干馏分离制得，故又称木醇或木精。甲醇为无色透明液体，有酒的气味，沸点为 64.5℃，能与水以任意比例互溶，也能与大多数有机溶剂混溶。甲醇主要用途是作为溶剂，但毒性很强，吸入甲醇蒸气或经皮肤渗透吸收均可引起中毒。若误服 10ml 可致失明，多量（30ml）可致死。

（二）乙醇

乙醇（CH_3CH_2OH），俗称酒精，是无色透明液体，沸点为 78.3℃，能与水和多数有机溶剂混溶，毒性小。乙醇的用途很广泛，能使细菌的蛋白质变性，在临床上常用 75% 的乙醇溶液作外用消毒剂。乙醇也常用作溶剂，用来溶解某些难溶于水的物质。在药剂上将生药或化学药品用不同液度的乙醇浸泡或溶解而制成的液体称为酊剂。例如，碘酊（俗称碘酒）就是碘和碘化钾（助溶剂）溶于乙醇而成。在制取中草药浸膏和提取其中的有效成分时，也常用到乙醇。在化妆品中，如香水、花露水、生发水等也利用乙醇水溶液作为溶剂，以增大香精等成分的溶解度而使其透明清澈，并增大挥发度。近几年来，我国规定在汽油中添加一定比例的乙醇，以缓解能源缺乏并减少汽车尾气对环境的污染。

（三）丙三醇

丙三醇 [$CH_2(OH)CH(OH)CH_2(OH)$] 俗称甘油，为无色黏稠而略有甜味的液体，能与水、乙醇以任意比例互溶。甘油的吸湿性很强，对皮肤、毛发具有保湿作用，护肤、护发用化妆品常添加一定量甘油作为保湿剂，但对皮肤略有刺激性，故使用时需要用水稀释。在药剂上，甘油可用作溶剂，如酚甘油、碘甘油等。临床上常用甘油栓剂或 50% 的甘油溶液灌肠治疗便秘。

知识链接

开 塞 露

临床上常用 55% 的甘油水溶液（开塞露）来灌肠以治疗便秘，就是利用甘油的高渗作用，软化大便，刺激肠壁，反射性地引起排便反应，再加上其具有润滑作用，能使大便容易排出，尤其适应于儿童及年老体弱者便秘的治疗。

（四）苯甲醇

苯甲醇（$C_6H_5—CH_2—OH$），又称苄醇，是最简单的芳香醇，有芳香气味。其沸点为 205℃，微溶于水，能与乙醇、乙醚等混溶。苯甲醇多用于香料中，可作为香料的溶剂，也可用于制备药品。苯甲醇具有轻度的麻醉作用和一定防腐效能，因此在制备药物针剂时，常加少量苯甲醇以增加镇痛和防腐作用。

第2节 酚

● 案例 8-2

患者，男，23岁，某厂工人。在液晶生产线测试时，抽吸管道泄漏，致苯酚烧伤到患者头、颈部。烧伤部位疼痛，皮肤呈暗红色，水肿有光泽，经现场抢救后送医院。50% 乙醇擦拭患处，10% 葡萄糖 500 ml 静脉滴注，并行抗炎治疗。

问题：1. 为什么苯酚烧伤部位会有有烧灼感、红肿等情况？

2. 为什么要用乙醇擦拭患处？

一 酚的概念、结构和分类

（一）酚的概念、结构

酚是芳香烃分子中芳环上的氢原子被羟基取代后生成的化合物。

酚和芳香醇结构上的不同是，芳香醇中羟基与芳环的侧链相连，而酚的结构特点是羟基与芳环直接相连。酚的羟基称为酚羟基，是酚的官能团，酚的通式可写作 Ar—OH。

（二）酚的分类

根据分子中所含酚羟基的数目不同，酚可分为一元酚、二元酚和多元酚。

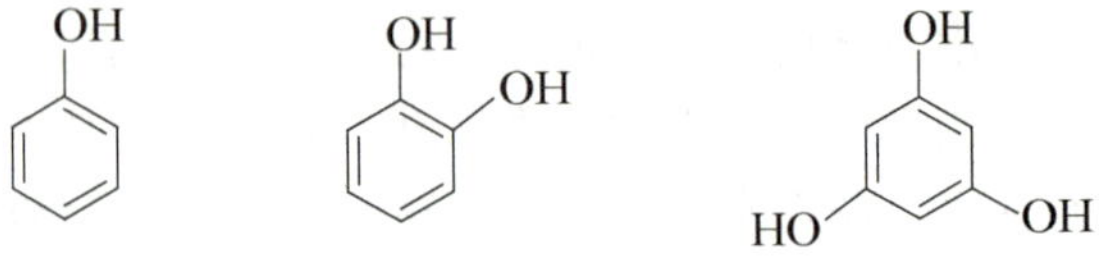

苯酚　　邻苯二酚　　对称苯三酚

二 酚的命名

酚的命名是在酚字之前加上芳香环的名称，以此作为母体，母体名称前再冠以取代基的位次、数目和名称。命名多元酚时，要标明酚羟基的相对位置。对结构复杂的酚类可将羟基作为取代基来命名。

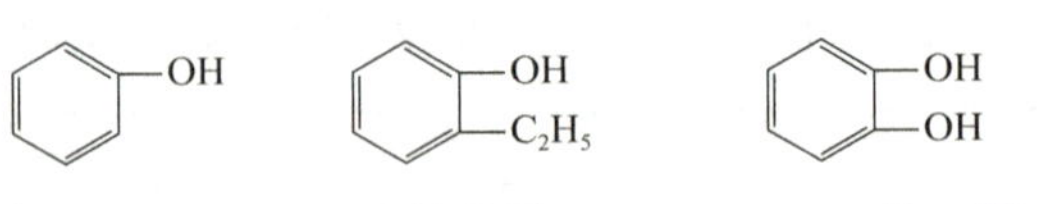

苯酚　　2-乙基苯酚　　1，2-苯二酚

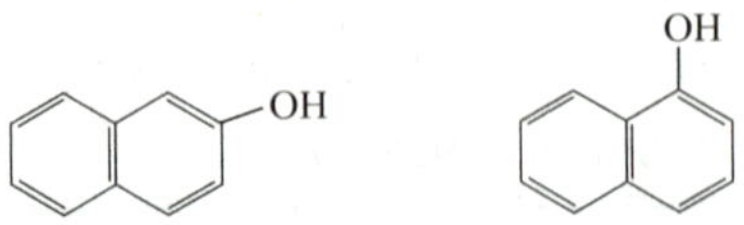

β-萘酚　　α-萘酚

三 酚的性质

酚含有酚羟基，能形成分子间氢键，故其沸点比相对分子质量相近的芳烃高。纯净的酚无色，但由于酚易被空气氧化，所以常带有不同程度的黄色或红色。酚具有特殊的气味，能溶于乙醇、乙醚、苯等有机溶剂。酚与水也能形成氢键，因此在水中有一定的溶解度，但溶解度不大，加热时易溶于水，多元酚易溶于水。苯酚有毒，对皮肤有腐蚀性，具有杀菌作用，是外科手术中使用最早的消毒药品。

虽然酚和醇都含有羟基，但由于酚羟基与醇羟基所连接的烃基不同，所以它们的化学性质有着明显的差异。

（一）弱酸性

酚羟基由于受苯环的影响而表现出酸性。苯酚除了能和活泼金属反应外，还能与氢氧化钠反应生成苯酚钠。

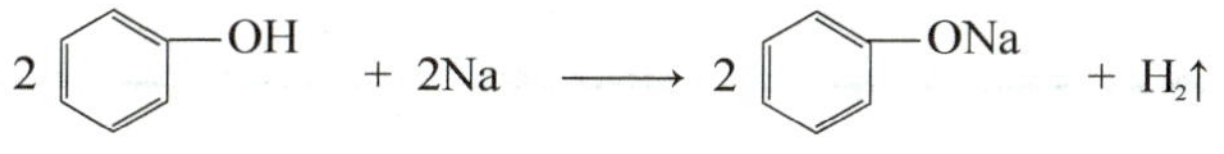

苯酚的酸性比碳酸还要弱，因此苯酚只能溶于氢氧化钠或碳酸钠溶液，不溶于碳酸氢钠溶液。向苯酚钠溶液中通入二氧化碳，酚即游离出来而使溶液变混浊。利用酚显弱酸性，可将酚从非酸性的化合物中分离出来。

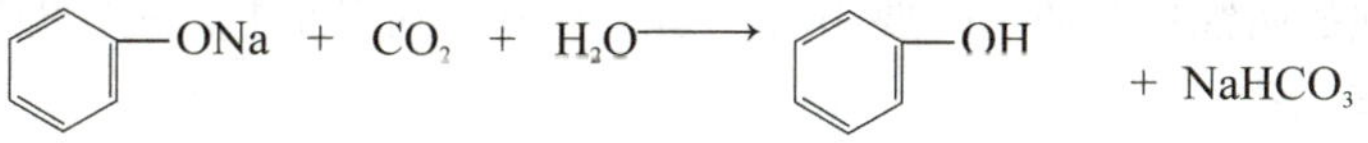

溶于水　　　　不溶于水

（二）与三氯化铁的显色反应

大多数酚类都能和三氯化铁溶液发生显色反应。例如，苯酚、间苯二酚、1，3，5-苯三酚显紫色；甲苯酚显蓝色；邻苯二酚、对苯二酚显绿色。

除酚类外，凡具有烯醇式（—C═C—OH）结构的有机物与三氯化铁溶液都发生显色反应。

（三）苯环上的取代反应

由于酚羟基使苯环活化，其邻、对位易发生卤代、硝化和磺化等取代反应。例如，苯酚极易发生卤代反应。

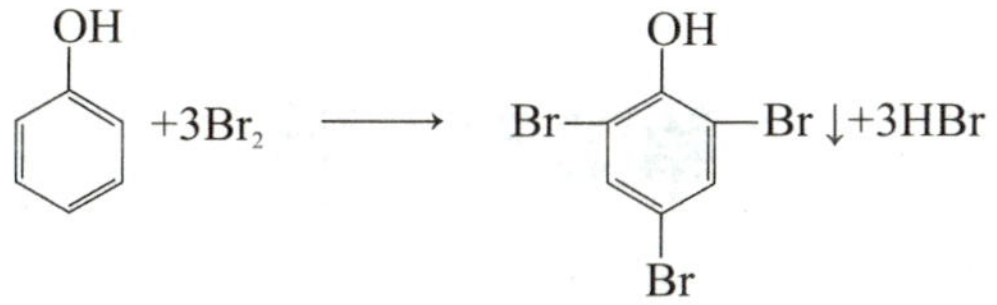

该反应非常灵敏，极稀的苯酚溶液可立即出现混浊，常用于苯酚的定性和定量分析。

（四）氧化反应

酚类很容易被氧化，无色的苯酚在空气中能逐渐被氧化而显红色或暗红色，产物很复杂。如果用酸性重铬酸钾做氧化剂，苯酚能被氧化成黄色的对苯醌。多元酚更容易被氧化，甚至在室温也能被弱氧化剂所氧化，因此在保存酚及含有酚羟基的药物时，应避免与空气接触，必要时须加抗氧化剂。

知识链接

苹果变色与酚的氧化

当苹果削好皮或切开后放置一会后，切口面的颜色就会由浅变深，最后变成深褐色。发生色变反应主要是由于这些植物体内存在着酚类化合物，如多元酚类、儿茶酚等。酚类化合物易被氧化成醌类化合物，即发生变色反应变成黄色，随着反应的量的增加颜色就逐渐加深，最后变成深褐色。

新鲜的香蕉、苹果、梨、茄子、马铃薯等果蔬被碰伤、切开或遭遇病害时，其组织中的酚暴露在空气中，容易在多酚氧化酶的催化下被氧化而产生不受欢迎的褐色或黑色，影响果蔬的感观和质量。

四 常见的酚

（一）苯酚

苯酚俗称石炭酸，是无色针状结晶，熔点为 43℃，沸点为 181℃。苯酚具有特殊气味，常温下微溶于水，温度高于 70℃时，能与水以任意比例混溶。苯酚可溶于乙醇、乙醚、苯等有机溶液。苯酚能凝固蛋白质，具有杀菌作用，在医药上常用作消毒剂。因苯酚有毒，其浓溶液对皮肤有强烈的腐蚀性，使用时要小心。如果不慎沾到皮肤上，应立即用乙醇溶液清洗，因苯酚易溶于乙醇。

（二）甲苯酚

甲苯酚简称甲酚，因来源于煤焦油，所以又称煤酚，其有邻、间、对 3 种异构体。由于沸点接近（191℃、202℃、202℃），不易分离，实际常使用其混合物。煤酚的杀菌能力比苯酚强，因为它难溶于水，能溶于肥皂溶液，故常配成 50% 的肥皂溶液（俗称“来苏尔”），用时加水稀释，用作器械消毒和环境消毒。

（三）苯二酚

苯二酚有邻、间、对 3 种异构体，为无色晶体。邻苯二酚俗称儿茶酚，肾上腺素是儿茶酚的衍生物，具有升高血压和止喘的作用。间苯二酚又称雷锁辛，具有杀灭细菌和真菌的能力，刺激性较小，在医药上用于治疗皮肤病，如湿疹、癣症等。对苯二酚又称氢醌，常以苷的形式存在于植物体内，常用作还原剂，还可用作抗氧剂。

第 3 节 醚

一 醚的概念、结构和命名

醚是一元醇的一种同分异构体，他的官能团是醚键（—O—），可以看作是醇和酚羟基中的氢原子被烃基取代，也可以看作烃基和烃氧基结合而成的化合物。

根据与氧原子相连的烃基的结构不同，可将醚分为单醚和混醚。与氧原子相连的 2 个烃基相同时称为单醚，如乙醚；2 个烃基不相同时称为混醚，如苯乙醚。

$C_2H_5—O—C_2H_5$	$C_6H_5—O—C_2H_5$
乙醚	苯乙醚

命名结构简单的醚时，采用普通命名法。命名单醚时，先写出与氧相连的烃基名称（基字常省去），再加上醚字即可，表示 2 个相同烃基的“二”字也可以省略。

$CH_3—O—CH_3$　　$C_6H_5—O—C_6H_5$

（二）甲醚　　（二）苯醚

命名脂肪混醚时，一般将较简单的烃基名称写在前面；命名芳香混醚时，则将芳香烃基的名称放在烷基的前面。

$CH_3—O—C_2H_5$　　$C_6H_5—O—CH_3$

甲乙醚　　苯甲醚

对于结构复杂的醚，采用系统命名法，将烃氧基当作取代基来命名。

$$\underset{\displaystyle\overset{|}{OCH_3}}{CH_3CH_2CH_2CHCH_2CH_3}$$

3- 甲氧基己烷

二 常见的醚

（一）乙醚

乙醚（$C_2H_5—O—C_2H_5$）为无色液体，沸点为 34.5℃，有特殊气味，易挥发，非常易燃，乙醚的蒸气与空气混合达一定比例时，遇火可引起爆炸，因此在控制和使用乙醚时，周围要避免明火，并采取必要的安全措施。乙醚比水轻，微溶于水，能溶解多种有机物，是一种良好的有机溶剂，常用于提取中草药的有效成分。乙醚有麻醉作用，曾用作吸入全身麻醉剂，由于可引起恶心、呕吐等副作用，现已被更高效安全的麻醉剂所替代。

（二）四氢呋喃

四氢呋喃（1，4- 环氧丁烷），为无色透明液体，有乙醚气味，沸点为 66℃，具有低毒、低沸点、流动性好等特点。四氢呋喃是环状结构，氧原子突出于环状外部，易与水形成氢键，能与水互溶。四氢呋喃是一种优良的溶剂，可用作橡胶、塑料等高分子材料的溶剂。在医药上，可用作合成许多药物如喷托维林（咳必清）、吡拉西坦（脑复康）等药物的原料。

知识链接

三碳醚汽油

经过多年的研究和试验，我国科学家成功将甲醇氧化成醚类物质二甲氧基甲烷（三碳醚），并将这种液态物质掺入汽油，从而混合出一种高效的醚类清洁汽油——二甲氧基甲烷汽油。这种新配方的醚类清洁汽油比乙醇汽油点燃速度更快、燃烧效率更高。与标准汽油比，加入二甲氧基甲烷的汽油减少了约 70% 一氧化碳和碳氢化合物的排放，减少了汽车尾气对 PM2.5 的贡献。

目标检测

一、单项选择题

1. 下列化合物中酸性最强的是（　　）

A. 碳酸　　B. 苯酚

C. 乙醇　　D. 甘油

2. 下列各组物质，能用氢氧化铜来鉴别的是（　　）

A. 甲醇和甲醚　　B. 乙醇和乙二醇

C. 甲醇和乙醇　　D. 甘油和乙二醇

3. 下列物质中，沸点最高的是（　　）

A. 乙烷　　B. 乙醚

C. 乙醇　　D. 甘油

4. 下列物质中，最易燃的是（　　）

A. 乙烯　　B. 乙醚

C. 苯　　D. 四氯化碳

5. 下列物质中，在水中溶解度最大的是(　　)

A. 乙烷　　B. 乙醚

C. 乙醇　　D. 乙苯

6. 2- 丁醇发生分子内脱水反应的主要产物是（　　）

A. 1- 丁烯　　B. 2- 丁烯

C. 1- 丁炔　　D. 丁烷

7. 下列物质中，可用于鉴别苯酚和苄醇的是（　　）

A. 硝酸银溶液　　B. 溴水

C. 碳酸　　D. 高锰酸钾溶液

8. 下列物质中，可用于鉴别正丁醇和叔丁醇的是（　　）

A. 硝酸银溶液　　B. 溴水

C. 氢氧化钠　　D. 重铬酸钾和稀硫酸

9. 下列物质中，不能使酸性高锰酸钾溶液褪色的是（　　）

A. 乙醇　　B. 乙醚

C. 乙烯　　D. 苯酚

10. 下列物质中，不能与苯酚反应的是（　　）

A. 三氯化铁溶液　　B. 氢氧化钠

C. 碳酸氢钠　　D. 高锰酸钾溶液

二、命名题

（一）写出下列化合物的名称

1. 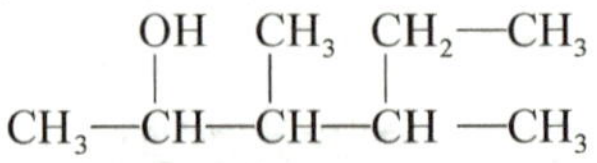

2. 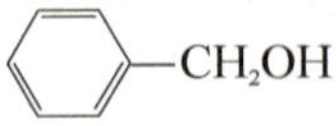

3. 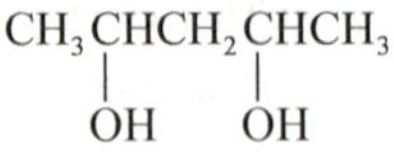

4. $CH_3—O—C_2H_5$

5. 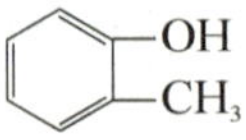

6. 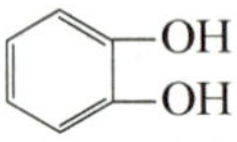

（二）写出下列化合物的结构简式

1. 甲醇　2. 苯乙醚　3. 苯酚　4. 1，3- 丙二醇

三、完成下列化学方程式

1. $CH_3OH + Na \longrightarrow$

2. 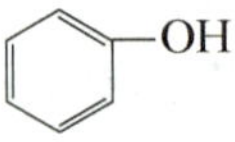 $+ \ Br_2 \longrightarrow$

3. $CH_3—CH_2—OH \xrightarrow[170℃]{浓硫酸}$

4. 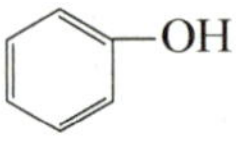 $+ \ NaOH \longrightarrow$

5. 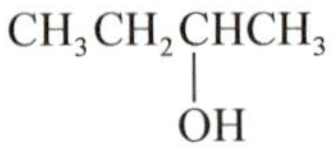 $\xrightarrow[100℃]{60\% \ H_2SO_4}$

四、鉴别题

1. 乙醇和丙三醇　　2. 苯酚和苄醇

3. 正丁醇和叔丁醇　4. 乙醇和乙醚

（马雅静）

第9章 醛和酮

● 案例 9-1

患者，男，55 岁，10 年前被诊断为“2 型糖尿病”，但因没有按规定服药，也未自己监测血糖，近一周出现食欲不振、恶心、呕吐、腹痛、体重下降等症状。入院检查，空腹血糖值为 27.8mmol/L，尿酮体呈阳性，尿液呈酸性。

问题：1. 糖尿病患者为什么尿液呈酸性？

2. 尿酮体检测呈阳性，说明尿液中含有什么物质？

3. 酮体包括哪些物质？

碳原子和氧原子以双键相结合的基团（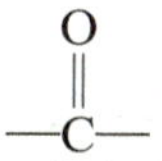）称为羰基，醛和酮都是含有羰基的化合物，统称为羰基化合物。羰基化合物广泛存在于自然界，它们既参与生物代谢过程，也是细胞代谢的基本成分；其中某些醛、酮还是药物合成的重要原料或反应中间体。

一 醛和酮的结构、分类

（一）醛和酮的结构

羰基与氢原子结合而成的基团称为醛基。醛基与烃基（或氢原子）结合而成的化合物称为醛，醛基是醛的官能团；羰基两端都与烃基结合而成的化合物称为酮，酮分子中的羰基也称为酮基，是酮的官能团。

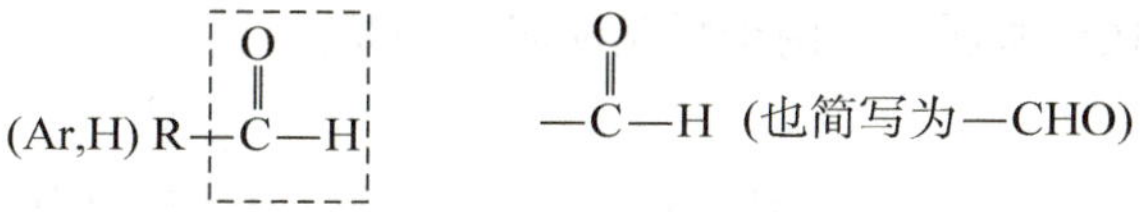

醛　　醛基

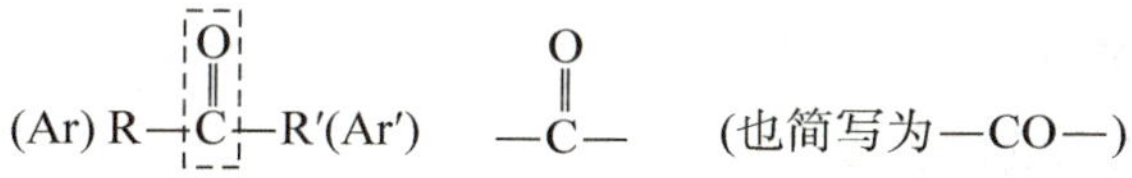

酮　　酮基

（二）醛和酮的分类

（1）根据醛基或酮基所连烃基的不同，可以把醛、酮分为脂肪醛（酮）、脂环醛（酮）和芳香醛（酮）。脂肪醛酮又可根据烃基的饱和程度不同，分为饱和醛、酮与不饱和醛、酮。例如：

脂肪醛、酮
- 饱和醛、酮　$CH_3CH_2—\overset{\overset{\large O}{\|}}{C}—H$　　$CH_3—\overset{\overset{\large O}{\|}}{C}—CH_2CH_3$
- 不饱和醛、酮　$CH_3CH{=}CHCHO$　　$CH_3COCH{=}CHCH_3$

脂环醛、酮　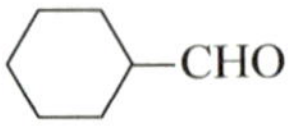　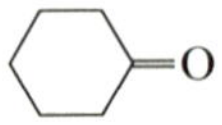

芳香醛、酮　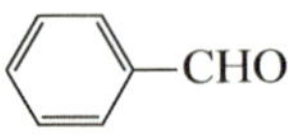　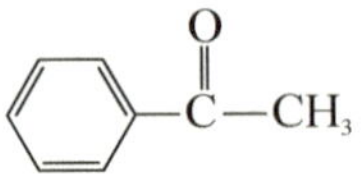

（2）根据分子中醛基或酮基数目不同，将醛、酮分为一元醛、酮和多元醛、酮。例如：

一元醛、酮　CH_3CH_2CHO　　$CH_3CH_2—\overset{\overset{\large O}{\|}}{C}—CH_3$

多元醛、酮　$OHCCH_2CH_2CH_2CHO$　　$CH_3—\overset{\overset{\large O}{\|}}{C}—CH_2—\overset{\overset{\large O}{\|}}{C}—CH_3$

（3）一元酮分子中，根据与羰基相连的两个烃基是否相同，将一元酮分为单酮和混酮。与羰基相连的两个烃基相同的称为单酮，不相同的称为混酮。例如：

单酮　$CH_3—\overset{\overset{\large O}{\|}}{C}—CH_3$　　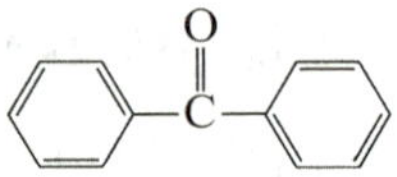

混酮　$CH_3CH_2—\overset{\overset{\large O}{\|}}{C}—CH_3$　　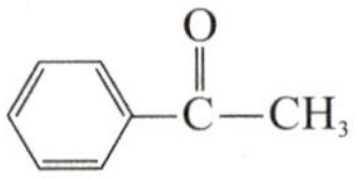

二　醛和酮的命名

（一）普通命名法

简单的醛和酮一般采用普通命名法。脂肪醛的命名按所含碳原子数称为“某醛”，脂肪酮的命名与醚相似，可按羰基所连的两个烃基命名。例如：

$HCHO$	CH_3CHO	$CH_3—\overset{\overset{\large O}{\|}}{C}—CH_2CH_3$
甲醛	乙醛	甲乙酮

（二）系统命名法

复杂的醛、酮采用系统命名法。

1. 脂肪醛、酮命名　选择含有羰基的最长碳链为主链，根据主链碳原子数目称为“某醛”或“某酮”；编号时从离羰基最近的一端开始，由于醛基总是处于碳链的首端，不必标明位次，而酮基位次必须标明；如有取代基，则将取代基的位次、数目和名称分别标在“某醛”或“酮基”位次之前。例如：

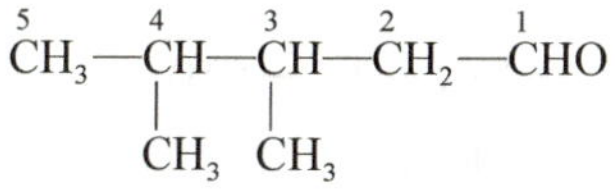
3，4- 二甲基戊醛

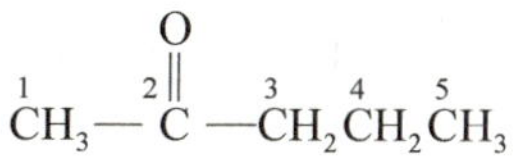
2- 戊酮

编号时，也可以采用希腊字母标注，与羰基相连的碳原子依次用 α、β、γ、δ……表示。

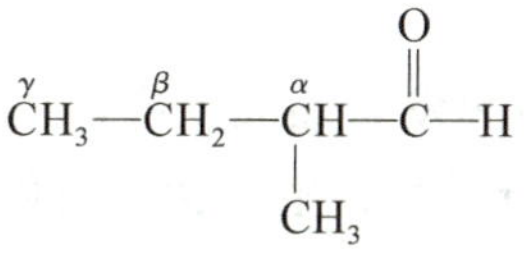
α- 甲基丁醛

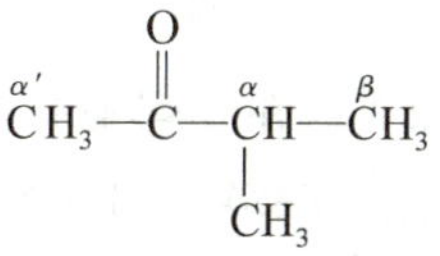
α- 甲基丁酮

2. 芳香醛、酮和脂环醛命名　以脂肪醛、酮为母体，将芳香烃基和脂环烃基作为取代基。脂环酮命名时，仅在前面加一个环字，若环上还有其他取代基，则从酮基起给环上碳原子编号，并使其取代基的位次最小。例如：

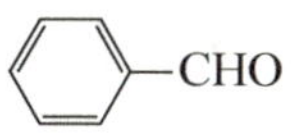
苯甲醛

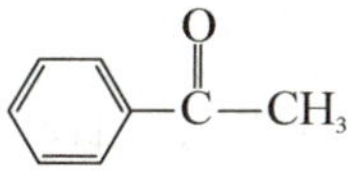
苯乙酮

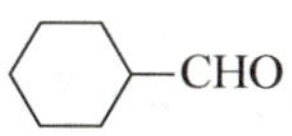
环己基甲醛

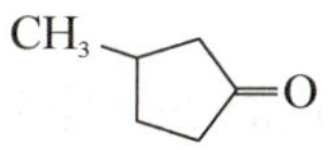
3-甲基环戊酮

三 醛和酮的性质

（一）醛和酮的物理性质

在室温下除甲醛是气体外，其余含 10 个碳原子以内的脂肪醛、酮均为液体，高级脂肪醛、酮和芳香醛、酮多为固体。醛、酮分子间不能形成氢键，因此其沸点比相应的醇低得多，但羰基是极性基团，分子间作用力较大，故其沸点比相应的烷烃要高。

由于羰基能与水分子之间形成氢键，故低级醛、酮易溶于水，如丙酮可以与水混溶；随着相对分子质量的增加，醛和酮的溶解性迅速降低，含 6 个碳原子以上的醛和酮几乎不溶于水，而易溶于乙醚、四氯化碳等有机溶剂中。醛和酮的相对密度都小于 1。

低级醛具有强烈的刺激性气味，中级（C_8 ~ C_{13}）酮在较低浓度时往往具有香味，可用于化妆品和食品工业。有些天然香料中都含有酮基，如樟脑、麝香等。

（二）醛和酮的化学性质

醛、酮分子中都含有羰基，所以这两类化合物具有许多相似的化学性质，主要表现在羰基的加成反应、α- 活泼氢的反应、还原反应及被强氧化剂（$KMnO_4$ 或 HNO_3）氧化的反应等；由于醛基与酮基的结构并不完全相同，在化学性质上存在一定差异，醛基中羰基上连有氢原子，受羰基影响，醛基中C—H键极性增强，易发生氧化反应，使醛表现出一些不同于酮的化学性质。

1. 醛、酮的相似性质　羰基（$\overset{\displaystyle O}{\overset{\|}{—C—}}$）的双键是由一个 σ 键与一个 π 键组成，与烯烃的双键相似，因此也容易发生加成反应。

（1）加氢反应：在有机化学中，加氢的反应也称为还原反应。在金属铂、钯或镍的催化下，醛、酮中的羰基与氢气发生加成反应生成相应的醇羟基，醛加氢还原生成伯醇，酮加氢还原生成仲醇。

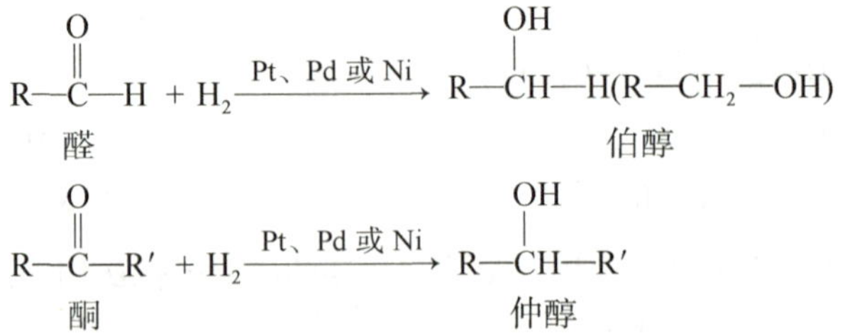

（2）与醇加成：在干燥氯化氢的催化下，醛能与醇发生加成反应生成不稳定的加成产物——半缩醛，然后继续与另一分子醇作用，脱去一分子水，生成稳定的化合物——缩醛。醛或酮与醇加成生成缩醛的反应称为缩醛反应。

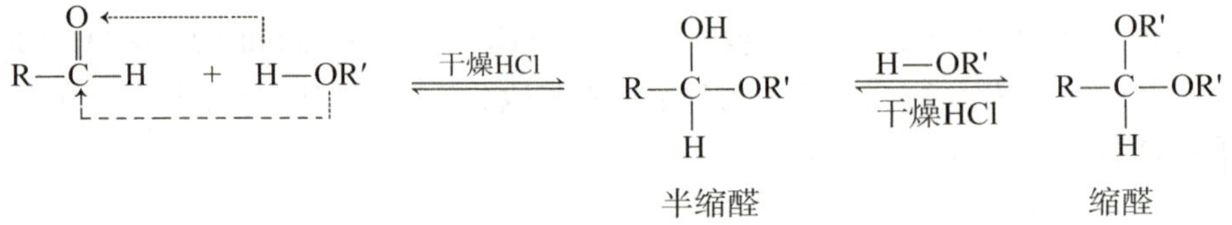

例如，乙醛和乙醇在干燥氯化氢作用下，生成二乙醇缩乙醛。

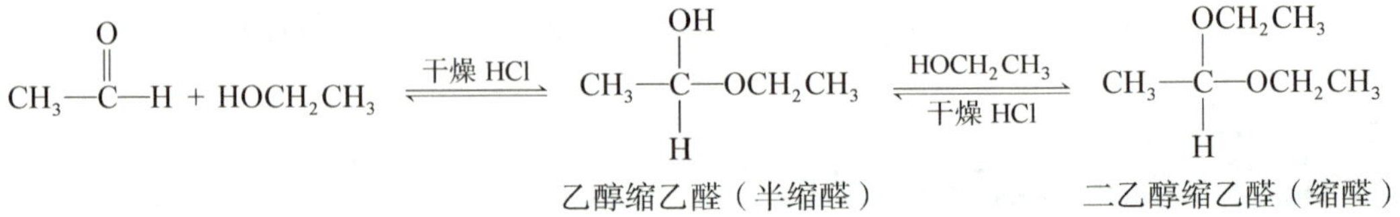

缩醛是具有花果香味的液体，性质与醚相似。缩醛在碱性溶液中比较稳定，在稀酸溶液中易水解为原来的醛和醇，因此在药物合成中常利用生成缩醛来保护醛基，使醛基在反应中不受破坏。酮也可以发生类似的反应，生成缩酮，但比醛困难。

（3）与氨的衍生物加成：醛、酮能与许多氨的衍生物如羟胺、肼、苯肼、2，4-二硝基苯肼、氨基脲等发生加成反应，反应并不停留在第一步，加成产物继续发生脱水形成含有碳氮双键的化合物，反应可用通式表示如下：（其中 H_2N—G 代表氨的衍生物）

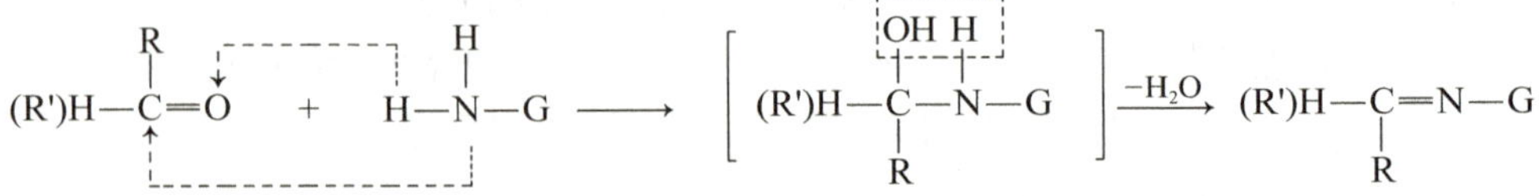

上述反应也可简单表示如下：

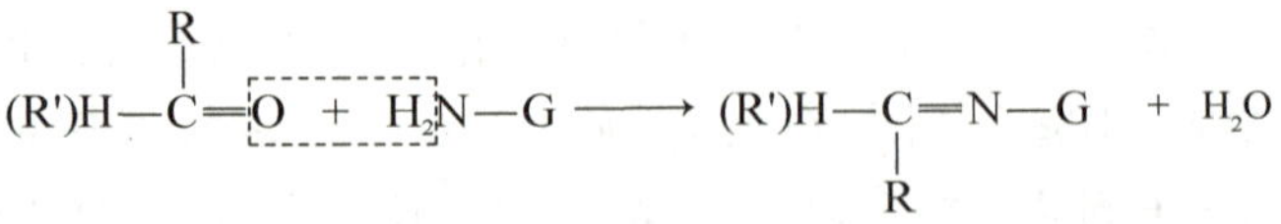

G 代表不同的取代基，几种常见的氨的衍生物及其与醛、酮反应的产物见表 9-1。

表 9-1　氨的衍生物及其与醛、酮反应的产物

氨的衍生物	加成缩合产物结构式及名称
H_2N—OH 羟胺	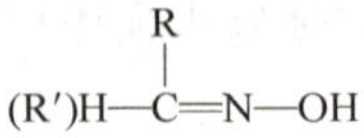 肟

续表

氨的衍生物	加成缩合产物结构式及名称
$H_2N—NH_2$ 肼	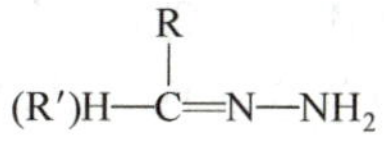 腙
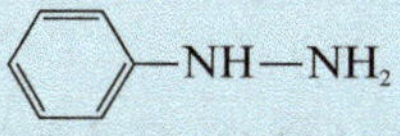 苯肼	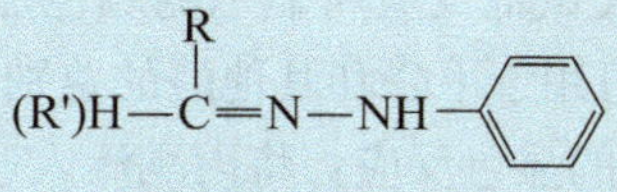 苯腙
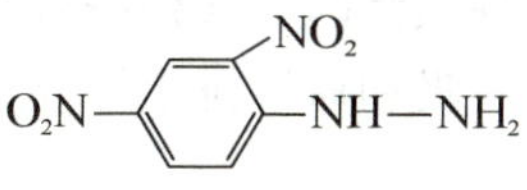 2,4-二硝基苯肼	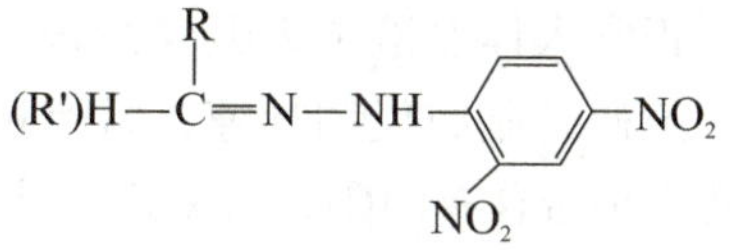 2,4-二硝基苯腙
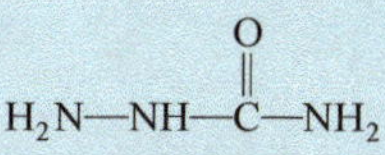 氨基脲	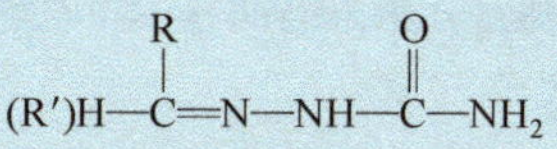 缩胺脲

氨的衍生物与醛、酮反应的产物大多是晶体，具有固定的熔点，测定其熔点就可以初步推断它是由哪一种醛或酮生成的。特别是 2，4- 二硝基苯肼几乎能与所有的醛、酮迅速反应，生成橙黄或橙红色的 2，4- 二硝基苯腙沉淀；因此经常用它鉴别醛、酮。此外，肟、腙等在稀酸作用下能够水解为原来的醛或酮，故也可用这一性质来分离和提纯醛、酮。

在药物分析中，常用氨的衍生物作为鉴定具有羰基结构的药物的试剂，所以把这些氨的衍生物称为羰基试剂。

2. 醛的特性反应　醛基上的氢原子由于受羰基的影响，变得相当活泼，所以醛除了能被强氧化剂氧化外，还能被弱氧化剂所氧化；酮分子中没有这样的活泼氢，不易被弱氧化剂氧化。常用的弱氧化剂主要有托伦（Tollens）试剂和斐林（Fehling）试剂。

（1）银镜反应：托伦试剂是由硝酸银与氨水反应得到的一种无色的银氨配合物，主要成分是 $[Ag(NH_3)_2]OH$，当它与醛共热时，醛被氧化为羧酸，Ag^+ 被还原为单质银附着在试管内壁上，形成明亮的银镜，故称为银镜反应。

$$(Ar)\ R—CHO + 2[Ag(NH_3)_2]OH \xrightarrow{\triangle} (Ar)\ R—COONH_4 + 2Ag\downarrow + 3NH_3 + H_2O$$

所有的醛都能与托伦试剂发生银镜反应，而酮不能，所以利用托伦试剂可以鉴别醛和酮。

（2）斐林反应：斐林试剂甲是硫酸铜溶液，斐林试剂乙是酒石酸钾钠与氢氧化钠的混合溶液，使用时将甲和乙等体积混合，摇匀，即得一种深蓝色溶液，称为斐林试剂（其主要成分是可溶性的 Cu^{2+} 的配合物）。斐林试剂能将脂肪醛氧化生成相应的酸，自身的 Cu^{2+} 还原成砖红色的氧化亚铜沉淀。甲醛因还原性强，能将 Cu^{2+} 还原成单质铜，附着在光滑的玻璃器壁上形成铜镜。

$$R—CHO + 2Cu^{2+} + 2OH^- \longrightarrow R—COO^- + Cu_2O\downarrow + H_2O$$

$$H—CHO + Cu^{2+} + 2OH^- \longrightarrow H—COO^- + Cu\downarrow + H_2O$$

只有脂肪醛能被斐林试剂氧化，芳香醛和酮都不能，因此可用斐林试剂鉴别脂肪醛和芳香醛，也可用来鉴别脂肪醛和酮。

3. 显色反应

（1）醛与希夫（Schiff）试剂的反应：将二氧化硫通入到红色的品红水溶液中，至红色刚好消失为止，所得的无色溶液称为品红亚硫酸试剂，又称为希夫试剂。醛与希夫试剂作用可显紫红色，而酮则不显色，这一显色反应相当灵敏，因此可用于鉴别醛和酮。

甲醛与希夫试剂反应所显示的颜色加硫酸后不消失，而其他醛生成的紫红色遇硫酸后褪色，故此方法可用于甲醛和其他醛的鉴别。

（2）丙酮的显色反应：将丙酮滴入亚硝酰铁氰化钠 $[Na_2Fe(CN)_5NO]$ 溶液和氢氧化钠的混合溶液中，溶液呈鲜红色，利用这一现象，可以鉴别丙酮。丙酮是人体中脂肪代谢的最终产物之一。正常人体血液中丙酮含量很低，但当人体代谢出现紊乱时，如糖尿病患者，由于体内糖代谢障碍，脂肪代谢加速，常有过量的丙酮产生，随呼吸和尿液排出体外。临床上检查患者尿液中是否含有丙酮，可采用上述方法。

四 重要的醛和酮

（一）甲醛

甲醛（HCHO）俗称蚁醛，在常温下是具有强烈刺激性气味的无色气体，沸点 -21℃，易溶于水，有毒，有凝固蛋白质的作用，因而具有杀菌和防腐功能。40% 的甲醛水溶液称为“福尔马林”，是常用的外科器械、污染物的消毒剂和保存动物标本的防腐剂。

甲醛在水溶液中以水合甲醛形式存在，不能分离出来。水合甲醛失水缩合即生成链状的多聚甲醛，这就是甲醛水溶液放置时间久了产生混浊或有白色沉淀的原因。甲醛水溶液中加入甲醇可防止甲醛聚合。

甲醛与浓氨水作用，可生成一种环状结构的白色晶体，称为环六亚甲基四胺（$C_6H_{12}N_4$），药品名为乌洛托品，易溶于水，有甜味，在医药上用作利尿剂及尿道消毒剂，治疗肾脏及尿路感染。

知识链接

甲醛对人的危害

新装修的房子或新购买的车，里面待久了就会有头昏脑胀、眼睛难受甚至流泪等不适症状，这就是“甲醛”在作怪。研究表明，甲醛具有强烈的致癌和促进癌变的作用。甲醛对人体健康有着极大的危害，是装修中的游离“杀手”之一。长期接触低剂量的甲醛可引起各种慢性呼吸道疾病；引起青少年记忆力和智力下降；引起鼻腔、口腔、咽喉、皮肤和消化道癌症；引起细胞核基因突变、抑制 DNA 损伤修复、女性月经紊乱、妊娠综合征、新生儿染色体异常等，甚至可以引起白血病。在所有接触者中，儿童、孕妇、老人由于抵抗力较低，对甲醛尤为敏感，危害也更大。

（二）乙醛

乙醛（CH_3CHO）也称醋醛，为无色、有刺激性气味、易挥发的液体，沸点为 21℃，易溶于水、乙醇和乙醚中。乙醛是重要的有机合成原料，可用于制造乙酸、乙醇等化合物。

乙醛也容易聚合，在酸的催化下可聚合成三聚乙醛，在医药上又称副醛，具有催眠作用，是比较安全的催眠药，无蓄积作用，不影响心脏与血管运动中枢，缺点在于具有不愉快的臭味，且经肺排出时臭味难闻。乙醛也可用于抗惊厥。

知识链接

三氯乙醛在临床的应用

乙醛的衍生物三氯乙醛易与水反应生成水合三氯乙醛，简称水合氯醛。水合氯醛为无色棱柱状晶体，有刺激性气味，味略苦，易溶于水、乙醇和乙醚。其10%的水溶液在临床上作为长时间作用的催眠药，用于失眠、烦躁不安及惊厥，它使用安全，不易引起蓄积中毒，是一种比较安全的催眠药和镇静药，但对胃有一定刺激性，常用灌肠法给药。

（三）苯甲醛

苯甲醛（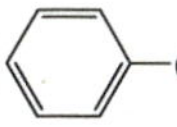—CHO）是最简单的芳香醛，常温下为无色液体，沸点为179℃，具有苦杏仁味，又称为苦杏仁精或苦杏仁油；微溶于水，易溶于乙醇和乙醚。苯甲醛常以结合态存在于水果中，如桃、杏、梅等许多果实的种子中，尤以苦杏仁中含量最高。

苯甲醛易被氧化，久置空气中即被氧化成白色的苯甲酸晶体，因此保存苯甲醛时常加入少量的对苯二酚作抗氧剂。

苯甲醛是有机合成中重要的原料，用于制备药物、香料和染料。

（四）丙酮

丙酮（$CH_3-\overset{O}{\overset{\|}{C}}-CH_3$）是最简单的脂肪酮。常温下是无色、易挥发、易燃的液体，具有特殊香味。其沸点为56.5℃，能与水、乙醚等混溶，并能溶解多种有机物，是一种良好的有机溶剂。丙酮是重要的有机合成原料，用来合成有机玻璃、环氧树脂、聚异戊二烯橡胶等产品，在医药工业中常用来制备氯仿和碘仿。

（五）樟脑

樟脑是一种脂环族酮类化合物，学名2-莰酮，结构如下：

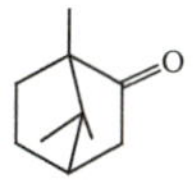

樟脑为无色半透明固体，具有穿透性特异芳香，味略苦而辛，并有清凉感，熔点为176～177℃，易升华，在常温下就可以挥发，不溶于水，能溶于醇和油脂中。樟脑是我国特产，产量居世界第一位。通常用水蒸气蒸馏法从樟树中提炼出来。

樟脑在医药上用途广泛，可用作呼吸循环兴奋药，有兴奋运动中枢、呼吸中枢及心肌的功效。100g/L的樟脑乙醇溶液称为樟脑酊，有良好的止咳功效。在清凉油、十滴水、消炎镇痛膏等药物中均含有樟脑，它还可用作驱虫防蛀剂。

知识链接

戊二醛的消毒作用

戊二醛被誉为继甲醛和环氧乙烷之后化学消毒灭菌剂发展史上的第三个里程碑。戊二醛属高效消毒剂，具有广谱、高效、低毒、对金属腐蚀性小、受有机物影响小、稳定性好等特点。戊二醛适用于医疗器械和耐湿忌热的精密仪器的消毒与灭菌。市售戊二醛主要有2%碱性戊二醛和2%强化酸性戊二醛两种。碱性戊二醛常用于医疗器械灭菌，pH7.5～8.5时，戊二醛的杀菌作用最强。酸性戊二醛pH低于5，对细菌芽胞的杀灭作用较碱性戊二醛弱，但对病毒的灭活作用较碱性戊二醛强，稳定性较碱性戊二醛好。

目标检测

一、填空题

1. 在催化剂铂、钯和镍的存在下，醛加氢还原生成________，酮加氢还原生成________。
2. 托伦试剂的主要成分是________，斐林试剂的主要成分是________。
3. 醛与托伦试剂的反应因有银生成，又称为________反应；斐林试剂只能跟________醛反应，不能与________醛和________反应。
4. 醛与希夫试剂作用显________色。
5. ________称为“福尔马林”，它在医学上用作________剂和________剂。
6. 羰基分别与________及氢相连接的化合物称为________；羰基与两个________相连的化合物称为________。

二、单项选择题

1. 鉴别乙醛和丙酮可选用的试剂是（　　）
   A. 托伦试剂
   B. 斐林试剂
   C. 亚硝酰铁氰化钠 +NaOH
   D. 三种都可以
2. 既能与氢发生加成反应又能与希夫试剂反应的是（　　）
   A. 丙烯　　B. 丙醛
   C. 丙酮　　D. 苯
3. 能与斐林试剂反应的是（　　）
   A. 丙酮　　B. 苯甲醇
   C. 2- 甲基丙醛　　D. 苯甲醛
4. 检查糖尿病患者尿液中的丙酮，可采用的试剂是（　　）
   A. 斐林试剂
   B. 希夫试剂
   C. 托伦试剂
   D. 亚硝酰铁氰化钠和氢氧化钠溶液
5. 生物标本防腐剂“福尔马林”的成分是（　　）
   A. 40% 甲醛水溶液
   B. 40% 甲酸水溶液
   C. 40% 乙醛水溶液
   D. 40% 丙酮水溶液
6. 醛与羟胺作用生成（　　）
   A. 肟　　B. 腙
   C. 苯腙　　D. 肼
7. 用来鉴别醛和酮的羟胺、肼、苯肼等试剂统称为（　　）
   A. 卢卡斯试剂　　B. 希夫试剂
   C. 羰基试剂　　D. 托伦试剂
8. 丁酮与氢加成生成（　　）
   A. 乙醛　　B. 丙酮
   C. 丁醇　　D. 2- 丁醇

三、写出下列化合物的名称

1. 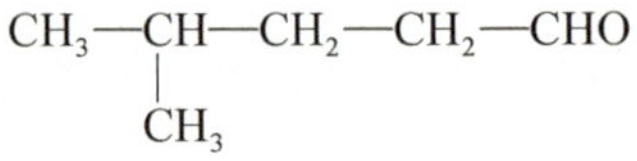

2. $CH_3-CH_2-CH_2-CHO$

3. 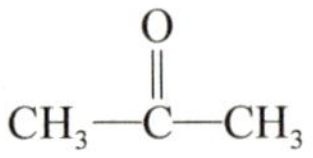

4. 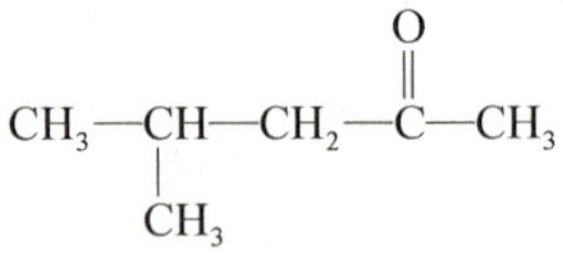

5. 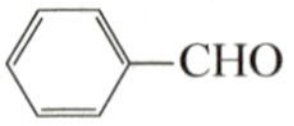

6. 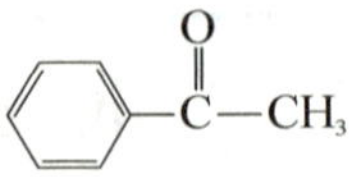

四、写出下列化合物的结构简式

1. 3- 甲基丁醛　2. 3，4- 二甲基 -2- 戊酮
3. 4- 甲基 -2- 己酮
4. 3- 苯基丙醛　5. 环己酮　6. 2- 甲基 -3- 乙基戊醛

五、写出下列反应的主要产物

1. $CH_3CHO + H_2 \xrightarrow{Ni}$

2. $CH_3-\overset{\overset{\displaystyle O}{\|}}{C}-CH_3 + H_2 \xrightarrow{Ni}$

3. $CH_3CHO + [Ag(NH_3)_2]OH \longrightarrow$

4. $CH_3-\overset{\overset{\displaystyle O}{\|}}{C}-CH_2CH_3 + NH_2-OH \longrightarrow$

六、用化学方法区别下列各组化合物

1. 丙醇、丙醛、丙酮
2. 甲醛、苯甲醛、丙酮
3. 苯酚、苯甲醛、苯甲醇

（陈　霞）

第 10 章　羧酸和取代羧酸

有机酸是一类具有酸性的有机物，官能团是羧基（—COOH），从结构上又可分为羧酸和取代羧酸。许多有机酸是生物代谢的重要物质，一些有机酸对某些疾病具有治疗作用。这类化合物对医药及生命活动具有重要意义。

第 1 节　羧　　酸

一　羧酸的结构和分类

（一）羧酸的结构

羧酸常以游离状态、盐或酯的形式广泛存在于动植物体中。羧酸可以看作烃分子中的氢原子被羧基取代后生成的化合物（甲酸除外）。羧酸的官能团是羧基（—COOH）。一元羧酸的结构通式为：

$$\text{(Ar)R}-\overset{\overset{\displaystyle O}{\|}}{C}-\text{OH} \quad \text{或简写为 (Ar)R—COOH}$$

（二）羧酸的分类

（1）根据烃基的不同，羧酸可分为脂肪酸、脂环酸和芳香酸。

（2）根据烃基是否饱和，羧酸可分为饱和脂肪酸和不饱和脂肪酸。

（3）根据分子中羧基的数目，羧酸可分为一元酸和多元酸。

二　羧酸的命名

羧酸的系统命名法与醛相似。

（一）饱和脂肪酸的命名

选择包括羧基在内的最长碳链作为主链，根据主链碳原子数称为“某酸”，从羧基碳原子开始编号，确定其他取代基的位次。取代基的位次可用阿拉伯数字表示，也可用希腊字母

羧酸		一元酸	二元酸
脂肪酸	饱和酸	CH_3COOH 乙酸	$COOH$ | $COOH$ 乙二酸
	不饱和酸	$CH_2{=}CH{-}COOH$ 丙烯酸	$CH{-}COOH$ ‖ $CH{-}COOH$ 丁烯二酸
脂环酸		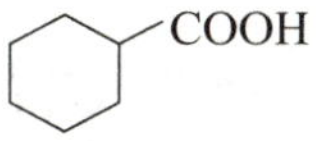 环己基甲酸	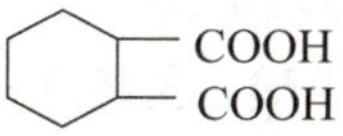 1，2-环己基二甲酸
芳香酸		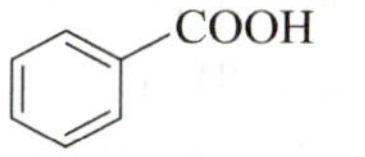 苯甲酸	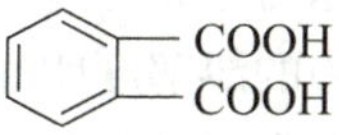 邻苯二甲酸

表示，与羧基直接相连的碳原子定为 α 位，依次为 β、γ、δ……，碳链末端有时也用 ω 表示。例如：

$$\overset{3}{\underset{\beta}{CH_3}}{-}\overset{2}{\underset{\alpha}{CH}}(CH_3){-}\overset{1}{COOH}$$

2-甲基丙酸
（α-甲基丙酸）

$$\overset{5}{\underset{\delta}{CH_3}}{-}\overset{4}{\underset{\gamma}{CH}}(CH_3){-}\overset{3}{\underset{\beta}{CH_2}}{-}\overset{2}{\underset{\alpha}{CH}}(CH_3){-}\overset{1}{COOH}$$

2，4-二甲基戊酸
（α，γ-二甲基戊酸）

（二）不饱和脂肪酸的命名

选择含羧基和不饱和键在内的最长碳链为主链，从羧基碳原子开始编号，并注明双键的位置，称为“某烯酸”。主链碳原子数大于 10 时，母体称为“碳烯酸”。例如：

$$CH_3{-}CH_2{-}C(CH_3){=}CH{-}COOH$$

3- 甲基- 2- 戊烯酸

$$CH_3(CH_2)_7CH{=}CH(CH_2)_7COOH$$

9- 十八碳烯酸（油酸）

（三）脂环酸和芳香酸的命名

通常以脂肪酸为母体，将脂环烃或芳香烃作为取代基。例如：

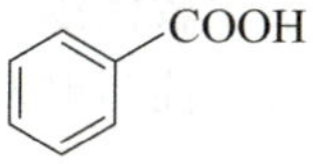

苯甲酸（安息香酸）

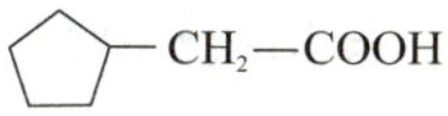

环戊基乙酸

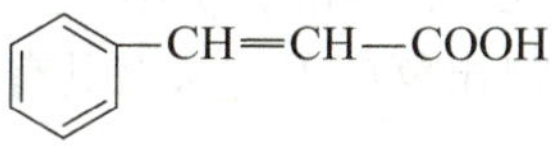

3-苯基丙烯酸（肉桂酸）

（四）二元羧酸的命名

选择包括两个羧基在内的最长碳链作为主链，按主链的碳原子数称为“某二酸”。例如：

乙二酸（草酸）　　丁二酸（琥珀酸）　　邻苯二甲酸

许多羧酸可以从天然产物中获得，因此常根据它们最初的来源和性质命名，采用俗名法。例如，甲酸（HCOOH）最初由蒸馏红蚂蚁而来，因而取名蚁酸；乙酸（CH_3COOH）最初由食醋中获得，故而又名醋酸；丁酸存在于奶油中，称为酪酸；十八酸存在于油脂中，称为硬脂酸等。

三　羧酸的性质

（一）物理性质

常温下，甲酸、乙酸和丙酸是具有刺激性气味的液体，易溶于水；丁酸至壬酸是有腐败气味的油状液体，部分溶于水；癸酸以上的羧酸是蜡状固体，不溶于水。脂肪族二元酸和芳香酸为结晶型固体。

羧酸能与水分子形成氢键，低级脂肪酸能与水以任意比例混溶，但随着相对分子质量的增加，其在水中的溶解度明显降低，以至难溶或不溶于水，但能溶于有机溶剂。

羧酸的沸点高于相对分子质量相近的醇的沸点。例如，甲酸和乙醇的相对分子质量相同，但乙醇的沸点为78.5℃，而甲酸的沸点为100.5℃。这是因为羧酸分子间能形成两个氢键缔和成稳定的二聚体，羧酸分子间的这种氢键比醇分子间的氢键更稳定。

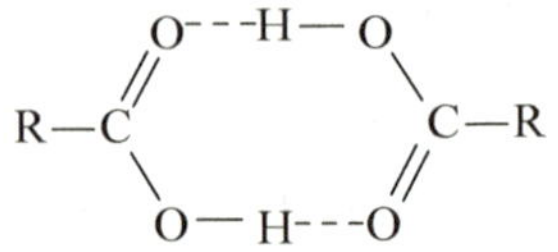

羧酸分子间的氢键

（二）化学性质

羧酸的官能团是羧基（—COOH），包括羰基（$-\overset{\overset{\text{O}}{\|}}{\text{C}}-$）和羟基（—OH）两个部分，因而不同程度地反映了羰基和羟基的某些性质。但羧基的化学性质并不是羰基和羟基性质的简单加和，而是这两个基团相互影响的结果。羧酸可发生反应的主要部位如下：

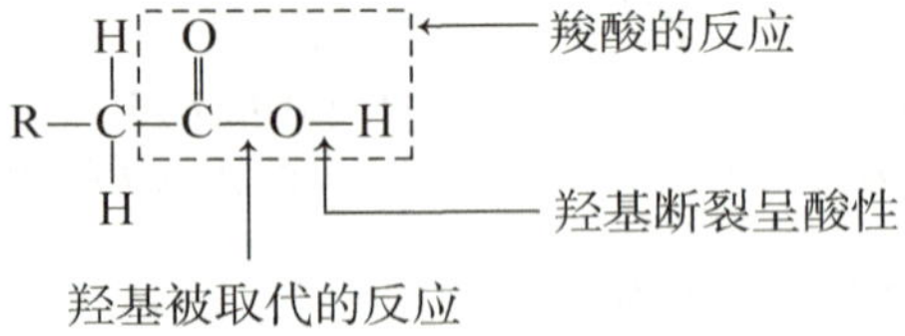

1. 酸性　在羧酸分子中，羧基中羟基上的氢原子因受羰基的影响比较活泼，在水溶液中能部分解离出氢离子，从而具有弱酸性。其水溶液能使石蕊试液变红，能与碱发生中和反应生成盐和水。

$$RCOOH \rightleftharpoons RCOO^- + H^+$$

羧酸是弱酸，其酸性比盐酸、硫酸等强无机酸的酸性弱得多，但比碳酸和一般酚类的酸性都强，因此羧酸能与碳酸钠、碳酸氢钠反应放出二氧化碳，但酚不能，利用这个性质可以鉴别羧酸和酚类化合物。

$$2RCOOH + Na_2CO_3 \longrightarrow 2RCOONa + CO_2\uparrow + H_2O$$

$$RCOOH + NaHCO_3 \longrightarrow RCOONa + CO_2\uparrow + H_2O$$

羧酸、碳酸、酚和乙醇的酸性顺序为：

	RCOOH	>	H_2CO_3	>	C_6H_5OH	>	H_2O	>	C_2H_5OH
pK_a	4 ~ 5		6.4		10		15.7		17

知识链接

羧酸的钠盐、钾盐及铵盐易溶于水，故医药上常将一些水溶性差的含羧基药物制成羧酸盐，增加其在水中的溶解性，以便配制水剂或注射液使用，扩大应用范围。如常用的抗生素青霉素钾或青霉素钠。

2. 羧酸衍生物的生成　羧酸分子中羧基上的羟基在一定条件下，可被卤素（—X）、酰氧基（—OOCR）、烃氧基（—OR）和氨基（—NH_2）取代，分别生成酰卤、酸酐、酯和酰胺等羧酸衍生物。

（1）酰卤的生成：羧酸分子中羧基上的羟基被卤素取代的产物称为酰卤。羧酸与三氯化磷、五氯化磷或亚硫酰氯（$SOCl_2$）反应时，羧基上的羟基被氯原子取代生成相应的酰氯。

$$3R-\overset{\overset{O}{\|}}{C}-OH + PCl_3 \longrightarrow 3R-\overset{\overset{O}{\|}}{C}-Cl + H_3PO_3$$

$$R-\overset{\overset{O}{\|}}{C}-OH + PCl_5 \longrightarrow R-\overset{\overset{O}{\|}}{C}-Cl + POCl_3 + HCl\uparrow$$

$$R-\overset{\overset{O}{\|}}{C}-OH + SOCl_2 \longrightarrow \underset{\text{酰氯}}{R-\overset{\overset{O}{\|}}{C}-Cl} + SO_2\uparrow + HCl\uparrow$$

（2）酸酐的生成：羧酸（甲酸除外）与脱水剂（P_2O_5 等）共热，两分子羧酸脱去一分子水生成酸酐。

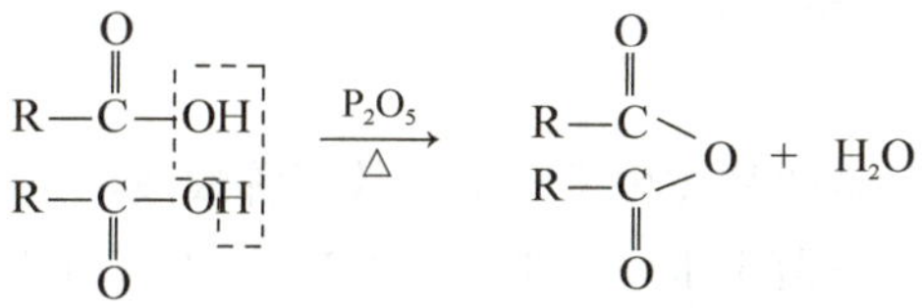

（3）酯的生成：在强酸（如硫酸等）的催化下，羧酸与醇作用，分子间脱水生成酯的反应称为酯化反应。

在酯化反应中，羧酸脱去羧基上的羟基，醇脱去羟基氢原子。

$$R-\overset{\overset{O}{\|}}{C}-OH + HO-R' \overset{H^+}{\rightleftharpoons} R-\overset{\overset{O}{\|}}{C}-O-R' + H_2O$$

酯化反应是可逆反应，而且反应速率很慢，需要用酸作催化剂；为了提高产率，可以增加某种反应物的浓度或及时将产物蒸出。例如：

$$\underset{\text{乙酸}}{CH_3-\overset{\overset{O}{\|}}{C}-OH} + \underset{\text{乙醇}}{HO-C_2H_5} \overset{H^+}{\rightleftharpoons} \underset{\text{乙酸乙酯}}{CH_3-\overset{\overset{O}{\|}}{C}-O-C_2H_5} + H_2O$$

（4）酰胺的生成：酰胺是羧酸分子中羧基上的羟基被氨基（—NH_2）取代生成的产物。羧酸与氨反应生成羧酸铵，铵盐加热分子内脱水生成酰胺。

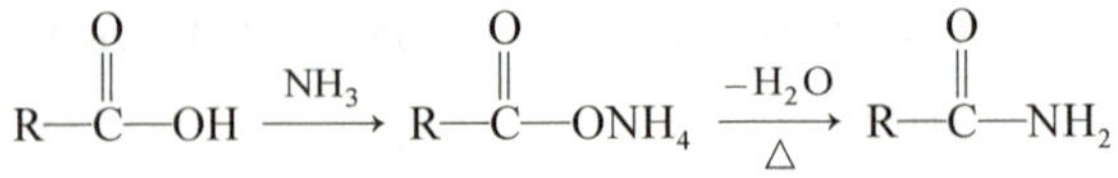

3. 脱羧反应　羧酸分子脱去羧基放出 CO_2 的反应称为脱羧反应。

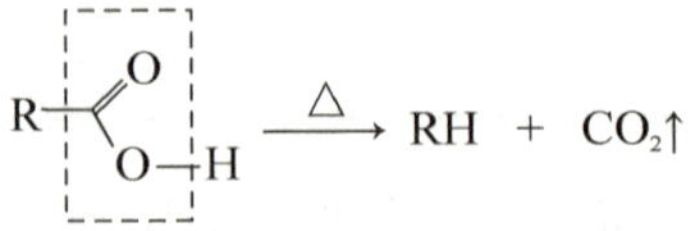

除甲酸外，一元羧酸比较稳定，通常不发生脱羧反应，但在特殊条件下，如羧酸的碱金属盐与碱石灰（NaOH/CaO）共热，脱羧生成比原羧酸少一个碳原子的烃。例如：

$$CH_3COONa \xrightarrow[\triangle]{NaOH+CaO} CH_4\uparrow + Na_2CO_3$$

二元羧酸对热比较敏感，易脱羧。不同的二元羧酸加热的产物不同。例如，将乙二酸加热到 150℃，则分解放出 CO_2 生成甲酸。丁二酸加热脱水生成环状酸酐。

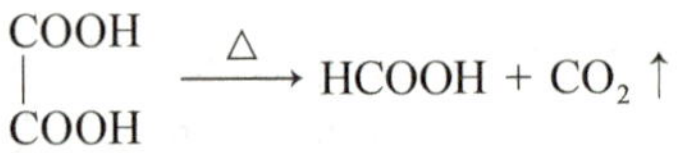

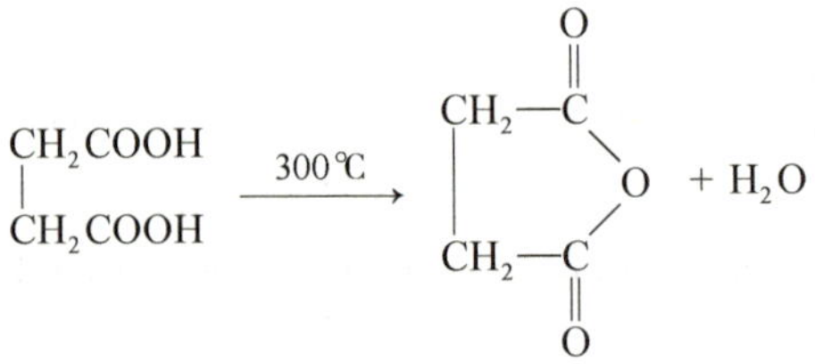

脱羧反应是一类非常重要的生化反应。生物体内许多脱羧反应由于脱羧酶的催化作用，在体温下就可顺利进行。

四 常见的羧酸

（一）甲酸

甲酸（HCOOH）最早是从蚂蚁体内发现的，故俗称蚁酸。甲酸是无色、有强烈刺激性气味的液体，沸点为 100.5℃，易溶于水。在饱和一元羧酸中，甲酸的酸性是有机酸中酸性最强的，并具有很强的腐蚀性。被蚂蚁或蜂类蜇伤会引起皮肤红肿和疼痛，在患处涂上一些稀氨水、$NaHCO_3$ 稀溶液或肥皂水，均可起到止痛、止痒的作用。

甲酸的结构比较特殊，分子中的羧基直接与氢原子相连，既具有羧基的结构，又具有醛基的结构。

因此，甲酸既有羧酸的性质，又有醛的还原性，可以被托伦试剂、斐林试剂等弱氧化剂氧化，也可使高锰酸钾褪色。利用这些性质可以鉴别甲酸。

（二）乙酸

乙酸（CH_3COOH）俗称醋酸，是食醋的主要成分。乙酸为无色有刺激性气味的液体，熔点为 16.6℃，沸点为 118℃。乙酸在 16.6℃以下能凝结成冰状固体，所以常把无水乙酸称为冰醋酸。

医药上通常把乙酸的稀溶液（0.5% ~ 2%）作为消毒防腐剂，用于灼伤或烫伤感染的创面洗涤。乙酸是重要的工业原料，可以合成许多有机物。例如，醋酸纤维、乙酐、乙酸乙酯等。

（三）乙二酸

乙二酸（HOOC－COOH）俗称草酸，是最简单的二元羧酸，常以盐的形式存在于草本植物中。草酸是无色晶体，通常含两分子结晶水，溶于水和乙醇。加热至 100℃，失去结晶水得到无水草酸。草酸的熔点为 189℃，加热到 150℃，则发生脱羧反应。

二元羧酸的酸性比一元羧酸强，草酸的酸性比其他二元羧酸强。草酸还具有还原性，能被高锰酸钾溶液氧化生成 CO_2 和 H_2O，分析化学中常用草酸钠标定高锰酸钾溶液的浓度。高价铁盐可被草酸还原为易溶于水的低价铁盐，所以可用草酸溶液除去铁锈或蓝黑墨水的污渍。

（四）苯甲酸

苯甲酸（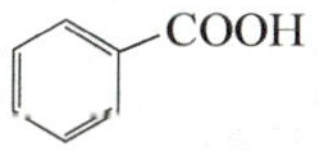

）俗称安息香酸，是最简单的芳香酸，存在于安息树脂及多种树脂中。

苯甲酸是无味的白色结晶，熔点为 121.7℃，微溶于水，受热易升华。苯甲酸有抑菌、防腐作用，且毒性较低，故苯甲酸及其钠盐广泛用作食品、药物和日用品的防腐剂。

第2节 取代羧酸

一 取代羧酸的概念和分类

羧酸分子中烃基上的氢原子被其他原子或原子团取代后的化合物称为取代羧酸，简称为取代酸。根据取代基的种类不同，可分为羟基酸、酮酸（羰基酸）、氨基酸、卤代酸等。本节主要讨论羟基酸和酮酸。

二 羟基酸、酮酸的结构和命名

（一）羟基酸

1. 羟基酸的结构　羧酸分子中烃基上的氢原子被羟基取代后的化合物称为羟基酸。羟基和羧基都是羟基酸的官能团。

2. 羟基酸的分类和命名　根据羟基所连的烃基的不同，可分为醇酸和酚酸。羟基连在脂肪碳链上的称为醇酸；羟基连在芳香环上的称为酚酸。

羟基酸的命名是以羧酸为母体，把羟基看作取代基来命名。选择含羧基和羟基相连的碳原子在内的最长碳链为主链，编号从羧基碳原子开始，用阿拉伯数字或希腊字母依次编号，称为“某酸”，把羟基的位置、数目、名称标在“某酸”之前，酚酸还可以用邻、间、对来表示羟基的位置。许多羟基酸是天然产物，也常根据来源用其俗名。几种常见羟基酸的结构和命名见表10-1。

表10-1　几种常见羟基酸的结构和命名

类别	结构式	系统命名	俗名
	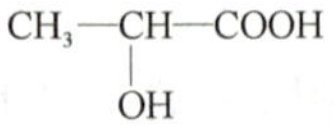	2-羟基丙酸 （α-羟基丙酸）	乳酸
醇	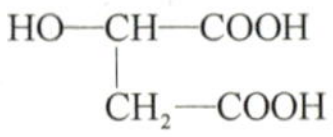	2-羟基丁二酸 （α-羟基丁二酸）	苹果酸
酸	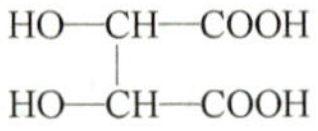	2，3-二羟基丁二酸 （α，β-二羟基丁二酸）	酒石酸
	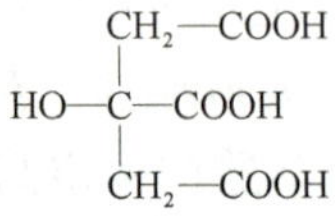	3-羟基-3-羧基戊二酸 （β-羟基-β-羧基戊二酸）	柠檬酸
酚	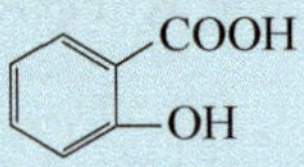	α-羟基苯甲酸 （邻羟基苯甲酸）	水杨酸
酸	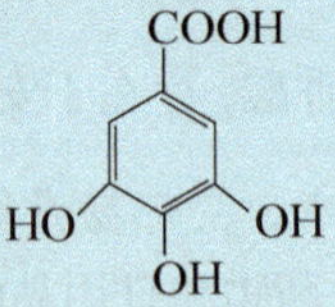	3，4，5-三羟基苯甲酸	没食子酸

（二）酮酸

酮酸是一类在生物体内有重要作用的有机酸，在氨基酸新陈代谢和维持氧化还原状态的过程中起一个中心作用。

1. 酮酸的结构　酮酸可以看作羧酸分子中烃基上同一个碳原子的两个氢原子被氧原子取代后生成的化合物，分子中既含有酮基，又含有羧基。最简单的酮酸是丙酮酸。

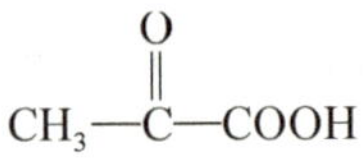

丙酮酸

2. 酮酸的命名　酮酸的命名是以羧酸为母体，选择包括羧基和酮基在内的最长碳链作为主链，称为“某酮酸”，从羧基开始编号，酮基的位置用阿拉伯数字或希腊字母标出。例如：

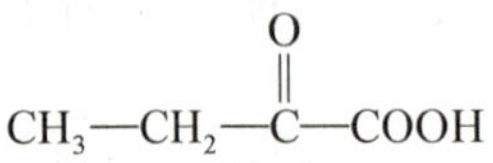

α-丁酮酸

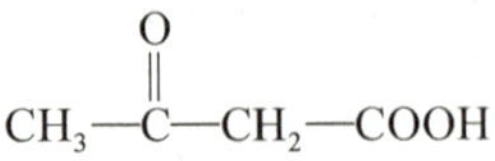

β-丁酮酸

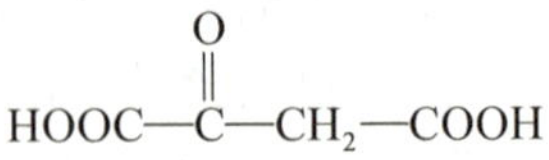

α-丁酮二酸（草酰乙酸）

酮酸在医学上较为重要，特别是α-酮酸和β-酮酸，它们是人体内糖、脂肪和蛋白质等代谢过程中产生的中间产物。

三 常见的羟基酸和酮酸

（一）乳酸

乳酸（$\begin{array}{l}CH_3-CH-COOH\\ \qquad\quad |\\ \qquad\; OH\end{array}$），因最初是在酸牛奶中发现的，所以称为乳酸。纯净的乳酸是无色或淡黄色黏稠的液体，熔点为18℃，有强吸水性，可溶于水、乙醇和乙醚。它也是肌肉中糖原的代谢产物，人在剧烈运动时，肌肉产生大量的乳酸，因此会感到酸胀。休息后肌肉中的乳酸就转化为水、二氧化碳和糖类，酸胀感消失。乳酸广泛用于食品、饮料、医药及皮革工业。乳酸可用作食品、饮料中的酸味剂。医药上，乳酸可作为消毒剂和外用防腐剂，用于治疗阴道滴虫；其钙盐用作治疗佝偻病的缺钙症，钠盐用作解除酸中毒的解毒剂。

（二）苹果酸

苹果酸（$\begin{array}{l}HO-CH-COOH\\ \qquad\; |\\ \qquad CH_2-COOH\end{array}$）因在未成熟的苹果中含量较多而得名。天然苹果酸为无色针状晶体，熔点为100℃，易溶于水和乙醇。苹果酸是体内糖代谢的中间产物，在酶的催化下脱氢氧化生成草酰乙酸。苹果酸的钠盐可作为禁盐患者的食盐代用品。

（三）酒石酸

酒石酸（$\begin{array}{l}HO-CH-COOH\\ \qquad\; |\\ HO-CH-COOH\end{array}$）存在于各种水果中，葡萄中含量最多，在葡萄中以酸式盐的形式存在，难溶于水和乙醇，所以在葡萄汁酿酒过程中，以沉淀析出，称为酒石，酒石酸因此得名。

酒石酸是无色晶体，熔点为170℃，易溶于水。它的盐用途广泛，如酒石酸锑钾又称吐酒石，医药上用作催吐剂，也用于治疗血吸虫病；酒石酸钾钠用作泻药，实验室里也用来配制斐林试剂。

（四）柠檬酸

柠檬酸（$\begin{array}{l}\qquad\; CH_2-COOH\\ \qquad\quad |\\ HO-C-COOH\\ \qquad\quad |\\ \qquad\; CH_2-COOH\end{array}$）也称枸橼酸，存在于柑橘类果实中，尤以柠檬中含量最多。柠檬酸为无色透明晶体，熔点为153℃，易溶于水、乙醇和乙醚，酸味较强，在食品工业中用作糖果和饮料的调味剂。柠檬酸钠有防止血液凝固的作用，医药上用作抗凝血剂，柠檬酸铁铵常用作补血剂，治疗缺铁性贫血。

（五）水杨酸

水杨酸（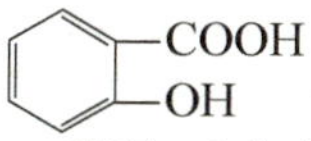

）也称柳酸，主要存在于柳树或水杨树皮中。水杨酸为白色针状结晶，熔点为159℃，微溶于冷水，易溶于沸水、乙醇和乙醚中。水杨酸分子中含酚羟基，遇三氯化铁溶液显紫色。水杨酸在医药上用作防腐剂和杀菌剂，常用于治疗某些皮肤病；水杨酸的钠盐有抑制结核菌的作用，也可作食品防腐剂。

知识链接

水杨酸有解热镇痛作用，因对胃肠有刺激作用，所以内服时，常用其衍生物——乙酰水杨酸（阿司匹林）。阿司匹林具有解热、镇痛和抗风湿的作用，刺激性较水杨酸小，是常用的解热镇痛药；阿司匹林也有扩张血管、抗血小板聚集及抗血栓形成的作用，近年来被用于治疗和预防心脑血管疾病，是典型的老药新用的例子。由阿司匹林、非那西丁与咖啡因三者配伍的复方制剂复方阿司匹林，常称为 APC，用于治疗伤风感冒及各种原因的疼痛，如头痛、关节痛、肌肉痛等。

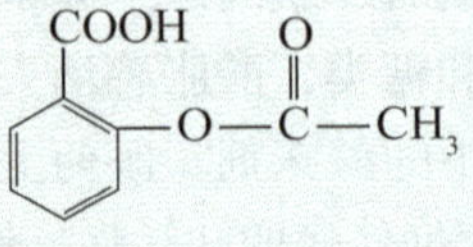

阿司匹林

（六）丙酮酸

丙酮酸（$CH_3-\overset{\overset{\large O}{\|}}{C}-COOH$）为无色有刺激性气味的液体，沸点为 165℃，易溶于水和乙醇。丙酮酸的酸性较乳酸强，是人体内糖、脂肪、蛋白质代谢的中间产物，在体内酶的催化下，可以还原成乳酸，也能转化生成乙酸和二氧化碳。

（七）β- 丁酮酸

β- 丁酮酸（$CH_3-\overset{\overset{\large O}{\|}}{C}-CH_2-COOH$）也称为乙酰乙酸，为无色黏稠液体，是生物体中脂肪代谢的中间产物。β- 丁酮酸不稳定，容易脱羧生成丙酮。在体内还原酶的作用下，β- 丁酮酸加氢可还原生成 β- 羟基丁酸。

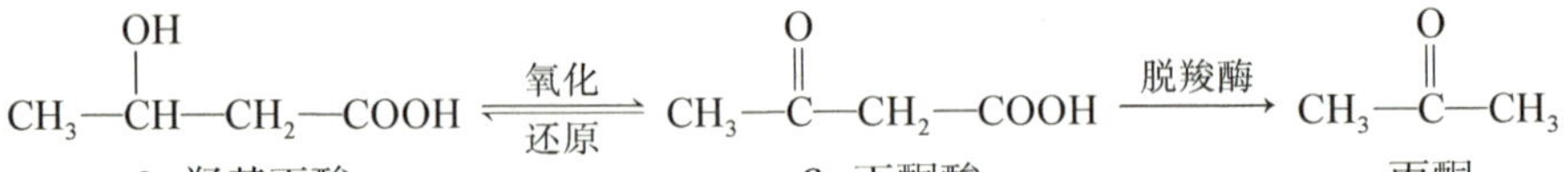

β- 羟基丁酸　　β- 丁酮酸　　丙酮

β- 丁酮酸、β- 羟基丁酸和丙酮合称为酮体，是脂肪酸在人体内不完全氧化的中间产物，正常情况下能进一步氧化，所以血液中含酮体的量很少。糖尿病患者的代谢发生障碍后，血液和尿液中酮体含量增加，导致血液的 pH 下降，严重时可引起酸中毒和昏迷等症状。临床上对糖尿病的确定可通过检查患者血液、尿液中的葡萄糖含量及是否存在酮体来判断。酮体含量测定可通过检验尿酮的方法（亚硝酰铁氰化钠的碱性溶液显色）进行判断。

目标检测

一、填空题

1. 羧酸的官能团是________，可以看作是由________和________组成的，但二者相互影响，使羧酸表现出不同于此二者的特性，具有明显的______。
2. 乙二酸俗名________，具有________性，能被高锰酸钾溶液氧化生成________和________。

3. 水杨酸分子中既含有________又含有________，其水溶液显________性，也能与________发生显色反应。

二、单项选择题

1. 羧酸的官能团是（　　）
   A. —CHO　　B. —COOH
   C. —OH　　D. —CO—
2. 下列物质属芳香酸的是（　　）
   A. 乙酸　　B. 甲酸
   C. 苯甲酸　　D. 环戊基甲酸
3. 下列化合物酸性最强的是（　　）
   A. 乙酸　　B. 甲酸
   C. 碳酸　　D. 苯酚
4. 既能发生酯化反应又能与碳酸氢钠反应的是（　　）
   A. 乙酸　　B. 乙醇
   C. 盐酸　　D. 苯酚
5. 下列化合物中不含羰基的是（　　）
   A. 乙醇　　B. 乙醛
   C. 丙酮　　D. 乙酸
6. 酸和醇脱去一分子水的反应属于（　　）
   A. 酯化反应　　B. 缩合反应
   C. 氧化反应　　D. 还原反应
7. 下列有机物中，能发生银镜反应的是（　　）
   A. 乙醇　　B. 丙酮
   C. 甲酸　　D. 乙酸
8. 下列物质：①乙酸②苯酚③碳酸④乙醇的酸性由强到弱的排列顺序是（　　）
   A. ①>③>②>④　　B. ①>④>③>②
   C. ④>②>③>①　　D. ③>④>①>②
9. 剧烈运动后，造成肌肉酸胀的物质是（　　）
   A. 乙酸　　B. 乳酸
   C. 碳酸　　D. 丙酮酸
10. 下列化合物既能发生银镜反应又能与 $NaCO_3$ 反应放出 CO_2 的是（　　）
   A. 苯甲醛　　B. 甲醛
   C. 甲酸　　D. 乙酸
11. 下列不能使高锰酸钾溶液褪色的是（　　）
   A. 甲酸　　B. 乙酸
   C. 乙二酸　　D. 苯酚
12. 不能参与酯化反应的是（　　）
   A. 乙酸　　B. 乙醇
   C. 乙醛　　D. 浓硫酸
13. 下列物质中，不属于羧酸类有机物的是（　　）
   A. 草酸　　B. 苯甲酸
   C. 蚁酸　　D. 苯酚
14. 下列物质中，不属于羟基酸的是（　　）
   A. 丙酮酸　　B. 乳酸
   C. 苹果酸　　D. 水杨酸
15. 具有解热镇痛作用的药物“布洛芬”中主要成分的结构简式为

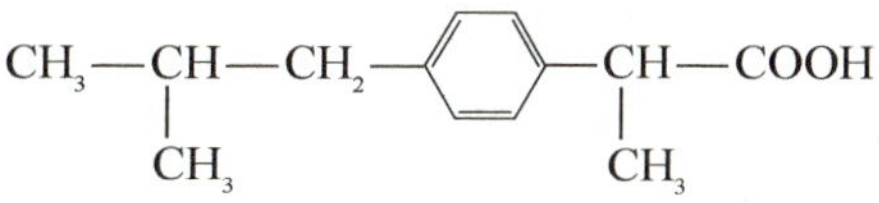

，它属于（　　）
   A. 酚类　　B. 酸类
   C. 醇类　　D. 取代酸类

三、用系统命名法命名或写出结构简式

1. $CH_3—CH(CH_3)—CH_2—CH_2—COOH$
2. $CH_3—C(=O)—CH_2—COOH$
3. $CH_3—CH(CH_2—COOH)—COOH$
4. $CH_3—CH(Cl)—COOH$
5. 乙酸　6. 苯甲酸　7. 草酸　8. 乳酸　9. 水杨酸　10. 乙酰水杨酸

四、用化学方法鉴别下列各组化合物

1. 甲酸和乙酸
2. 苯酚和乙酸

五、完成下列反应方程式

1. $CH_3COOH + NaHCO_3 \longrightarrow$

2. $CH_2CH_2COOH + CH_3CH_2OH \xrightleftharpoons{H^+}$

3. $\begin{array}{l} CH_3—CH—COOH \\ \qquad\;\; | \\ \qquad\; OH \end{array} \xrightarrow{[O]}$

六、问答题

1. 羧酸的官能团是什么？写出羧酸的通式。

2. 何谓酮体？如何检查尿中酮体的存在？

（范红艳）

第 11 章　胺和酰胺

● 案例 11-1

一辆满载苯胺的运输车，在行驶途中司机闻到一股异味从车厢中传出来，经检查，发现包装破损，有苯胺流出，临时处理后，开车继续行进。刚行驶了 6km，司机就感到头晕、恶心，挣扎着下车后即失去知觉。路人及时将他送进当地医院救治，才脱离了危险。但在以后的日子里，他经常感到头晕、乏力，经医师诊治，苯胺中毒已经在他的身体内留下了后遗症。

问题：苯胺对人体有什么危害？容易导致哪些疾病？

含氮有机化合物是指分子中碳原子与氮原子直接相连所形成的化合物，其范围广，种类多，与生命过程和人类日常生活关系非常密切，是一类非常重要的化合物。含氮有机化合物的种类很多，硝基化合物、胺、酰胺、重氮化合物、偶氮化合物、氨基酸、含氮杂环化合物和生物碱等，都属于含氮有机化合物的范畴。不同类型的含氮有机化合物具有不同的性质，有的是重要的化工原料，有的是药物、染料的主要成分，有些则具有重要的生理功能，与人类生命活动密切相关。本章主要介绍胺和酰胺。

第 1 节　胺

一　胺的概念、结构和分类

（一）胺的概念

胺可以看作氨分子中氢原子被烃基取代而形成的衍生物，其通式可表示为 RNH_2 或 $ArNH_2$。胺广泛存在于自然界中，许多来源于植物的有机含氮化合物（又称生物碱）具有较强的生物活性，可被用作药物，如从金鸡纳树皮中分离得到的奎宁具有抗疟作用；从鸦片中提取到的可待因则具有镇痛作用。有些胺还是生物体内重要的神经递质，支配人体中枢或外周神经系统的功能，如多巴胺等。因此，胺类化合物与药物具有密切的联系，许多药物分子中都含有氨基或取代氨基，可以作为退热、镇痛、抗菌等药物。

（二）胺的结构

胺可以看作氨（NH_3）分子中的氢原子被烃基取代所生成的化合物。因此，胺分子中的氮原子与氨相同，均为 sp^3 不等性杂化，形成 4 个等同的 sp^3 杂化轨道，其中一个 sp^3 杂化轨道被 N 原子的一对孤电子对占据，其余 3 个 sp^3 杂化轨道分别与氢原子或碳原子结合形成 3 个 σ 键，整个分子为棱锥形空间构型。一对孤对电子位于棱锥体的顶端，类似于第 4 个“基团”。氨、甲胺和三甲胺的结构如图 11-1 所示。

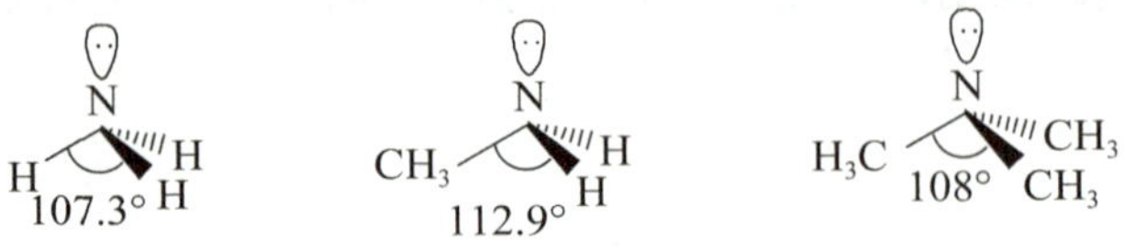

图 11-1　氨、甲胺和三甲胺的结构示意图

季铵类化合物分子中，氮原子上的 4 个 sp^3 杂化轨道都用于成键（其中有一个配位键），因此，$[R_4N]^+$ 具有四面体结构。

在苯胺中，其 C—N 键键长为 140pm，较脂肪胺中的 C—N 键键长 147pm 稍短。这是由于一方面与氮原子成键的碳原子为 sp^2 杂化的碳原子，吸引电子的能力更强，但苯胺的氮原子为不等性的 sp^3 杂化，孤对电子所占的杂化轨道含有更多的 p 轨道成分，其与苯环上的 π 轨道虽然不平行，但仍能与苯环的大 π 键相互重叠，形成共轭体系，使氮原子上的孤对电子离域到苯环。同时，也使得以氮原子为中心的四面体变得比脂肪胺中的更扁平一些，H—N—H 所构成的平面与苯环平面之间存在一个 39.4° 的夹角，并不处于同一个平面内，如图 11-2 所示。

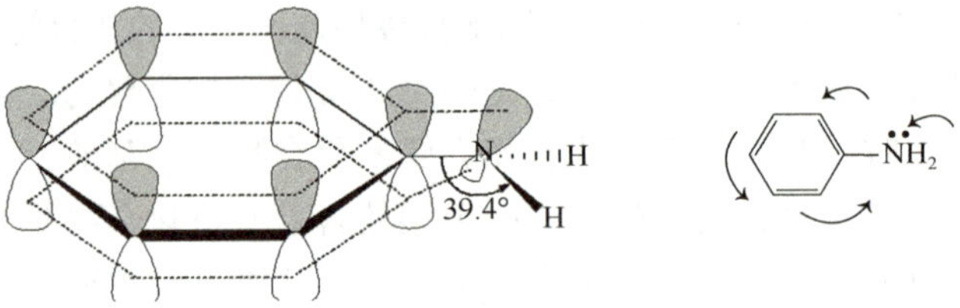

图 11-2　苯胺的结构示意图

（三）胺的分类

1. 根据氮原子所连烃基数目的不同分类　胺可分为伯胺、仲胺、叔胺和季铵类化合物。

季铵类化合物是指铵盐（$NH_4^+X^-$）或氢氧化铵（$NH_4^+OH^-$）分子中氮原子上的四个氢原子都被烃基取代形成的化合物，它们分别称为季铵盐和季铵碱。

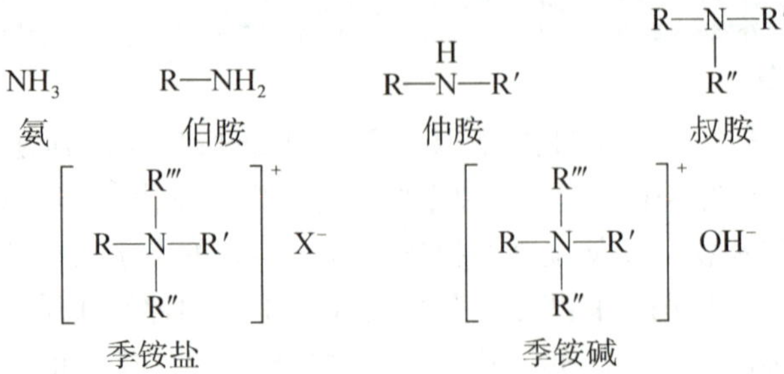

其中—NH_2 称为氨基，—NH—称为亚氨基，$-N<$ 称为次氨基。特别需要注意是，伯胺、

仲胺和叔胺中的伯、仲、叔的含义与伯醇、仲醇、叔醇的不同。伯胺、仲胺、叔胺的命名与胺的分类是根据氮原子上所连的烃基的数目来确定的，与烃基本身的结构无关，伯胺、仲胺、叔胺指氮原子分别与一个烃基、两个烃基、三个烃基相连。而伯醇、仲醇、叔醇是根据羟基所连的碳原子的种类来确定的，伯醇、仲醇、叔醇指羟基分别与伯碳原子、仲碳原子、叔碳原子相连。例如：

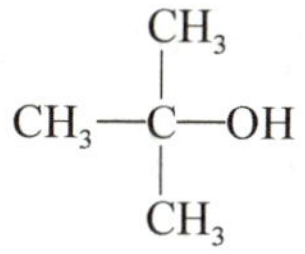

叔丁醇（叔醇）

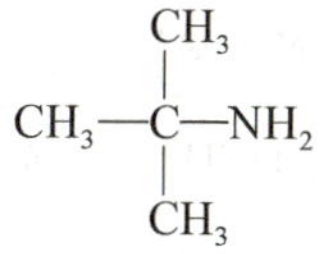

叔丁胺（伯胺）

2. 根据氮原子所连烃基种类的不同分类　胺可分为脂肪胺和芳香胺。

脂肪胺　$CH_3CH_2NH_2$　　$CH_3CH_2NHCH_3$　　$(CH_3CH_2)_3N$

芳香胺

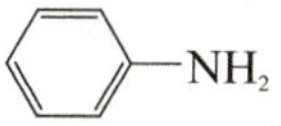

伯胺

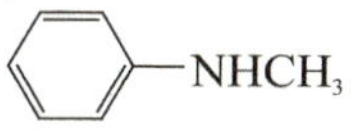

仲胺

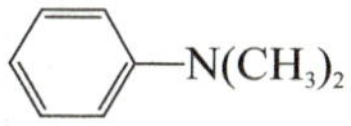

叔胺

3. 根据分子中所含氨基数目的不同分类　胺可分为一元胺、二元胺和多元胺。

CH_3NH_2　　$H_2NCH_2CH_2NH_2$

一元胺　　二元胺

二 胺的命名

（一）简单胺的命名

对于结构比较简单的胺命名时，以胺为母体，烃基作为取代基，命名时在“胺”前面加上烃基的名称，称为“某胺”。如果氨基氮原子上的氢仍然被烃基所取代，可以在取代基前面加“*N*—”来表明取代基的位置。例如：

CH_3NH_2

甲胺

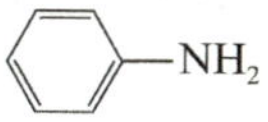

苯胺

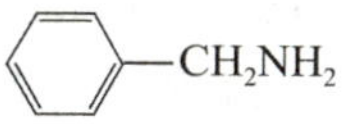

苯甲胺（苄胺）

对甲苯胺

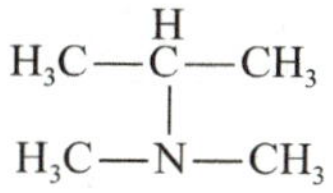

N,*N*-二甲基-2-丙胺

当胺分子中氮原子上所连的烃基相同时，可将烃基名称合并，并在名称前用“二”、“三”等数字来表示烃基数目。如果与氮原子相连的烃基不相同，则按照次序规则由小到大排列烃基，简单烃基名称放在前面，复杂烃基放在后面。例如：

$CH_3CH_2—NH—CH_2CH_3$

二乙胺

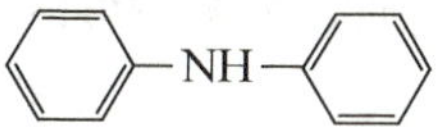

二苯胺

$(CH_3)_3N$

三甲胺

$CH_3—NH—CH_2CH_3$

甲乙胺

$(CH_3CH_2CH_2)_2N$

二(正丙基)胺

多元胺采用与多元醇类似的方法进行命名。例如：

$H_2NCH_2CH_2NH_2$

乙二胺

对苯二胺

（二）芳香胺的命名

芳香胺的氮原子连有脂肪烃基时，则以芳香胺为母体，脂肪烃基作为取代基，在脂肪烃基名称前面加上“*N*-”或“*N*，*N*-”，表示该脂肪烃基直接与氮原子直接相连。例如：

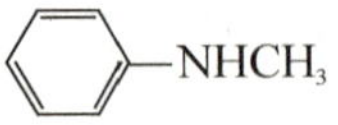

N-甲基苯胺

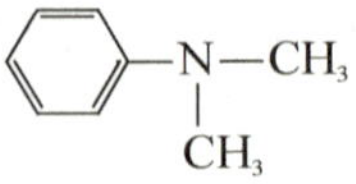

N,*N*-二甲基苯胺

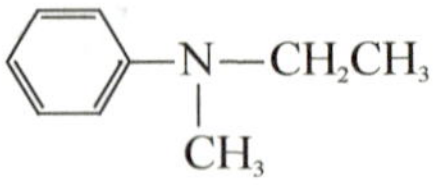

N-甲基-*N*-乙基苯胺

（三）复杂胺的命名

对于结构比较复杂的胺命名时，以烃基作为母体，氨基作为取代基，按照烃的命名规则进行命名。例如：

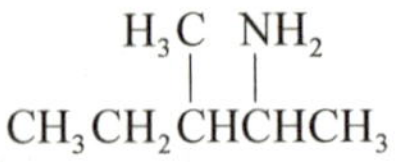

3-甲基-2-氨基戊烷

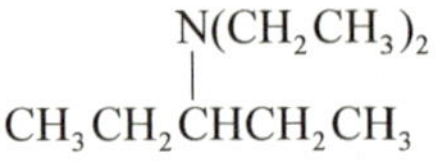

3-二乙氨基戊烷

（四）季铵类化合物的命名

与无机铵盐及氢氧化物的命名相似。例如：

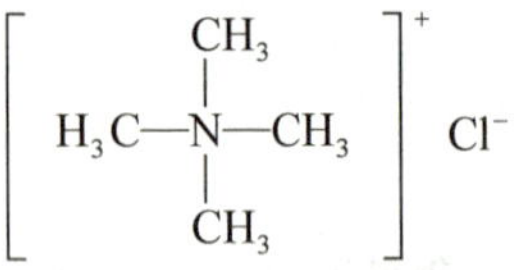

氯化四甲铵（季铵盐）

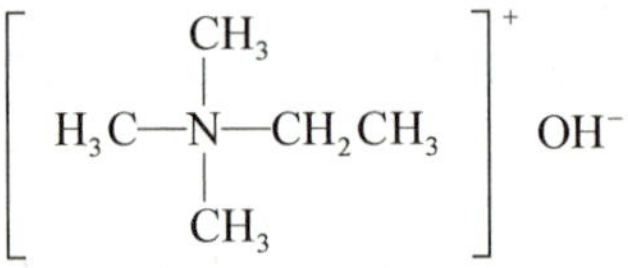

氢氧化三甲乙铵（季铵碱）

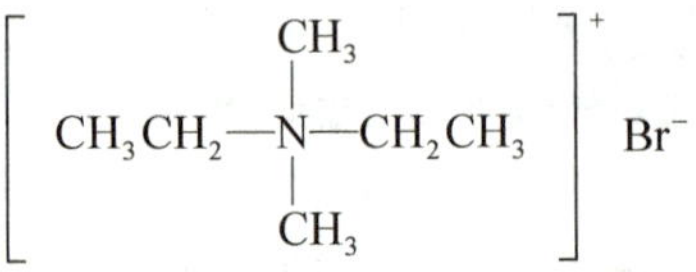

溴化二甲二乙铵（季铵盐）

要点：命名时应注意“氨”、“胺”和“铵”字的用法不同。“氨”用于表示气态氨（NH_3）或基团，如氨基、亚氨基、次氨基、甲氨基（$CH_3NH—$）等；“胺”用来表示氨的烃基衍生物；“铵”用来表示铵盐或季铵类化合物。

三 胺的性质

（一）胺的物理性质

胺与氨的性质很相似。低级脂肪胺中甲胺、二甲胺、三甲胺和乙胺是气体，丙胺以上是液体，它们的气味与氨相似，有的还有鱼腥味，腐鱼的臭味是由于蛋白质分解产生了三甲胺，肉腐烂时可以产生极臭而且剧毒的丁二胺（腐胺）和戊二胺（尸胺）。高级胺为固体，不易挥发，几乎没有气味。芳香胺为高沸点的液体或低熔点的固体，具有特殊气味，难溶于水，易溶于有机溶剂。芳香胺具有一定的毒性，如苯胺可以通过消化道、呼吸道或皮肤吸收而引起中毒；联苯胺等有致癌作用。

胺和氨一样是极性分子，伯胺、仲胺都可以形成分子间氢键而相互缔和，因此胺的沸点比相对分子质量相近的烷烃高，但是由于氮原子的电负性比氧原子的弱，胺分子间的氢键不如羟基分子间形成的氢键强，所以胺的沸点比相对分子质量相近的醇或羧酸的沸点低。由于叔胺氮原子上没有氢原子，分子间不能形成氢键，因此沸点与相对分子质量相近的烷烃相似。

伯胺、仲胺和叔胺都能与水分子形成氢键，因此低级胺易溶于水，但是随着相对分子质量的增加，溶解度迅速降低，从含 6 个碳原子的胺开始就难溶或不溶于水。芳胺一般微溶或难溶于水。一般胺能溶于醚、醇、苯等有机溶剂。

（二）胺的化学性质

胺中的氮上有一对孤对电子对，有提供与其他原子共享这对电子的倾向，所以胺具有碱性和亲核性。而在芳香胺中，除在氮原子上的反应外，芳环也可发生亲电取代反应，且比苯容易。

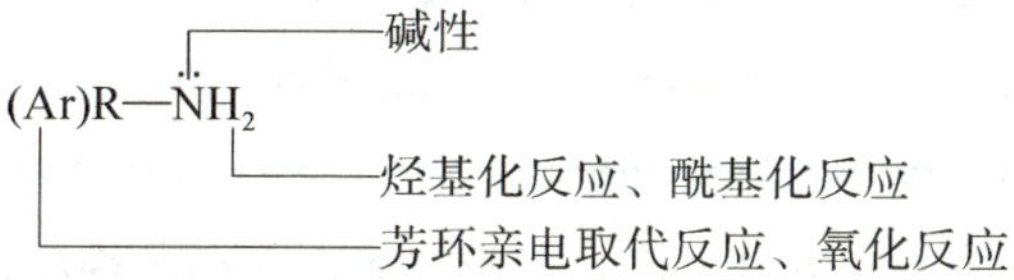

1. 胺的碱性与成盐反应　胺中氮原子上有一对未成对的孤对电子，可以接受质子，与氨相似，胺在水溶液中呈碱性，在水中发生下列电离：

$$R—NH_2 + HOH \rightleftharpoons R—NH_3^+ + OH^-$$

胺的碱性以碱式解离常数 K_b 或其负对数 pK_b 值表示。K_b 值越大或 pK_b 值越小则碱性越强；K_b 值越小或 pK_b 值越大则碱性越弱。胺的碱性也可用其共轭酸铵离子的解离常数 K_a 或其负对数 pK_a 值表示。K_a 值越小或 pK_a 值越大，则胺的碱性越强。例如：

	二甲胺	甲胺	三甲胺	氨	苯胺
pK_b	3.27	3.34	4.19	4.76	9.40

在水溶液中，脂肪胺一般以仲胺的碱性最强。但是，无论是伯胺、仲胺或叔胺，其碱性都比氨强，芳香胺的碱性则比氨弱。胺的碱性强弱主要受电子效应和空间效应的影响：氮原子的电子云密度越大，接受质子的能力就越强，胺的碱性越强；氮原子相连的基团的体积越大，空间位阻越大，氮原子结合质子越困难，碱性越弱。

胺是弱碱，能与大多数酸作用成盐，铵盐是典型的离子型化合物，胺的氢卤酸盐、硝酸盐、硫酸盐易溶于水，而不溶于非极性溶剂。胺及其盐在溶解性上的差异可用于胺的鉴别及分离提纯。

（1）脂肪胺的碱性：由于烃基是供电子基团，使胺分子中的氮原子的电子云密度增加。因此，脂肪胺接受质子的能力比氨强，也就是脂肪胺的碱性强于氨。氮原子上所连的烃基越多，氮原子上的电子云密度就越大，导致脂肪仲胺碱性大于脂肪伯胺，这就是电子效应起主导作用的结果；当氮原子上连有 3 个烃基时，氮原子上的电子云密度增大，同时由于烃基增多，占据的空间位置也增大，即空间位阻增大，对氮原子上的孤对电子起着屏蔽作用，使质子难以与氮原子接近，此时空间效应占主导地位，脂肪叔胺的碱性反而比脂肪伯胺和仲胺弱；在水溶液中，氮原子上所连的氢越多，与水形成氢键的机会越多，溶剂化的程度越大，铵离子越稳定，胺的碱性越强，因此胺的碱性还取决于其与质子结合后形成的铵离子水化的难易程度。因此，综合上述三个因素共同影响的结果，脂肪胺碱性强弱顺序为：仲胺＞伯胺＞叔胺＞氨。

（2）芳香胺的碱性：芳香胺的碱性比脂肪胺弱得多，这是因为氮上的孤对电子与苯环的 π 电子相互作用，形成一个稳定的 p-π 共轭体系，氮上的孤电子对部分地转向苯环，降低了氮原子上的电子云密度，使氮原子结合质子的能力降低，碱性减弱，因此苯胺的碱性比氨的碱性弱。芳香胺氮原子上所连的苯环越多，共轭程度越大，碱性也就越弱。所以，苯胺、二苯胺、三苯胺的碱性强弱次序是：脂肪胺＞氨＞苯胺＞二苯胺＞三苯胺。

胺具有碱性，能与许多酸作用生成盐，但是芳香胺碱性较弱，只能与强酸反应生成盐。例如：

$$CH_3NH_2 + HCl \longrightarrow CH_3\overset{+}{N}H_3Cl^- \ (CH_3NH_3 \cdot HCl)$$

氯化甲铵　甲胺盐酸盐或盐酸甲胺

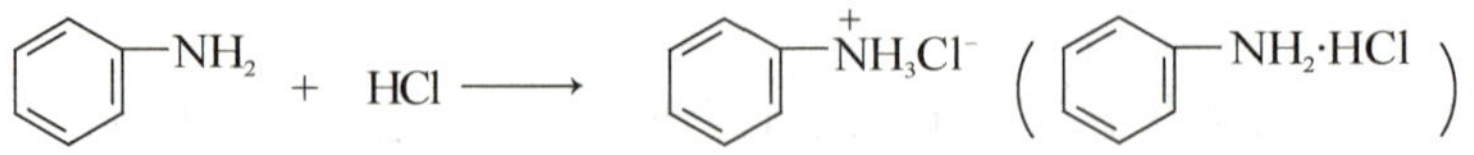

氯化苯铵　　苯胺盐酸盐或盐酸苯胺

铵盐的命名与无机铵盐相似，也可直接称“某胺某酸盐”或“某酸某胺”。铵盐多为结晶形固体，易溶于水和乙醇，性质较胺稳定，无胺的难闻气味。

知识链接

胺的成盐性质在医学上有实用价值。有些胺类药物在成盐后，不但水溶性增加，而且比较稳定。在医药上常将含有氨基、亚氨基或次氨基等难溶于水的药物制成盐，以增加其水溶性，如局部麻醉药普鲁卡因，在水中溶解度小且不稳定，常将其制成水溶性盐酸盐，以便于制成注射液。

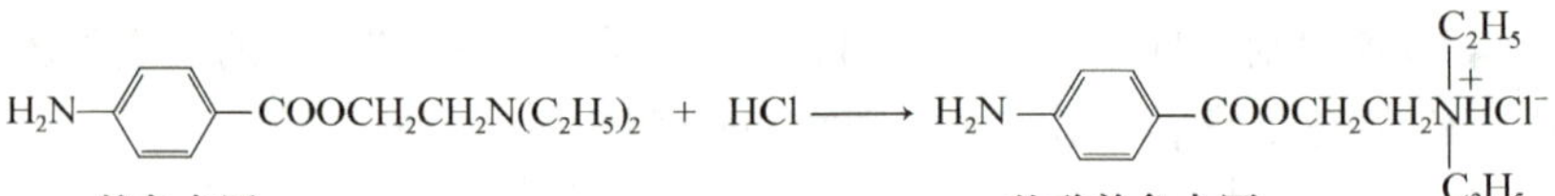

普鲁卡因　　盐酸普鲁卡因

胺类是一类弱碱，它们的盐与强碱（如 NaOH）反应时，能使胺游离出来，利用这一性质可用来分离、提纯胺类。例如：

$$RNH_3^+X^- + NaOH \longrightarrow RNH_2 + NaX + H_2O$$

季铵碱是有机化合物中的强碱，为离子型化合物，易溶于水，其碱性与氢氧化钠或氢氧化钾相当，季铵盐和铵盐不同，与氢氧化钠等强碱不发生反应。

2. 烃基化反应　与氨一样，胺类化合物中氮原子上存在一对孤对电子对，使其可以作为亲核试剂与卤代烷发生取代反应，反应一般按照 S_N2 机制进行。如伯胺与卤代烷反应，可以得到仲铵盐，该铵盐经质子转移，可以得到仲胺。

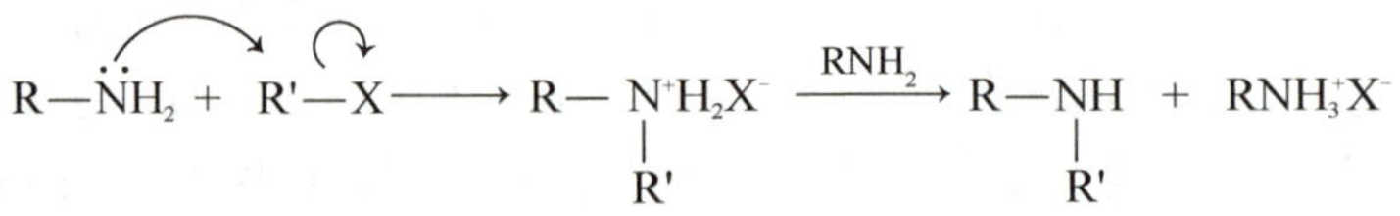

仲胺的氮上仍有孤对电子对，一般仲胺的亲核性较伯胺更强，还可以作为亲核试剂与卤代烷继续反应，经类似的过程可以得到叔胺，而叔胺还可以再与卤代烷反应得到季铵盐，因此最后得到的是复杂的混合物。

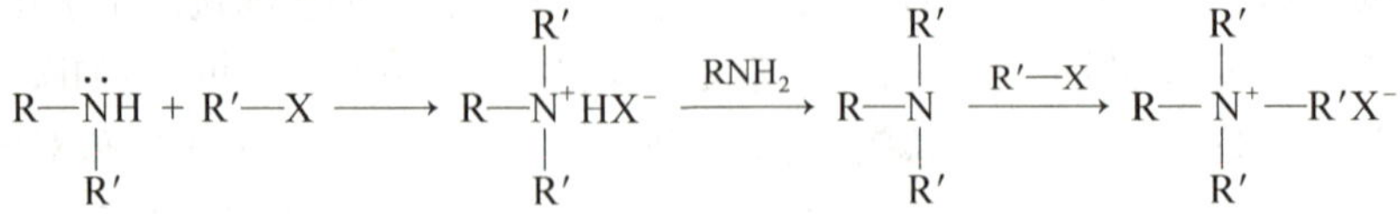

3. 酰基化反应

（1）酰化反应：在有机分子中引入酰基的反应称为酰化反应，能提供酰基的试剂称为酰基化试剂，如酰卤和酸酐等。

伯胺、仲胺都能与酰基化试剂（如乙酰氯、乙酸酐）作用，氨基上的氢原子被酰基取代，生成酰胺，这种反应称为胺的酰化。叔胺因氮上没有氢原子，故不能发生酰化反应。

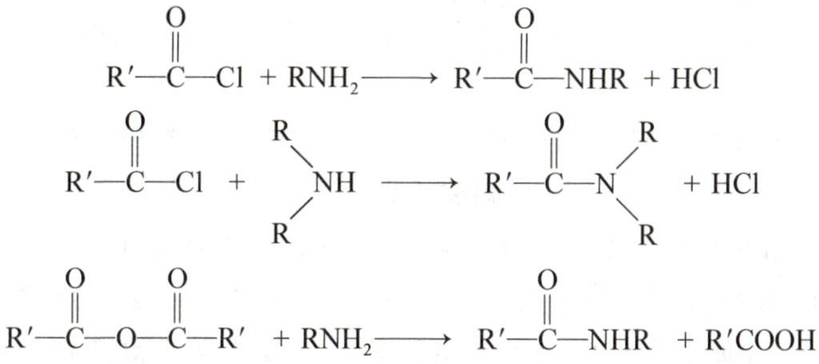

酰胺是晶形很好的固体，有一定的熔点，根据熔点的测定可推断出原来的胺，所以利用酰化反应可以鉴定伯胺和仲胺。由于叔胺不发生酰化反应，可以利用此性质来鉴别、分离叔胺。酰胺不稳定，在酸性或碱性条件下容易水解为原来的胺，由于氨基活泼，且易被氧化，因此在有机合成中可用此性质对氨基进行保护或对伯胺、仲胺进行分离提纯。有机合成中可以用酰化的方法来保护芳胺的氨基。例如：

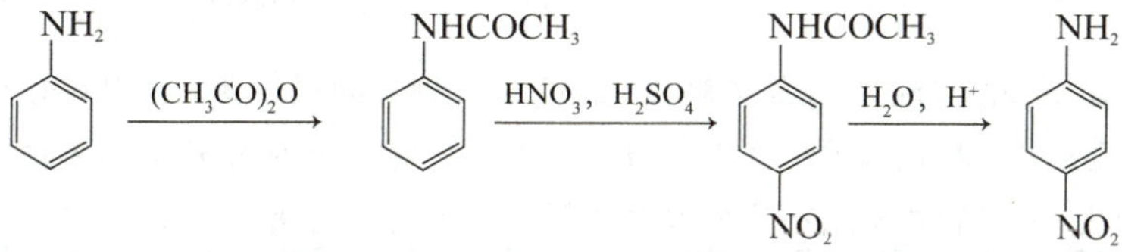

知识链接

酰化反应在医药上具有重要意义。在胺类药物的分子中引入酰基后可增加药物的脂溶性，有利于机体的吸收，以提高或延长疗效，并可降低毒性。例如，对羟基苯胺具有解热镇痛作用，因毒副作用强，不宜内服，但乙酰化后，其毒副作用降低，疗效增加。

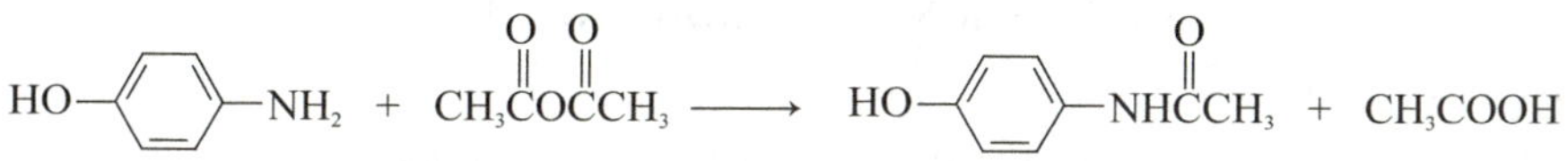

对羟基苯胺　　乙酸酐　　对乙酰氨基酚(扑热息痛)

（2）磺酰化反应：在碱性条件下伯胺、仲胺可与苯磺酰氯发生磺酰化反应，即苯磺酰基取代氮原子上的氢原子，生成相应的芳磺酰胺。叔胺氮原子上没有氢，不能发生磺酰化反应。磺酰胺在酸催化下水解重新生成胺。

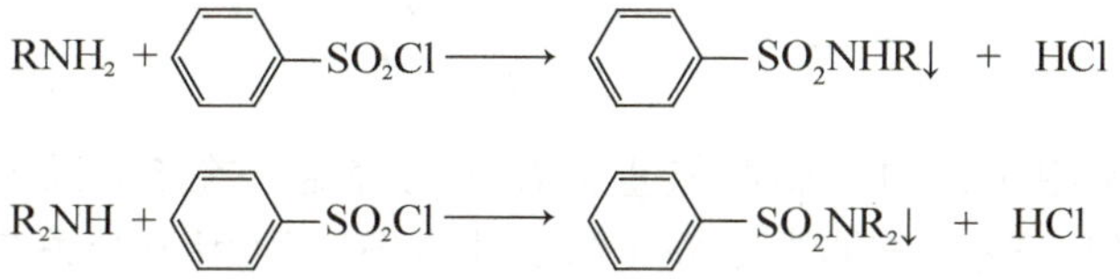

苯磺酰基是较强的吸电子基团，苯磺酰伯胺受其影响，氮原子上未反应的氢原子性质比较活泼，具有一定弱酸性，因此在强碱性介质中能进一步发生中和反应，仲胺生成的磺酰胺分子中氮原子上没有氢原子，不能与 NaOH 反应。利用这个性质可区别伯胺、仲胺、叔胺。这个反应称为兴斯堡反应，磺酰氯称为兴斯堡试剂。

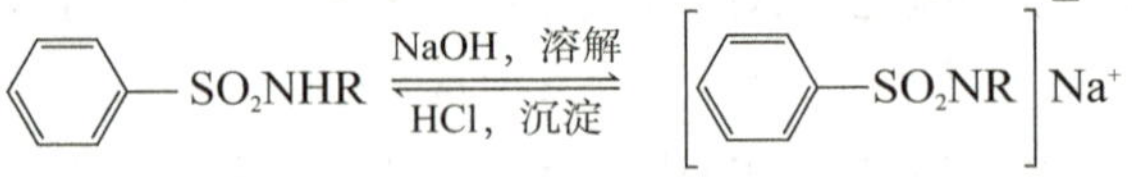

知识链接

磺胺类药物

磺胺类药物是指具有对氨基苯磺酰胺结构的一类药物的总称，是一类用于防治细菌感染性疾病的化学治疗药物，德国化学家杜马克于1932年首次发现该类药物，并因此而在1939年被授予诺贝尔生理学或医学奖。至今，磺胺类药物品种已构成一个庞大的家族，临床常用的磺胺类药物都是以对位氨基苯磺酰胺（简称磺胺）为基本结构的衍生物。对位氨基苯磺酰胺的基本合成方法为：

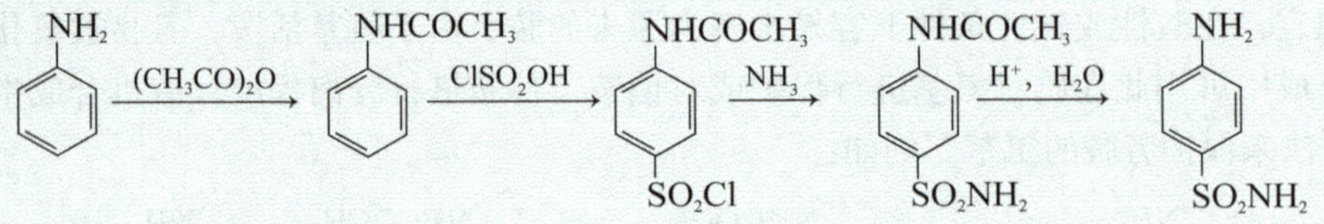

磺酰胺基上的氢，可被不同杂环取代，形成不同种类的磺胺药。它们与母体磺胺相比，具有效价高、毒性小、抗菌谱广、口服易吸收等优点。对位上的游离氨基是抗菌活性部分，若被取代，则失去抗菌作用。必须在体内分解后重新释出氨基，才能恢复活性。

4. 与亚硝酸反应　胺易与亚硝酸反应，不同类型的胺与亚硝酸反应的产物不同，该方法可以用来鉴别伯胺、仲胺和叔胺。亚硝酸不稳定，易分解，一般只能在反应过程中由亚硝酸钠（$NaNO_2$）与盐酸（或硫酸）作用产生。

$$NaNO_2 + HCl \longrightarrow HNO_2 + NaCl$$

（1）伯胺与亚硝酸反应：脂肪族伯胺与亚硝酸在常温下作用，定量放出氮气，并生成醇、烯烃等的混合物。其反应式可简单 地用下式表示：

$$RNH_2 + HONO \longrightarrow ROH + N_2\uparrow + H_2O$$

例如：

$$CH_3NH_2 + HONO \longrightarrow CH_3OH + N_2\uparrow + H_2O$$

由于此反应能定量地放出氮气，故可用于伯胺及氨基化合物的分析。

芳香族伯胺与亚硝酸在常温下的反应与脂肪伯胺相似，定量放出氮气，但在低温和强酸介质中与亚硝酸反应，生成芳香族重氮盐，有重氮盐生成的反应称为重氮化反应。例如：

氯化重氮苯

芳香族重氮盐不稳定，但比脂肪族重氮盐相对稳定。在5℃以下，氯化重氮苯在水溶液中不会分解，但受热可分解为酚并定量放出氮气，可用于芳香族重氮盐的定性和定量分析。

（2）仲胺与亚硝酸反应：脂肪族仲胺和芳香族仲胺与亚硝酸反应生成不溶于水的黄色油

状液体或黄色固体 *N*- 亚硝基胺，其反应通式可表示为

$$R_2NH + HNO_2 \longrightarrow R_2N—N=O + H_2O$$

例如：

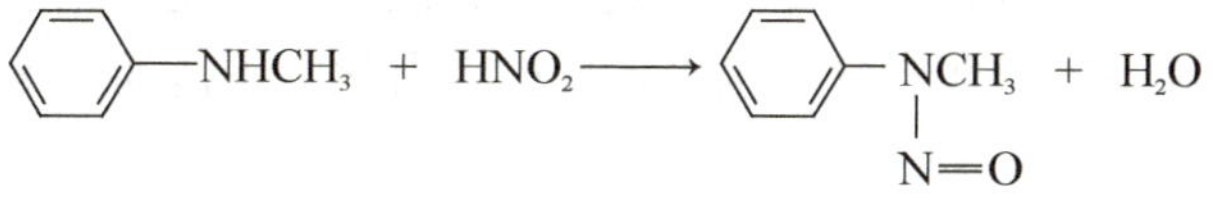

N-甲基-*N*-亚硝基苯胺

N- 亚硝基胺为黄色的中性油状物质，不溶于水，可从溶液中分离出来；与稀酸共热则分解为原来的仲胺，故可利用此性质鉴别、分离或提纯仲胺。

知识链接

动物实验证明，*N*- 亚硝基胺具有强烈的致癌作用，可引起动物多种组织和器官的肿瘤，现已被列为化学致癌物。亚硝酸盐在胃肠道能与体内代谢产生的仲胺反应生成 *N*-亚硝基胺，因此在食品加工过程中对亚硝酸盐的含量作了强制性规定。

（3）叔胺与亚硝酸反应：脂肪族叔胺因氮上没有氢，与亚硝酸反应只能生成不稳定的亚硝酸盐，该盐很容易水解，加入碱后可重新得到游离的叔胺。

$$R_3N + HNO_2 \longrightarrow R_3\overset{+}{N}HNO_2^- \xrightarrow{NaOH} R_3N + NaNO_2 + H_2O$$

由于氨基的强致活作用，芳香族叔胺与亚硝酸反应，发生苯环上的亲电取代反应，称为亚硝基化反应。在芳香环上引入亚硝基，生成对亚硝基芳香叔胺，在碱性溶液中呈翠绿色，而在酸性溶液中呈橘红色；若对位已被其他官能团占据，则生成邻亚硝基芳香叔胺。

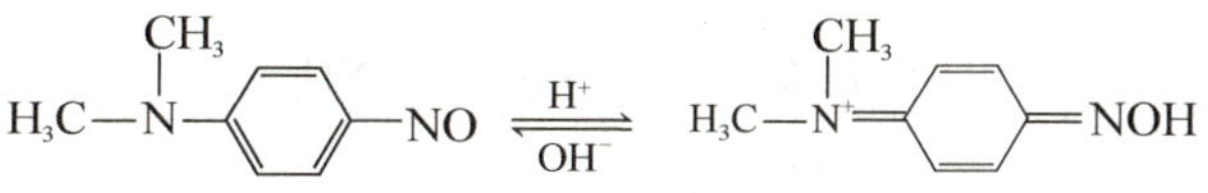

翠绿色　　橘红色

由于三种胺与亚硝酸的反应不同，所以可利用与亚硝酸的反应鉴别伯胺、仲胺、叔胺。

四 季铵盐和季铵碱

（一）季铵盐

季铵盐是指氮原子上连有四个烃基、带有正电荷的一类物质，叔胺可以与卤代烷作用，生成季铵盐。例如：

$$R_3N + RX \longrightarrow R_4N^+X^-$$

季铵盐与铵盐相似是白色结晶性固体，为离子型化合物，具有盐的性质，易溶于水，不溶于乙醚等非极性有机溶剂，熔点较高，受强热时分解成叔胺和卤代烃。

季铵盐与伯胺、仲胺、叔胺的盐不同，季铵盐氮原子上没有氢，与强碱作用时，不能使胺游离出来，而是生成季铵碱。例如：

$$2R_4N^+X^- + Ag_2O + H_2O \longrightarrow 2R_4N + OH^- + 2AgX\downarrow$$

季铵盐的用途广泛，具有长碳链的季铵盐既溶于水，又溶于有机溶剂，因此常用作阳离子表面活性剂，具有去污、杀菌和抗静电能力。季铵盐还可用于相转移催化剂，相转移反应

是一种新的有机合成方法，具有反应速度快、操作简便、产率高等特点。

（二）季铵碱

季铵碱因在水中可完全电离，因此是强碱，其碱性与氢氧化钠相当，易溶于水，能够吸收空气中的二氧化碳和水，也能和酸发生中和反应。卤化季铵盐的水溶液用氧化银处理时生成季铵碱。

五 常见的胺及其衍生物

（一）苯胺

苯胺是最简单也是最重要的芳香伯胺，是合成药物、染料的重要原料。苯胺为油状液体，沸点为 184℃，微溶于水，易溶于有机溶剂。新蒸馏的苯胺无色，久置后因氧化颜色变深。苯胺有毒，能通过皮肤或吸入蒸气而使人中毒。

（二）肾上腺素和去甲肾上腺素

肾上腺素是肾上腺髓质分泌的激素，人工合成的为外消旋体。肾上腺素白色或类白色结晶粉末，无臭，味苦，微溶于水，易氧化变质。

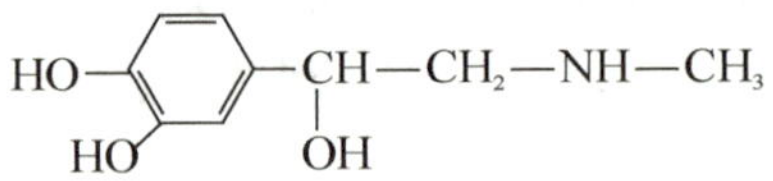

肾上腺素

肾上腺素有升高血压、加速心率、舒张心血管、加强代谢等功能。肾上腺素的盐酸盐是临床上常用的升压药物。

去甲肾上腺素纯品为白色结晶粉末，无臭，味苦，易溶于水，易氧化变质。

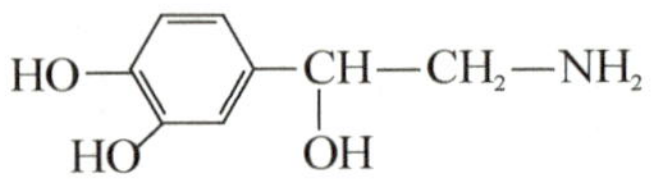

去甲肾上腺素

去甲肾上腺素有收缩血管、升高血压的作用，在临床上用于周围循环功能不全时低血压的急救，也用于治疗胃出血。

肾上腺素和去甲肾上腺素是肾上腺髓质分泌的两种激素。

（三）胆碱和乙酰胆碱

胆碱，化学名为氢氧化三甲基-*β*-羟乙基铵，由于其最初是在胆汁中发现的，且具有碱性，故称为胆碱。它为白色结晶，吸湿性强，易溶于水和乙醇，不溶于乙醚和氯仿，是一种季铵碱，其碱性与氢氧化钠相似。胆碱广泛分布于生物体内，脑组织和蛋黄中含量较高，为卵磷脂的组成成分。胆碱在体内与脂肪代谢有密切关系，有抗脂肪肝的作用。

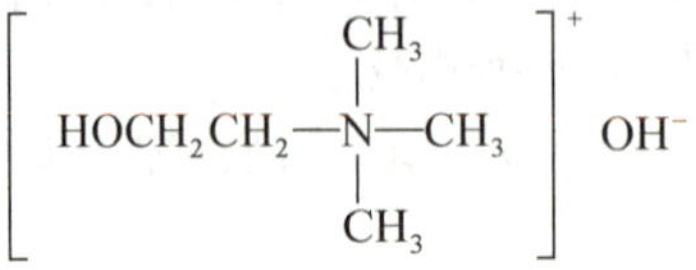

胆碱

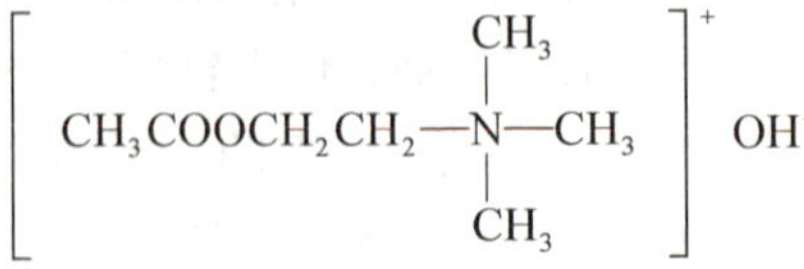

乙酰胆碱

乙酰胆碱是胆碱分子中羟基上的氢原子被乙酰基取代生成的产物，乙酰胆碱具有重要的生理作用，是神经传导的介质，称为神经递质。

（四）苯扎溴铵（新洁尔灭）

化学名为溴化二甲基十二烷基苄铵，简称溴化苄烷铵，属季铵盐类，常温下为微黄色黏稠状液体，易溶于水，水溶液呈碱性，吸湿性强，芳香而味苦，无刺激性。由于分子中同时含有疏水的烷基和亲水的季铵离子，因此，它是一种表面活性物质，在水溶液中可以降低溶液表面张力，乳化脂肪，而起到清洁去污作用。它又能渗入细菌内部，引起细胞破裂或溶解，而起到抑菌或杀菌的作用。临床上常以 1 ：（1000 ~ 2000）的稀释液用于皮肤、黏膜、创面、手术器械和术前手的消毒。

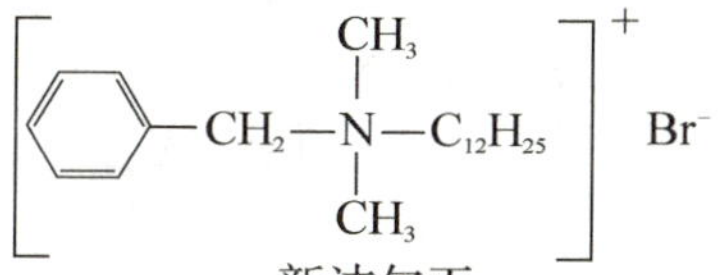
新洁尔灭

（五）多巴胺与 5- 羟基色胺

多巴胺是去甲肾上腺素生物合成的前体，又是中枢神经和传出神经的一种递质，为白色或类白色有光泽晶体。临床上使用其盐酸盐治疗各类型休克，特别对伴有肾功能不全的患者尤为适宜。

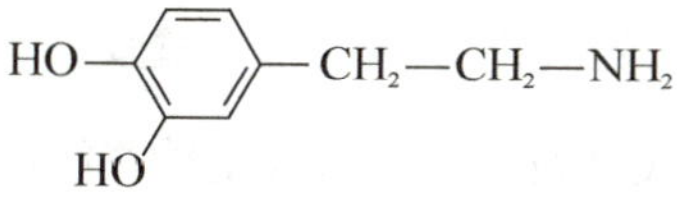
多巴胺

5- 羟色胺与多巴胺同为神经系统的生源胺，它是脑中的神经传递质。

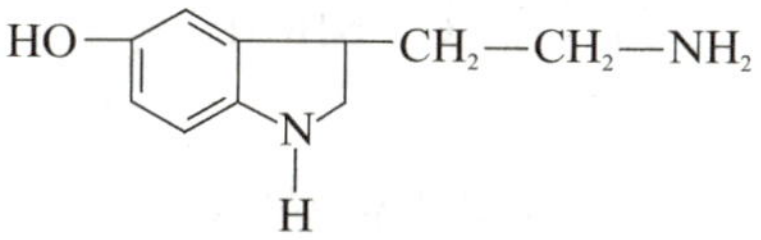
5-羟色胺

第2节 酰 胺

案例 11-2

王某，在某化工厂做临时工，接触丙烯酰胺干粉作业40余天，因步态蹒跚15天，烦躁、流涎、语言不清3天，感觉双手麻木、发凉、多汗、手颤、刺痛、四肢无力，以接触丙烯酰胺待查入院。经检查，属于中度丙烯酰胺中毒。

问题：1. 什么是丙烯酰胺中毒？

2. 丙烯酰胺对人体的中毒量是多少？对人体有哪些损害？

一 酰胺的概念、结构和命名

（一）酰胺的概念

酰胺广泛存在于自然界，蛋白质是以酰胺键—CONH—（或称肽键）相连的天然高分子化合物。哺乳动物体内蛋白质代谢的最终产物尿素就是碳酸的二酰胺（H_2NCONH_2）。许多生物碱如秋水仙碱、常山碱、麦角碱等分子结构中都含有酰胺键。

酰胺是氨或胺分子中氮原子上的氢原子被酰基取代所形成的化合物。

（二）酰胺的结构

从结构上看，酰胺可以看作羧酸分子中羧基中的羟基，被氨基或烃氨基（—NHR 或—NR_2）取代而成的羧酸的衍生物；也可以看作氨或胺分子中氮原子上氢被酰基取代而成的氨或胺的衍生物。酰胺的通式可表示为：

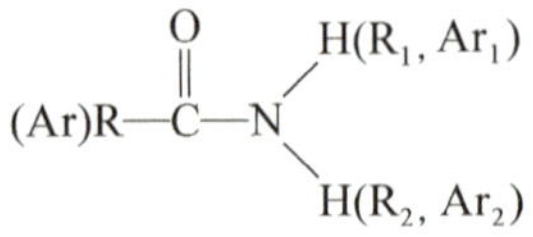

（三）酰胺的命名

简单酰胺的命名是在酰基的名称后面加“胺”字，称为“某酰胺”。例如：

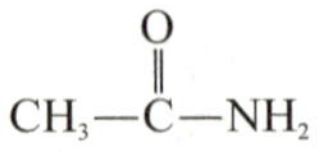
乙酰胺

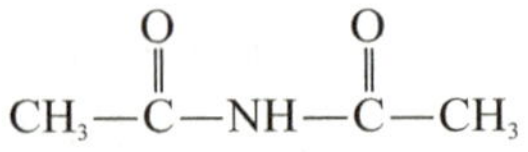
二乙酰胺

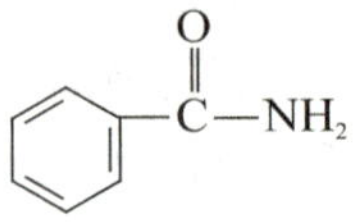
苯甲酰胺

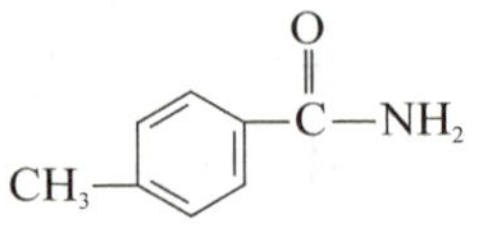
对甲基苯甲酰胺

酰胺分子中氮原子上连有取代基时，则将取代基放在酰胺名称前面，并冠以“*N*-”或“*N*，*N*-”，以表示取代基与氮原子直接相连。例如：

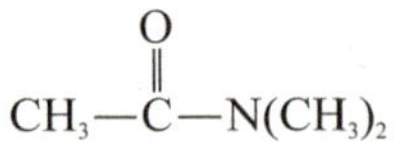
N，*N*-二甲基乙酰胺

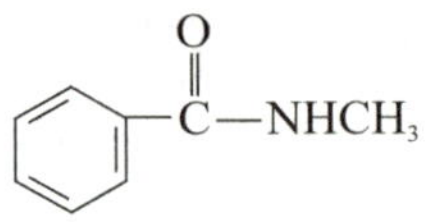
N-甲基苯甲酰胺

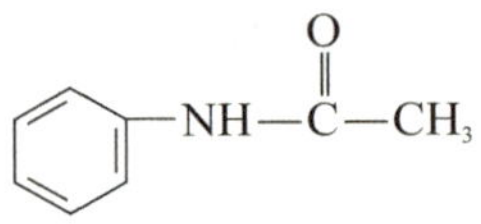
N-苯基乙酰胺

二 酰胺的性质

（一）酰胺的物理性质

在常温下，除甲酰胺是液体外，其他酰胺多为无色晶体。酰胺分子中含有羰基和氨基，它们分子间能形成氢键。由于酰胺分子间氢键缔合能力较强，因此其熔点、沸点甚至比相对分子质量相近的羧酸还高。当酰胺中氮原子上的氢被烷基取代后，缔合程度减小，熔点和沸点则降低。脂肪族 *N*- 烷基取代酰胺一般为液体。低级酰胺易溶于水，随着相对分子质量的增大，溶解度逐渐减小。液体酰胺不但可以溶解有机物，而且也可以溶解许多无机物，是良好的溶剂。

（二）酰胺的化学性质

1. 酸碱性　在酰胺分子中，由于氮原子上的孤对电子与羰基 π 键形成共轭体系，使电子云向羰基方向偏移，氮原子上的电子云密度降低，其结合质子的能力减弱，因而酰胺一般呈中性，仅在强酸、强碱条件下显示出弱碱性或弱酸性。

当氮原子上的氢原子被 2 个酰基取代而生成酰亚胺时，由于受两个酰基影响，氮氢键极性增加，显弱酸性。例如，邻苯二甲酰亚胺可与 NaOH 水溶液成盐。

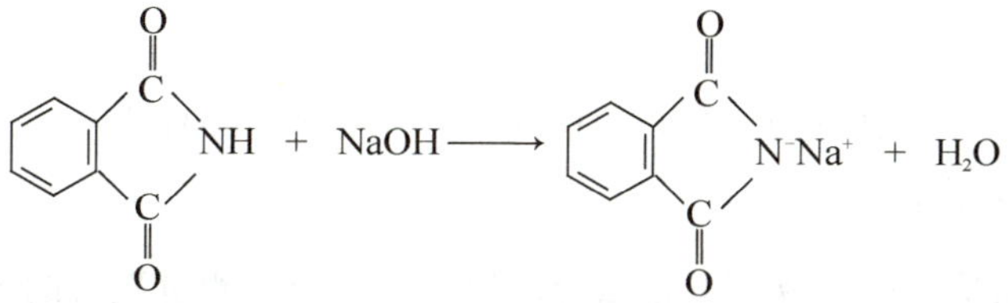

2.水解　酰胺在强酸、强碱或酶的催化下，发生水解反应生成羧酸（或羧酸盐）和氨、胺（或铵盐）。酰胺的水解反应比酯的水解难，需加热回流。

$$R-\overset{O}{\overset{\|}{C}}-NH_2 + H_2O \begin{cases} \xrightarrow[\triangle]{H^+} RCOOH + NH_4^+ \\ \xrightarrow[\triangle]{OH^-} RCOO^- + NH_3 \\ \xrightarrow{酶} RCOOH + NH_3 \end{cases}$$

3.与亚硝酸反应　伯酰胺与亚硝酸作用，生成相应的羧酸，并放出氮气。

$$R-\overset{O}{\overset{\|}{C}}-NH_2 + HNO_2 \longrightarrow RCOOH + N_2\uparrow + H_2O$$

三 尿素

尿素简称脲，又称碳酰胺，是由碳、氮、氧、氢组成的有机化合物。在结构上可以看作碳酸分子中的2个羟基被氨基取代而形成的化合物，也称为碳酰二胺。

$$\underset{碳酸}{HO-\overset{O}{\overset{\|}{C}}-OH} \qquad \underset{尿素}{H_2N-\overset{O}{\overset{\|}{C}}-NH_2}$$

知识链接

尿素为白色结晶，熔点为133℃，易溶于水和乙醇，难溶于乙醚。尿素是人和哺乳动物体内蛋白质代谢的最终产物。成人每日从尿中排泄出尿素25～30g。尿素的用途很广泛，它是含氮量很高的氮肥，又是合成塑料和一些药物的原料。临床上尿素可配成注射液使用，对降低颅内压及眼内压有显著的疗效，可用于治疗急性青光眼和脑外伤引起的脑水肿等。

尿素除具有酰胺的一般通性外，因其结构上的特点，又具有以下特殊性质。

（一）弱碱性

尿素显弱碱性，能与强酸反应生成盐，其硝酸盐和草酸盐难溶于水，易结晶，利用此性质可以鉴别尿素或从尿液中提取尿素。

$$H_2N-\overset{O}{\overset{\|}{C}}-NH_2 + HNO_3 \longrightarrow \underset{硝酸脲（白色）}{H_2N-\overset{O}{\overset{\|}{C}}-NH_2 \cdot HNO_3\downarrow}$$

（二）水解反应

尿素在酸、碱或尿素酶的催化下水解，生成二氧化碳、氨或铵。

$$H_2N-\overset{\overset{\large O}{\|}}{C}-NH_2 + H_2O \longrightarrow CO_2\uparrow + 2NH_3\uparrow$$

（三）与亚硝酸反应

尿素与亚硝酸反应，生成碳酸并定量释放出氮气。通过测量氮气的体积，可定量测定溶液中尿素的含量。同时，常利用此反应来破坏和除去亚硝酸。

$$H_2N-\overset{\overset{\large O}{\|}}{C}-NH_2 + 2HNO_2 \longrightarrow HO-\overset{\overset{\large O}{\|}}{C}-OH + 2N_2\uparrow + 2H_2O$$
$$\longrightarrow CO_2\uparrow + H_2O$$

（四）缩二脲的生成和缩二脲反应

将尿素缓慢加热到150~160℃，则2分子尿素发生缩合反应，脱去1分子氨，生成缩二脲。

$$H_2N-\overset{\overset{\large O}{\|}}{C}-NH_2 + H_2N-\overset{\overset{\large O}{\|}}{C}-NH_2 \xrightarrow[\triangle]{150\sim160℃} H_2N-\overset{\overset{\large O}{\|}}{C}-NH-\overset{\overset{\large O}{\|}}{C}-NH_2 + NH_3\uparrow$$

缩二脲

缩二脲是白色结晶，熔点为190℃，难溶于水，能溶于碱液。在缩二脲碱性溶液中，滴加少许稀硫酸铜溶液，即显紫红色，这种特殊的颜色反应称为缩二脲反应。凡分子中含有2个或2个以上酰胺键的化合物都可发生这种颜色反应，因此常利用缩二脲反应鉴别多肽和蛋白质。

目标检测

一、填空题

1. 胺可看作是________的烃基衍生物。
2. 常用来鉴别伯胺、仲胺和叔胺的试剂是________。
3. 凡含有________结构的物质均可发生缩二脲反应。
4. 苯胺中氮原子的杂化类型是________。
5. 氨的碱性比脂肪族胺的碱性________，比芳香族胺的碱性________。
6. 氮原子上连有1个烃基的胺称为________。
7. 酰胺是氨或胺分子中氮原子上的氢原子被________取代所形成的化合物。
8. 磺胺类药物的基本结构________。

二、单项选择题

1. 能与亚硝酸作用生成难溶于水的黄色油状物的化合物是（　　）

A. *N*，*N*-二甲基苄胺　　B. 乙胺

C. *N*，*N*-二甲基甲酰胺　　D. *N*-甲基苯胺

2. 下列化合物属于季铵盐的是（　　）

A. 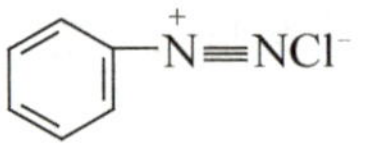

B. 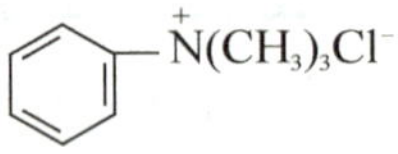

C. 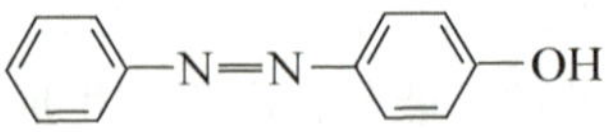

D. 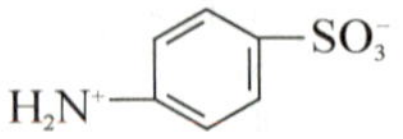

3. 下列化合物中碱性最强的是（　　）

A. 乙酰胺　　B. 二乙胺

C. 氢氧化四甲铵　　D. 苯胺

4. 室温下能与 HNO_2 反应放出 N_2 的化合物

是（　　）

A. 二乙胺　　B. *N*- 甲基苯甲酰胺

C. 对氨基苯酚　　D. 甲乙胺

5. 下列化合物分子中，氮原子上未共用电子对位于 sp^2 杂化轨道的是（　　）

A. 苯胺　　B. 乙胺

C. 吡啶　　D. 吡咯

6. 在苯胺与 HNO_2 反应中，试管放在冰水浴中时反应现象为（　　）

A. 有气泡放出　　B. 无气泡放出

C. 黄色固体生成　　D. 黄色油状物生成

7. 下列化合物能与乙酸酐反应的是（　　）

A. *N,N*- 二甲基苯胺　　B. 三甲胺

C. 三乙胺　　D. 甲乙胺

8. 能发生缩二脲反应的物质是（　　）

A. H_2NCONH_2

B. $NH_2CH_2CONHCH_2COOH$

C. $NH_2CONHCONH_2$

D. NH_2COCH_3

9. 下列化合物中碱性最强的是（　　）

A. 苯酚　　B. 苯胺

C. *N*- 苯基乙酰胺　　D. 邻苯二甲酰亚胺

10. 在碱性条件下，下列各组物质能用苯磺酰氯鉴别的是（　　）

A. 苯胺和 *N*- 甲基苯胺

B. 甲胺和乙胺

C. 二甲胺和甲乙胺

D. 二苯胺和 *N*- 甲基苯胺

11. 偶氮化合物的作用不包括（　　）

A. 酸碱指示剂　　B. 染料

C. 消毒剂　　D. 乳化剂

12. 下列能与溴水反应生成白色沉淀的是(　　)

A. 乙酰乙酸乙酯　　B. 苯胺

C. 乙烷　　D. 乙烯

13. 不能与乙酰氯反应的物质是（　　）

A. 苯胺　　B. 甲胺

C. 三甲胺　　D. 二甲胺醇

14. 二甲胺的官能团是（　　）

A. 氨基　　B. 甲基

C. 叔胺基　　D. 亚氨基

15. 胆碱属于（　　）

A. 酰胺　　B. 伯胺

C. 季铵盐　　D. 季铵碱

三、简答题

1. 胺类化合物的碱性强弱受哪些因素影响？是如何影响的？

2. 为什么常将一些胺类药物制成盐使用？

四、命名化合物或写出结构式

1. $CH_3CH_2NHCH_3$　　2. $(CH_3CH_2)_4N^+I^-$

3. $CH_3CH_2CONHCH_3$　　4. 甲基二乙胺

5. 苯甲酰胺　　6. 缩二脲

五、用化学方法鉴别下列各组化合物

1. 甲胺、甲乙胺和三乙胺

2. 苄胺、尿素和苯甲酸

3. 邻甲苯胺、*N*- 甲基苯胺、苯甲醇和水杨酸

4. *N*- 乙基苯胺、三乙基胺和邻甲基苯胺

5. 苯胺、苯酚、苄胺和苄醇

6. 苯胺、*N*，*N*- 二甲基苄胺和尿素

六、完成化学反应方程式

1. $(CH_3)_2CH_2NH_2 + HNO_2 \longrightarrow$

2. 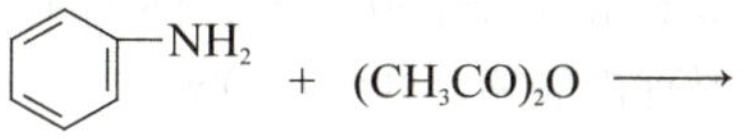

3. 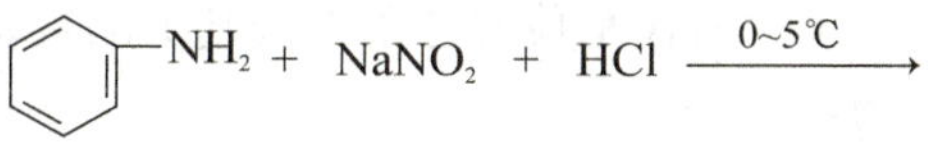

4. $H_2N-\overset{\overset{\displaystyle O}{\|}}{C}-NH_2 + H_2N-\overset{\overset{\displaystyle O}{\|}}{C}-NH_2 \xrightarrow[\triangle]{150\sim160℃}$

（张　悦）

第 12 章　酯和脂类

● 案例 12-1

患者，男，45 岁，肥胖，日常饮食喜欢吃动物内脏、肥肉、油炸食品，近期出现胸闷、气短、心慌、胸痛、乏力的症状，每天早上起来的时候身体也会出现一些不舒服的情况。医生要求张某进行血脂检查和心电图检查。

问题：1. 血脂的主要成分是什么？

2. 不良饮食习惯是否会导致血脂高？血脂高对身体有什么危害？

酯是羧酸和醇脱水反应的产物。由脂肪酸和醇作用生成的酯及其衍生物统称为脂类。脂类是油脂和类脂的总称，广泛存在于生物体内。

第 1 节　酯

一　酯的分类、结构和命名

由无机酸和醇反应生成的酯，称为无机酸酯，由羧酸和醇反应生成的酯，称有机酸酯。本章主要学习有机酸酯，通常简称酯。

酯可以看作是羧酸分子中羧基上的羟基被烃氧基取代后生成的化合物。一元酸酯的结构通式为：

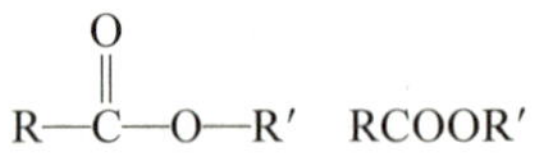

酯的结构通式

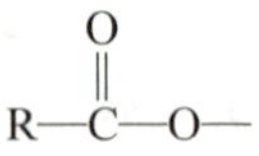

酯键

其中 R 和 R′ 可以相同，也可以不相同。酯的命名是根据生成酯的羧酸和醇的名称而命名，酸名在前，醇名在后，把“醇”字改成“酯”字，称为“某酸某酯”。例如：

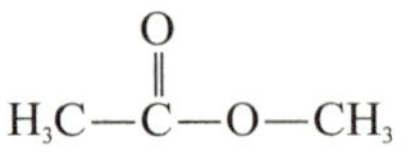

乙酸甲酯

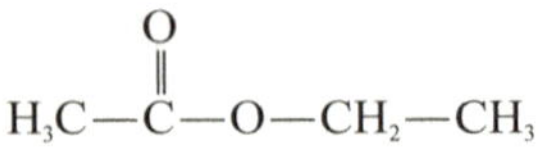

甲酸乙酯

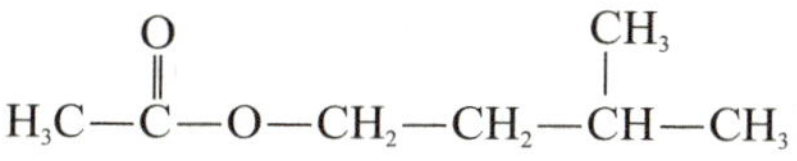

乙酸异戊酯

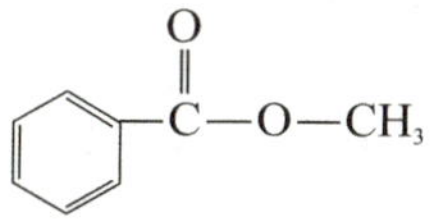

苯甲酸甲酯

二 酯的性质

（一）物理性质

酯类广泛存在于自然界。低级的酯为无色有香味的液体，存在于各种水果和花草中，如乙酸乙酯有苹果香味，乙酸异戊酯有香蕉味，乙酸甲酯有菠萝香味。酯可作为食品和饮料及日用品的香料。高级酯为蜡状固体，一般没有气味。

医药上的酯类药物主要是血管扩张药，如亚硝酸异戊酯、硝酸甘油等，可以用于扩张血管、缓解心绞痛等。

酯一般比水轻，难溶于水，易溶于有机溶剂。低级酯能溶解很多有机化合物，是良好的有机溶剂。

（二）化学性质

1. 酯的水解　酯可以和水反应，生成相应的羧酸和醇。

$$R-\overset{O}{\overset{\|}{C}}-O-R' + H_2O \rightleftharpoons R-COOH + R'OH$$

酯在酸催化下的水解，是酯化反应的逆反应，但水解不完全。在碱作用下水解时，产生的酸可与碱生成盐而破坏平衡体系，实验证明在足够量的碱存在时，酯的水解可以进行到底。

$$R-\overset{O}{\overset{\|}{C}}-O-R' + NaOH \xrightarrow[\triangle]{H_2O} R-\overset{O}{\overset{\|}{C}}-ONa + R'OH$$

酯的生成和酯的水解在有机合成中常用于羟基的保护，如制取对硝基苯乙醇。

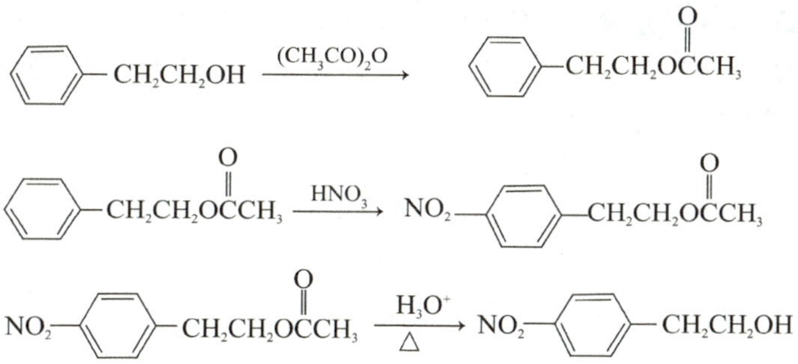

2. 酯的醇解反应　酯的醇解反应可生成另一种酯，这个反应称为酯交换反应。

$$RCOOR' + R''OH \longrightarrow RCOOR'' + R'OH$$

酯交换反应常用于由结构简单且廉价的醇或酯制备结构复杂的醇或酯，如局部麻醉药普鲁卡因的合成：

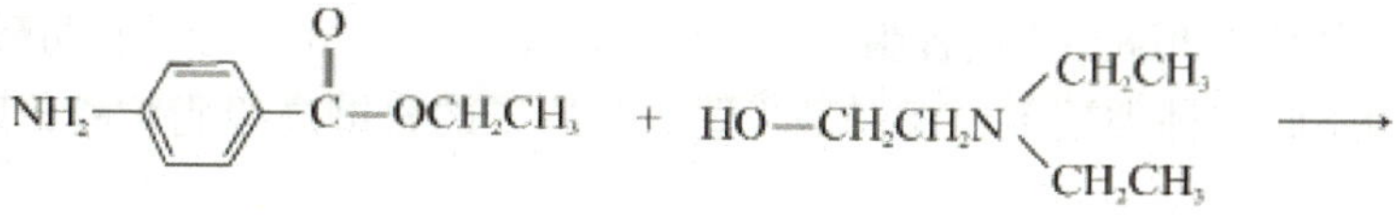

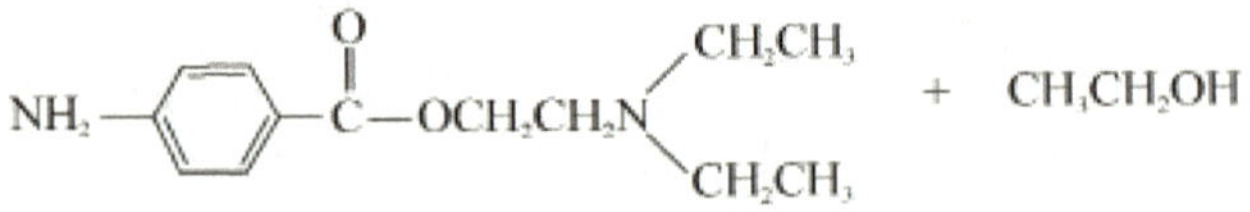

3. 酯的氨解　酯可以顺利地与氨作用生成相应的酰胺和醇，其反应活性远小于酰卤和酸酐的氨解反应。

$$RCOOR' \xrightarrow{NH_3} RCONH_2 + R'OH$$

4. 酯的还原反应　酯比羧酸容易还原，而且酯的还原很容易。酯还原时，可使用多种还原剂，可生成两种伯醇。

$$RCOOR' \xrightarrow[2)H_2O]{1)LiAH_4/\text{干乙醚}} RCH_2OH + R'OH$$

$$RCOOR' \xrightarrow{Na+CH_2OH} RCH_2OH + R'OH$$

酯还能被醇和金属钠还原而不影响分子中的 C=C，如制造月桂醇。

5. 酯缩合反应　在强碱作用下，具有 α-H 的酯分子之间反应脱除一分子醇生成 β- 酮酸酯，这个反应也称为克莱森酯缩合反应。

$$CH_3\overset{\overset{O}{\|}}{C}-OC_2H_5 + H-CH_2\overset{\overset{O}{\|}}{C}OC_2H_5 \xrightarrow{NaOC_2H_5} \xrightarrow{H_3O^+} CH_3\overset{\overset{O}{\|}}{C}-CH_2\overset{\overset{O}{\|}}{C}-OC_2H_5 + C_2H_5OH$$

第2节　油　　脂

油脂是油和脂肪的总称。习惯上把常温下呈液态的称为油，通常来自于植物，如花生油、豆油、芝麻油等。常温下呈固态或半固态的称为脂肪，简称为脂，通常来自于动物，如猪脂、牛脂、羊脂等。油脂是动植物体的重要成分，也是人类的主要营养物质之一。

一　油脂的组成与结构

油脂是甘油和高级脂肪酸生成的甘油酯。天然油脂主要是 1 分子甘油和 3 分子高级脂肪酸脱水形成的酯，其结构式通式为：

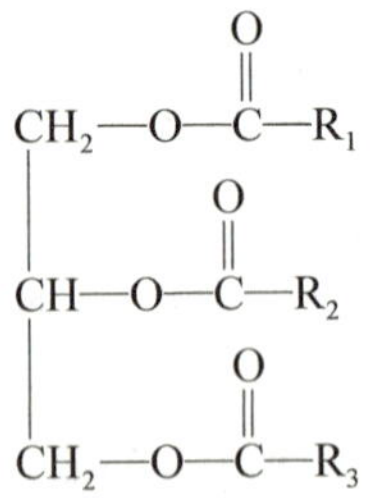

结构式中 R_1、R_2、R_3 代表饱和烃基或不饱和烃基，它们可以相同，也可以不相同，其中烃基相同的为单甘油酯（单三酰甘油），不相同的称为混甘油酯（混三酰甘油）。天然油脂多为混甘油酯。油脂命名时，通常把甘油的名称放在前面，脂肪酸的名称放在后面，称为甘油三某酸酯，若为混甘油酯，要把各脂肪酸的位置用 α 、β 、α′ 标明脂肪酸的位次。

组成油脂的脂肪酸种类较多，大多是含偶数碳原子的直链高级脂肪酸，以含十六和十八碳原子的高级脂肪酸较常见。脂肪酸中碳原子之间只有碳碳单键的为饱和脂肪酸，如硬脂酸；碳原子间含有一个碳碳双键的为单不饱和脂肪酸，如油酸；含多个碳碳双键的为多不饱和脂肪酸，如亚油酸。重要的高级脂肪酸见表 12-1。

表 12-1　常见油脂中所含的重要的高级脂肪酸

类别	名称	结构简式
饱和脂肪酸	棕榈酸（十六碳酸）	$CH_3(CH_2)_{14}COOH$
	硬脂酸（十八碳酸）	$CH_3(CH_2)_{16}COOH$
不饱和脂肪酸	油酸（9- 十八碳烯酸）	$CH_3(CH_2)_7CH{=}CH(CH_2)_7COOH$
	亚油酸（9，12- 十八碳二烯酸）	$CH_3(CH_2)_4(CH{=}CHCH_2)_2(CH_2)_6COOH$
	亚麻酸（9，12，15- 十八碳三烯酸）	$CH_3(CH_2CH{=}CH)_3(CH_2)_7COOH$
	花生四烯酸（5，8，11，14- 二十碳四烯酸）	$CH_3(CH_2)_4(CH{=}CHCH_2)_4(CH_2)_2COOH$

在油脂分子中如含有较多的低级脂肪酸和不饱和高级脂肪酸成分，这种油脂在常温下一般为液态。在油脂分子中如含有较多的饱和高级脂肪酸，这种油脂在常温下一般为固态。

多数的脂肪酸在人体内都能够进行合成，只有亚油酸、亚麻酸、花生四烯酸等在体内不能合成，但它们又是营养上不可缺少的脂肪酸，必须由食物供给，因而就称为必需脂肪酸。例如，花生四烯酸是合成体内重要活性物质前列腺的原料，人体必须从食物中摄取。

二 油脂的性质

油脂比水轻，难溶于水，易溶于汽油、乙醚、氯仿等有机溶剂。纯净的油脂是无色、无味的物质，但天然的油脂，常因含有色素和维生素而显不同的颜色和气味，而且没有固定的熔点和沸点。

（一）水解反应

油脂属于酯类化合物，在酸、碱或酶的作用下能发生水解反应。1mol 油脂完全水解可生成 1mol 甘油和 3mol 相应的高级脂肪酸。

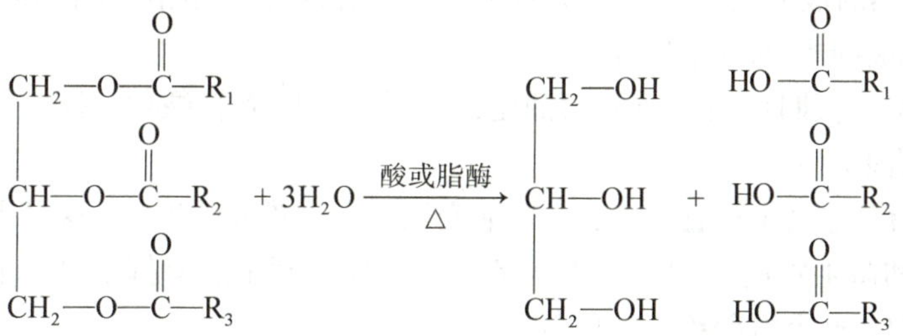

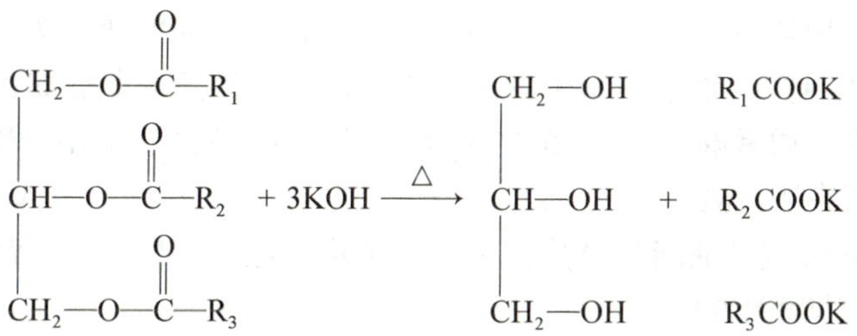

若在碱性溶液中水解，生成甘油和高级脂肪酸盐，高级脂肪酸盐被称为肥皂，所以油脂在碱性溶液中发生的水解反应称为皂化反应。1g 油脂完全皂化所需要的氢氧化钾的毫克数，称为皂化值。根据皂化值的大小，可以判断油脂中三酰甘油的平均相对分子质量。皂化值越大，油脂中三酰甘油的平均相对分子质量越小，表示该油脂中含相对分子质量较低的脂肪酸较多。

由高级脂肪酸钠盐组成的肥皂，称为钠肥皂，这是常用的普遍肥皂。由高级脂肪酸钾盐组成的肥皂，称为钾肥皂，它就是医药上常用的软皂。由于软皂对人体皮肤、黏膜刺激性小，医药上常用作灌肠剂或乳化剂。

油脂在不完全水解时，生成脂肪酸、甘油二酯和甘油一酯。

脂肪水解后生成的甘油、脂肪酸、甘油一酯和甘油二酯在体内均可被吸收利用。

（二）加成反应

1. 氢化　不饱和的液态油通过催化加氢提高饱和程度，可从液态的油变成固态的脂肪。此过程称为油脂的氢化，又称为油脂的硬化。氢化后得到的固态油脂称为硬化油。硬化油不易被空气氧化变质，便于储存和运输，可作为制肥皂的原料。

知识链接

氢化油脂与人体健康

氢化油脂又名氢化油，是指通过加氢工艺，改变了熔点或熔解特性的油脂。食品工业常用的氢化油脂多为氢化植物油。植物油脂经氢化后会产生部分反式脂肪酸。长期过量食用经氢化加工产生的反式脂肪酸可引起人体血脂代谢异常，增加低密度脂蛋白胆固醇含量，降低高密度脂蛋白胆固醇含量，从而增加心血管疾病发生风险。反式脂肪酸摄入还会影响儿童的生长发育及神经系统健康，增加 2 型糖尿病的患病风险并导致妇女不孕。世界卫生组织和联合国粮农组织（WHO/FAO）在《膳食、营养与慢性疾病》中建议，为增进心血管健康，应尽量控制膳食中的反式脂肪酸，日平均最大摄取量不超过总能量的 1%。

2. 碘化　油脂中不饱和脂肪酸的碳碳双键与碘的加成反应常用来测定油脂的不饱和程度。每 100g 油脂吸收碘的最大质量称为油脂的碘值。碘值越大，油脂的不饱和程度越高。碘值高低也是衡量食用油脂质量的一个标准。

医学研究证实，长期食用低碘值的油脂，容易使动脉血管硬化。所以，老年人应该食用高碘值的植物油油脂。

3. 酸败　油脂在空气中放置过久，将逐渐变质而产生难闻的气味，这是因为油脂受光、热、水、空气中的氧和微生物的作用，发生水解、氧化反应而生成有挥发性、有臭味的低级醛酮和脂肪酸的混合物，这个过程称为油脂的酸败。

油脂酸败程度可用酸值来表示。中和 1g 油脂中的游离脂肪酸所需氢氧化钾的毫克数，称为油脂的酸值。酸值越大，说明油脂中游离脂肪酸的含量越高，即酸败程度较严重，酸败的油脂有毒性和刺激性，通常酸值大于 6.0 的油脂不宜食用。为防止油脂的酸败，油脂应储存于密闭的容器中，放置在阴凉处。

皂化值、碘值和酸值是油脂品质分析中的 3 个重要理化指标。一些常见油脂的皂化值、碘值和酸值的正常值见表 12-2。

表12-2 一些常见油脂的皂化值、碘值和酸值

名称	皂化值	碘值	酸值
猪油	193 ~ 200	46 ~ 66	1.56
蓖麻油	176 ~ 187	81 ~ 90	0.12 ~ 0.8
茶油	170 ~ 180	92 ~ 109	2.4
棉籽油	191 ~ 196	103 ~ 115	0.6 ~ 0.9
亚麻油	189 ~ 196	170 ~ 204	1 ~ 3.5

国家对不同油脂的皂化值、碘值、酸值有一定的要求，符合国家规定标准的油脂才可供药用和食用。

第3节 类 脂

类脂是在结构或性质上与油脂相似的天然化合物，在动植物界中存在较广，种类较多，重要的类脂有磷脂和甾体化合物（固醇）。它们在生物的生命活动中起重要的作用。

一 磷脂

磷脂是一类含有磷酸基团的化合物，广泛分布在动植物组织中，一切细胞的细胞膜中均含有磷脂。磷脂主要存在于脑、神经组织、骨髓、心、肝、肾等器官中，蛋黄、植物的种子及胚芽中也都含有丰富的磷脂。

磷脂是含磷的脂肪酸甘油酯，性质和结构与油脂相似。磷脂完全水解后可以得到甘油、脂肪酸、磷酸和含氮的有机碱 4 种物质。常见的磷脂有卵磷脂和脑磷脂。

（一）卵磷脂

卵磷脂又称磷脂酰胆碱。纯的卵磷脂是白色蜡状物质，在空气中易被氧化变成黄色或棕色，卵磷脂不溶于水、丙酮，易溶于乙醚、乙醇及氯仿中。卵磷脂在脑、神经组织、肝脏、肾上腺及红细胞中含量较多，尤其是蛋黄中含量较为丰富。

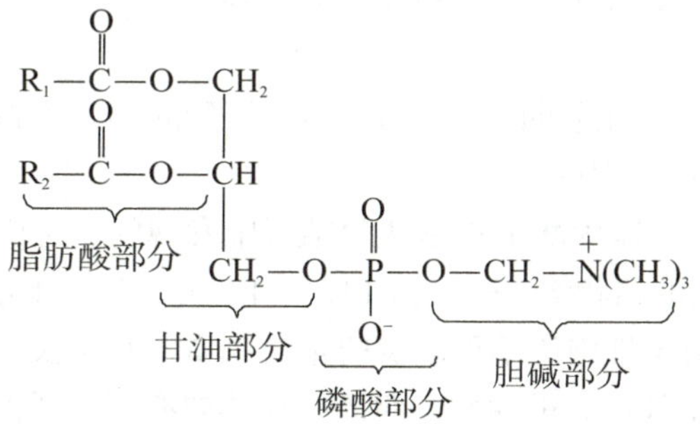

（二）脑磷脂

脑磷脂又称为磷脂酰乙醇胺，与卵磷脂并存于动物机体各组织及器官中，尤其是动物脑组织中含量较多。脑磷脂不稳定，易被空气氧化成棕黑色，可溶于乙醇，不溶于乙醚。

脑磷脂与血液凝固有关。血小板内能促进血液凝固的凝血激酶就是脑磷脂和蛋白质

组成的。

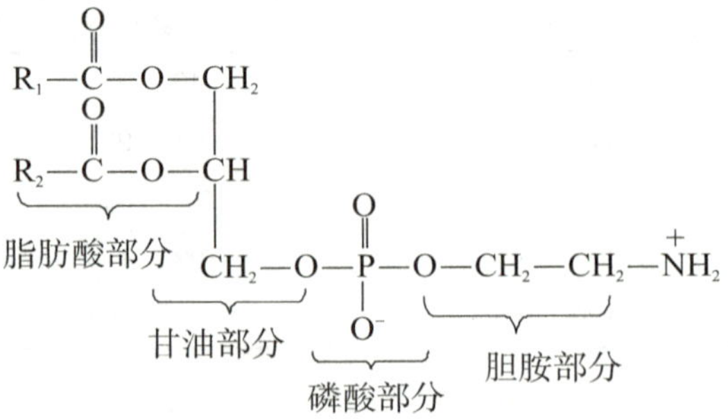

二 甾体化合物

甾体化合物又称为类固醇化合物，是广泛存在于生物体内的一类重要的天然物质。其独特的生物学性质对机体的生理作用有着十分重要的意义。

甾体化合物分子中含有环戊烷并氢化菲四环结构，四环分别用 A、B、C、D 表示，环上的碳原子按照固定顺序编号。

大多数甾体化合物在 C_{10} 和 C_{13} 上各连有一个甲基，在 C_{17} 上连有一个取代基，构成了甾体化合物的基本骨架结构。中文“甾”字很形象地表达了这种特征，“田”表示 4 个稠合环，“巛”表示环上的 3 个侧链。

甾体化合物种类很多，结构复杂，其名称常用俗名。

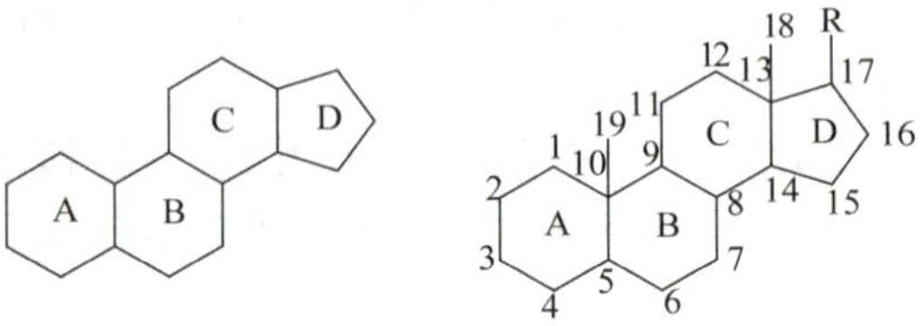

环戊烷并氢化菲甾体化合物的基本骨架

三 医学中的甾体化合物

（一）甾醇

甾醇是一类饱和或不饱和的仲醇。在动物体内以酯的形式存在，在植物体内以苷的形式存在。在甾醇中最重要的是胆固醇。

1. 胆固醇（胆甾醇） 胆固醇最初是从胆结石中发现的一种固体醇，因而称为胆固醇。胆固醇为无色或略带黄色的蜡状物，熔点为 147 ~ 150℃，难溶于水，易溶于乙醚、氯仿等有机溶剂。胆固醇是动物组织细胞所不可缺少的重要物质，它不仅参与形成细胞膜，而且是合成胆汁酸、维生素 D 及甾体激素的原料。胆固醇在体内有着广泛的生理作用，但当其过量时便会导致高胆固醇血症，对机体产生不利的影响。现代研究已发现，动脉粥样硬化、静脉血栓形成与胆石症和高胆固醇血症有密切的相关性。

2. 7- 脱氢胆固醇 7- 脱氢胆固醇是一种动物甾醇，与胆固醇的不同之处在于 C_7~C_8 之间为双键，存在于人体皮肤中，当受到紫外线照射时可发生开环反应转变为维生素 D_3。适当晒太阳是获得维生素 D_3 的最简单方法。

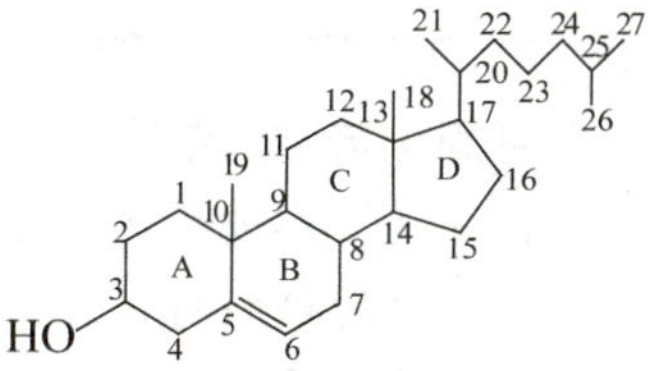

胆固醇

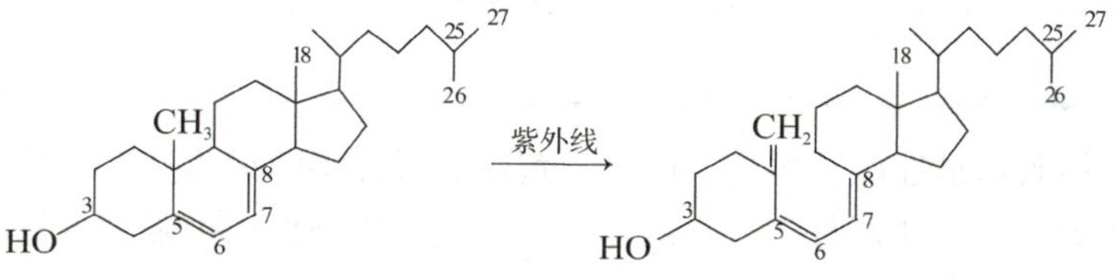

7-脱氢胆固醇　　　　维生素D_3

（二）胆甾酸

在动物胆汁中，含有几种结构与胆固醇类似的酸性化合物统称为胆甾酸。其中人体内重要的胆甾酸是胆酸和脱氧胆酸。胆酸的结构特征是分子中无双键，C_3、C_7和C_{12}上各有1个羟基，C_{17}上连有含5个碳原子的侧链，链端是羧基。

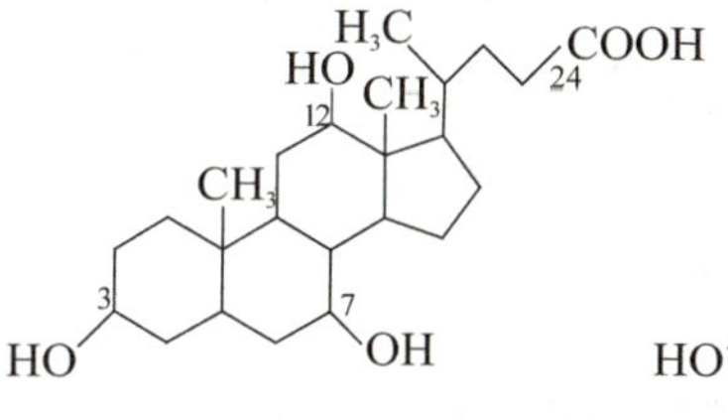

胆酸

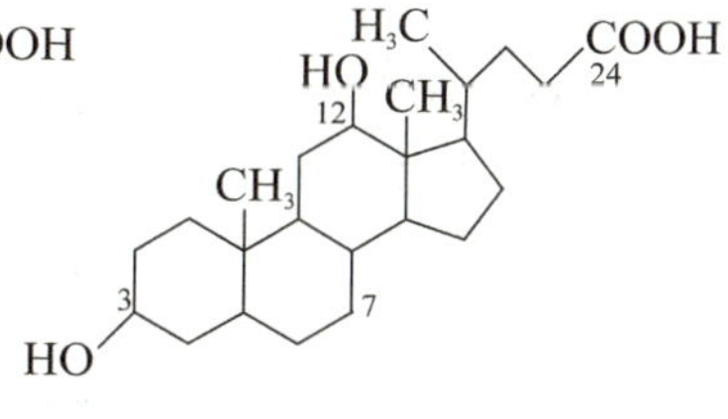

脱氧胆酸

胆汁中的胆甾酸大多与甘氨酸或牛磺酸通过酰胺键结合，形成各种结合胆甾酸类化合物，它们总称为胆汁酸。在人体内小肠的碱性环境中，胆汁酸以其盐的形式存在，称为胆汁酸盐，胆汁酸盐对油脂的消化吸收起着重要的作用。

（三）甾体激素

人体内激素是一类调节代谢反应速度的有机化合物，甾体激素是激素类化合物中的一种，它的基本结构也是含有甾体化合物母核。甾体激素又可根据来源和生理功能的不同，分为肾上腺皮质激素和性激素两类。

1. 肾上腺皮质激素　肾上腺皮质激素是肾上腺皮质分泌的激素，其结构特征是C_3上有酮基，C_4~C_5之间为双键，C_{17}上连有1个2-羟基乙酰基。可的松、氢化可的松就属于肾上腺皮质，具有抗炎症、抗过敏和抗休克等药理作用。

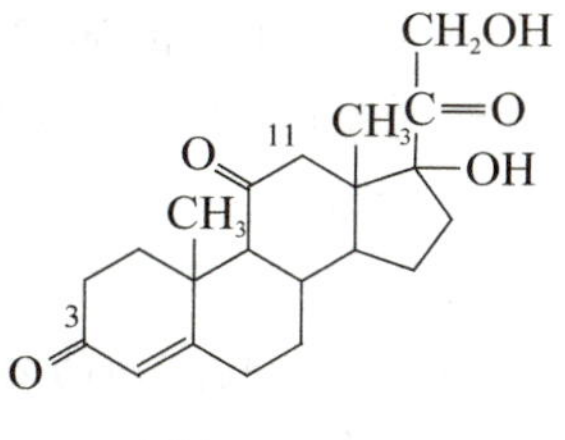

可的松

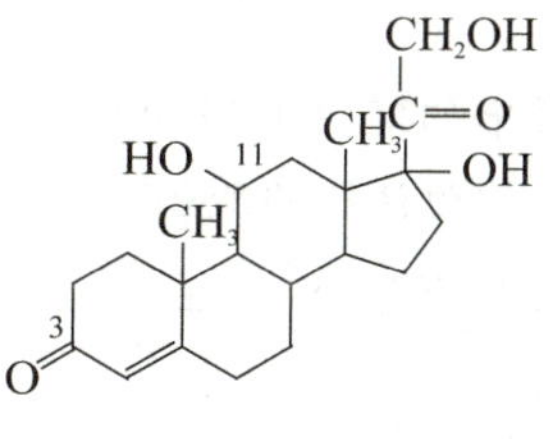

氢化可的松

知识链接

可的松与诺贝尔奖

1950 年美国的菲利浦·寿瓦尔德·亨奇和爱德华·肯德尔因为发现可的松的疗效而获得了诺贝尔生理学或医学奖。亨奇对可的松的研究最初是针对关节炎的治疗，后来临床试验发现可的松对药物过敏、慢性哮喘、系统性红斑狼疮、结节性多动脉炎和虹膜炎等疾病有显著的疗效。如今，可的松及其衍生物被称"激素"，在医疗领域得到了非常广泛的应用。

2. 性激素　性激素是性腺（睾丸、卵巢、黄体）所分泌的甾体激素，具有促进性器官形成及第二性征（如声音、体形等）发育的作用。它们的生理作用很强，少量就能产生极大的影响。性激素分为雄性激素和雌性激素两类。常见的雄性激素有睾酮（又称睾丸素）、睾丸素酯等，其中睾酮的活性最大。常见的雌性激素有黄体酮，黄体酮具有促进受精卵的发育和保胎作用。

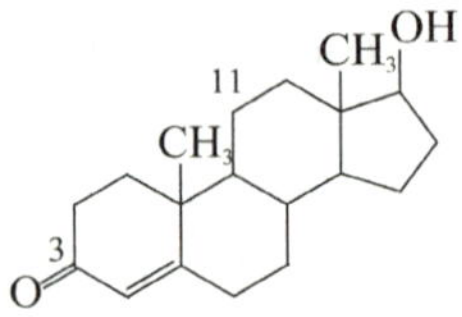

睾酮

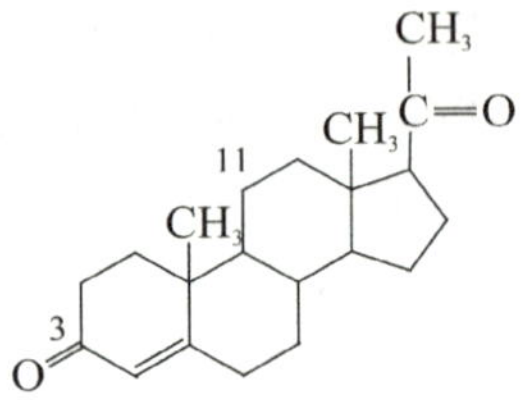

黄体酮

目标检测

一、名词解释

1. 酯　2. 必需脂肪酸　3. 皂化反应

二、填空题

1. 油脂是________和________的总称。它是由高级脂肪酸和________生成的甘油酯。
2. 酯在酸性条件发生水解反应，生成________和________，所以该反应是________反应的逆反应。
3. 中和________g 油脂中的游离脂肪酸所需________的毫克数，称为油脂的酸值。
4. 甾体化合物由________个六元环和________个五元环稠合而成。
5. 油脂分析中的 3 个重要指标是________、________和________。

三、单项选择题

1. 一元羧酸酯的结构通式是（　　）

   A. R_1COOR_2　　B. R_1OR_2

   C. R_1COR_2　　D. RCOOH

2. 1mol 油脂完全水解后能生成（　　）

   A. 1mol 甘油和 1mol 甘油二酯

   B. 1mol 甘油和 1mol 脂肪酸

   C. 3mol 甘油和 1mol 脂肪酸

   D. 1mol 甘油和 3mol 脂肪酸

3. 测定油脂的不饱和程度，采用的方法是（　　）

   A. 加氢　　B. 加溴

   C. 加碘　　D. 加氯化氢

4. 使油脂硬化常用的方法是（　　）

   A. 加氢　　B. 加溴

   C. 加碘　　D. 加氯化氢

5. 甾族化合物的基本结构是（　　）

A. 氢化菲　　B. 环己烷并氢化菲

C. 环戊烷并氢化　　D. 环戊烷并氢化菲

6. 下列化合物经紫外线照射后，能转变成维生素 D_3 的是（　　）

A. 胆固醇　　B. 胆酸

C.7- 脱氢胆甾醇　　D. 麦角甾醇

7. 油脂碘值的大小可以用来判断油脂的(　　)

A. 相对分子质量　　B. 酸败程度

C. 不饱和程度　　D. 溶解度

8. 人体内不能合成，必须由食物供给的脂肪酸是（　　）

A. 油酸　　B. 亚油酸

C. 硬脂酸　　D. 乙酸

9. 下列物质能跟乙醇发生酯化反应的是(　　)

A. 乙醚　　B. 乙酸

C. 丙酮　　D. 苯酚

10. 下列物质中属于甾体化合物的是（　　）

A. 甘油醛　　B. 乳酸

C. 甲醛　　D. 胆酸

四、写出下列化合物的结构式

1. 乙酸甲酯
2. 苯甲酸甲酯
3. 油脂的结构通式
4. 甾体化合物的基本骨架

（王　丽）

第 13 章 糖　类

● 案例 13-1

患者，男，因口渴、消瘦前来就诊，经化验发现其患有糖尿病，医生嘱咐他要少吃糖，注意饮食均衡，在保证总热量的前提下，必须要严格控制每餐米、面等主食的摄入量，以防体内血糖的升高。

问题：糖是甜的，米饭不甜，多吃怎么也会使血糖升高呢？

糖类是自然界存在最多、分布最广的一类有机化合物，是生物体的重要组成部分，也是人类生命活动必需的物质之一。日常食用的蔗糖、粮食中的淀粉、哺乳动物乳汁中的乳糖、植物中的纤维素、人体血液中的葡萄糖、肝和肌肉中的糖原、细胞核中的核糖和脱氧核糖等都属于糖类化合物。糖类在人类生命活动中有着重要的意义。

糖类主要由C、H、O三种元素组成，H和O的比例通常为2 ∶ 1，可用通式$C_m(H_2O)_n$表示，因此曾称为碳水化合物。鼠李糖（$C_6H_{12}O_5$）、脱氧核糖（$C_5H_{10}O_4$）等不符合$C_m(H_2O)_n$通式。而乙酸（$C_2H_4O_2$）、乳酸（$C_3H_6O_3$）等符合此通式但不具有糖类的性质。所以，碳水化合物这个名称并不确切，但因使用已久，迄今仍在沿用。

从分子结构特点来看，糖类是多羟基醛、多羟基酮及其脱水缩合物。例如，葡萄糖是多羟基醛，果糖是多羟基酮，蔗糖则是葡萄糖与果糖脱水结合而成的缩合物，淀粉是由许多葡萄糖分子按照不同方式脱水结合而成的缩合物。糖类是多官能团化合物，如葡萄糖分子中除了醛基外，还含有 5 个醇羟基，因此，糖类物质既有所含官能团的性质，也有官能团间相互作用的反应。糖类化合物的分子中一般具有多个手性碳原子，具有旋光性和立体异构现象。

糖类化合物的种类很多，根据其能否水解及水解产物的不同可以分为三类：即单糖、低聚糖和多糖。单糖是指不能水解的多羟基醛或多羟基酮，如葡萄糖、果糖、核糖、脱氧核糖等。低聚糖是指能水解成 2 ～ 10 个单糖分子的糖，又称为寡糖。根据水解后生成单糖的数目，低聚糖可以分为二糖、三糖等，低聚糖中最重要的是二糖，如蔗糖、麦芽糖、乳糖等。多糖是指能水解成10个以上单糖分子的糖。多糖大多为天然高分子化合物，如淀粉、糖原、纤维素等。

糖类大多根据其来源而命名，如最初从葡萄中得到的糖称葡萄糖，从甘蔗中得到的糖称蔗糖。而有些糖则采用它的通俗名称，如淀粉、纤维素等。

知识链接

糖类在医药领域中的应用

糖类是大脑神经系统、肌肉、脂肪组织、胎儿生长发育等代谢的主要能量来源，是供给人和动物生命活动能量的最有效的营养物质。人体所需要的能量70%以上由糖类化合物提供。糖类与核酸、蛋白质、脂类一起合称生命活动所必需的四大类化合物。糖类化合物也是生物体内组织细胞的重要成分，具有重要的生理作用，是体内合成脂肪、蛋白质和核酸的基本原料。某些糖还具有特殊的生物学功能，如糖蛋白是细胞间或生物大分子之间识别信息的分子，肝素具有抗凝血作用，生命的遗传物质核酸的组成成分中也含有糖类物质。

我国饮食以米面为主，其中含大量的糖类，另外含糖量高的饮料、糕点等也被人们需求。如果过多地摄入糖而不能及时消耗掉，则糖在体内易转化为脂肪，易导致动脉粥状硬化；也易使体重增加，血压上升，心肺负担加重，甚至导致脂肪肝。据调查研究，冠心病的发生率也与食糖的消耗量呈正相关。因此，控制好食糖量有利于身体健康。

糖类在中草药中分布也十分广泛，常常占植物干重的80% ~ 90%。糖类化合物与药物的关系非常密切，如患者需要的葡萄糖输液、生产片剂时常用淀粉作赋形剂、右旋糖酐作血浆制剂、氨基糖苷类抗生素是一大类含糖的抗生素等，还有强心作用的毛地黄毒苷、黄夹桃毒苷、铃兰毒苷等水解后都有糖类化合物产生。

第1节 单 糖

单糖是结晶固体，能溶于水，大多具有甜味。单糖可以根据分子中所含碳原子的数目分为丙糖、丁糖、戊糖及已糖等。根据所含官能团分为醛糖和酮糖，含有醛基的单糖称为醛糖，含有酮基的单糖称为酮糖。

自然界中，单糖种类很多，最简单的单糖是丙糖：甘油醛和1，3-二羟基丙酮；最为常见的是戊糖及已糖，其中与生命活动关系最密切的主要是葡萄糖、果糖、核糖及脱氧核糖等。下面以葡萄糖和果糖为例，讨论单糖的结构和性质。

一 单糖的结构

（一）葡萄糖的组成和结构

1. 开链式结构　由元素分析和分子量测定确定了葡萄糖的分子式为 $C_6H_{12}O_6$，分子中有4个不相同的手性碳原子，其开链式空间构型可用费歇尔投影式表示如下：

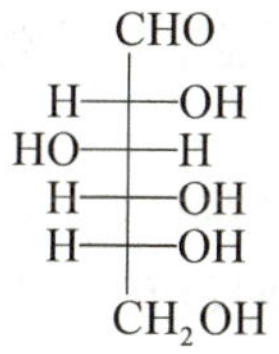

D-(+)-葡萄糖

含有多个手性碳的醛糖或酮糖，不论这个糖有几个手性碳原子，距官能团—CHO或 >C=O最远的手性碳原子上的—OH在右为D型，在左为L型，不考虑其他手性碳的构型如何。天然存在的单糖大多是D型糖。己醛糖有 2^4=16个旋光异构体（天然葡萄糖是其中一种），即8对对映体，8种D-型己醛糖的费歇尔投影式如下：

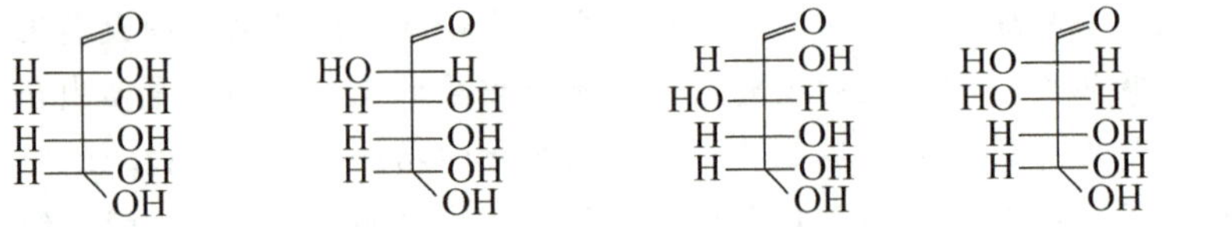

D-(+)-阿洛糖　D-(+)-阿卓糖　D-(+)-葡萄糖　D-(+)-甘露糖

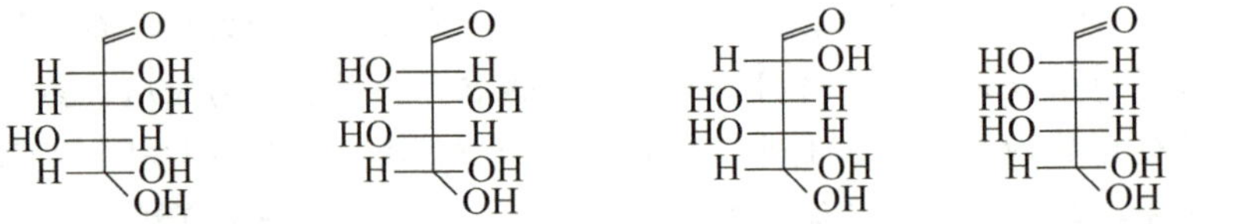

D-(−)-古罗糖　D-(−)-艾杜糖　D-(+)-半乳糖　D-(+)-塔罗糖

注意：D型或L型表示构型，与其旋光方向（+）或（-）无必然联系。

为书写方便，常用短线表示羟基，氢原子可以省略不写。也可用“△”代表醛基（—CHO），用“○”代表羟甲基（—CH_2OH）来书写。则D-（+）-葡萄糖开链式结构可用下列形式表示：

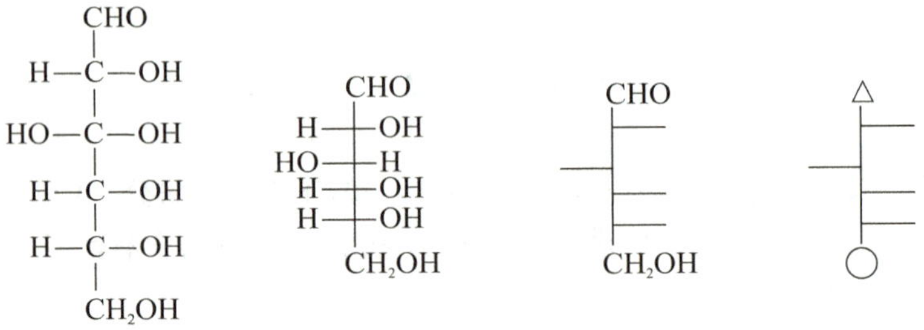

2. 氧环式结构与变旋光现象　从不同溶剂结晶可得到两种晶体D-（+）-葡萄糖。一种是从乙醇中结晶出来的，熔点为146℃，比旋光度为+112°；另一种是从吡啶中结晶出来的，熔点为150℃，比旋光度为+18.7°。如将这两种新配制的葡萄糖溶液溶于水后，可以发现它们的比旋光度逐渐发生变化，一个降低，一个升高，最后二者都达到一个平衡值+52.7°（一般放置24小时以上）。这种在新配制的糖溶液中，比旋光度自行改变最后达到恒定值的现象称为变旋光现象。

葡萄糖的开链式结构不但无法解释糖的变旋光现象，而且糖的有些性质也不能用开链结构说明。例如，葡萄糖的链状结构，具有醛基，能与HCN和羰基试剂等发生类似醛的反应，但在通常条件下却不与$NaHSO_3$起加成反应；在干燥的HCl存在下，葡萄糖只能与等物质的量的醇发生反应生成稳定的缩醛。

考虑到醛与醇能发生加成反应，生成半缩醛。研究发现在D-（+）-葡萄糖分子中，同时存在着醛基和羟基，可以发生分子内加成反应，生成具有半缩醛结构的环状化合物。经X线衍射实验证明，D-（+）-葡萄糖一般是以C-5上的羟基与醛基反应，以含氧的六元环的半缩醛形式存在。糖的这种环状结构又称为氧环式结构，比较稳定，葡萄糖的开链结构转变为环状结构的过程中，醛基碳原子由 sp^2 杂化转变为 sp^3 杂化，有两种异构体存在，两个环状结构的葡萄糖是一对非对映体，它们的区别仅在于 C-1 构型不同。C-1 上新形成的半缩醛羟基（也称苷羟基）与决定单糖构型的C-5 上的羟基在同侧者，称为 *α*- 型；在异侧者，称为 *β*- 型。*α*- 型和 *β*- 型为非对映异构体，在 *α*- 型与 *β*- 型两种 D-（+）- 葡萄糖中除 C-1 外，其他手性碳原子的构型完全相同，它们的不同只是在 C-1 的构型上。

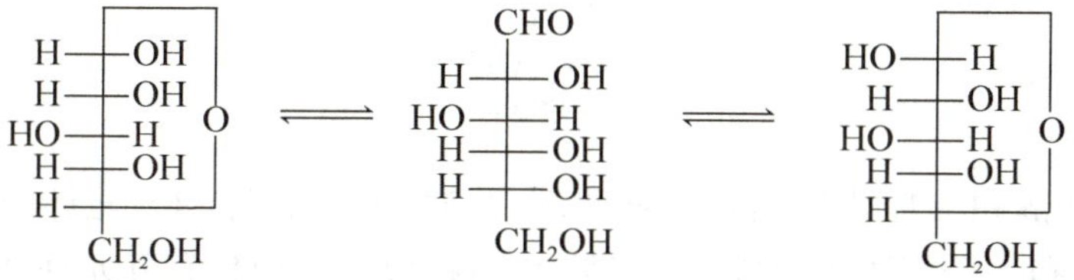

α-D-(+)-葡萄糖 熔点146℃　　D-(+)-葡萄糖　　*β*-D-(+)-葡萄糖 熔点150℃

葡萄糖的环状结构可以解释开链结构所不能解释的变旋光等现象。在溶液中，葡萄糖可以通过开链结构形成一个互变平衡体系。平衡时 *α*- 型约占 36.4%，*β*- 型约占 63.6%，环状结构和开链结构之间的互变是产生变旋光现象的原因。凡是分子中具有半缩醛或半缩酮结构的糖都会产生变旋光现象，当 3 种结构最终达到动态平衡时，比旋光度达到恒定值 +52.7° 。因此，在测定具有变旋光现象的糖溶液的旋光度时，一定要在平衡状态下进行。由于在平衡状态，开链结构占的比例很少，因此，葡萄糖与饱和 $NaHSO_3$ 溶液不发生反应。

3. 哈沃斯（Haworth）透视式　葡萄糖的环状结构中过长的碳氧键不能合理体现环的稳定性。为了更真实和形象地表达单糖的氧环结构，以及分子中各原子及基团之间的相对位置，一般采用哈沃斯透视式来表示。哈沃斯透视式的写法是将环的平面垂直于纸平面，粗线表示在纸面的前方，细线表示在纸面的后方；习惯上将六元环中的氧原子写在纸平面的后右上方，将葡萄糖开链结构中位于碳链左侧的氢和羟基写在环平面的上方，位于碳链右侧的氢和羟基写在环平面的下方。D- 型糖与 L- 型糖用哈沃斯透视式表示时，其区别在于 C-5 上的羟甲基的方位，如果成环碳原子按编号由小到大顺时针排列，写在环平面上方者为 D- 型，在平面下方为 L- 型；*α*- 型和 *β*- 型的区别在于 C-1 上的半缩醛羟基的方位，半缩醛羟基与羟甲基写在环的异侧的为 *α*- 型，写在环的同侧的为 *β*- 型。

知识链接

哈沃斯式的写法

①氧桥上的氧原子一般位于环的右后方；②碳原子按顺时针方向排列；③末端—CH_2OH，D- 系列单糖写在环左上方；④其他基团：氧环式右侧基团写在环下方，氧环式左侧基团写在环上方。葡萄糖的环状结构与杂环吡喃相似，故把六元环状的糖称为吡喃糖。

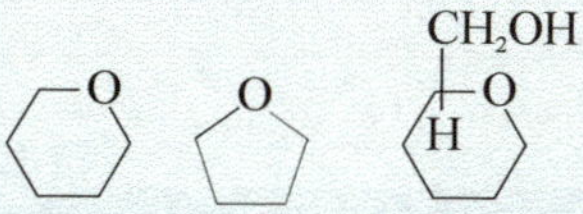

（二）果糖的组成和结构

果糖的分子式为 $C_6H_{12}O_6$，是己酮糖，和葡萄糖互为同分异构体。从结构上看，在果糖分子中 C-2 上是酮基，其余 5 个碳原子上分别连有 1 个羟基，其中 C-3、C-4、C-5 上羟基在空间的位置与葡萄糖相同。果糖分子中含 3 个手性碳原子，离羰基最远的手性碳原子 C-5 上的羟基在右边，属于 D- 型糖。己酮糖有 $2^3=8$ 个立体异构体，即 4 对对映体。

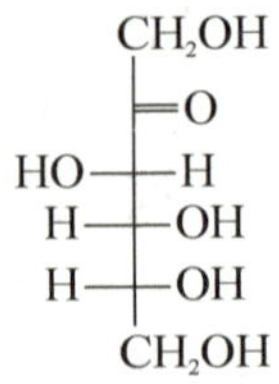

D-(−)-果糖

D- 果糖具有开链和氧环式结构，果糖的环状结构有六元环和五元环两种形式。五元环是由 4 个碳原子和 1 个氧原子组成，与杂环呋喃相似，故把具有五元环状结构的糖称为呋喃糖。通常，游离态的果糖以六元环状半缩酮形式存在，而结合态果糖则以五元环状半缩酮形式存在。吡喃果糖和呋喃果糖都有 *α*- 型和 *β*- 型两种。在水溶液中，果糖的开链结构和环状结构互变而处于动态平衡，故也有变旋光现象，平衡时的比旋光度为 −92° 。

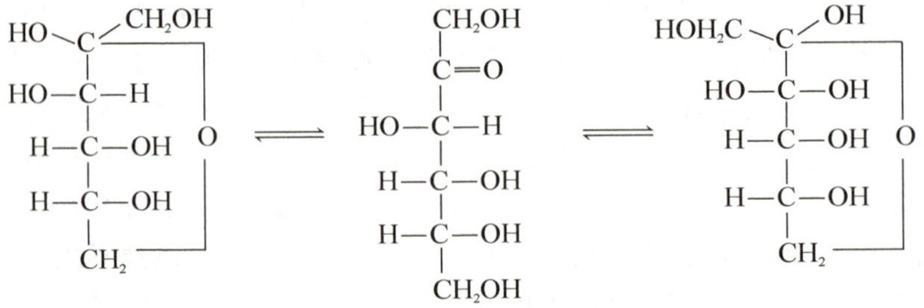

α-吡喃果糖　　开链式果糖　　*β*-吡喃果糖

果糖的氧环式结构也可以用哈沃斯式表示。下面是果糖的五元环（呋喃型）和六元环（吡喃型）哈沃斯式结构。

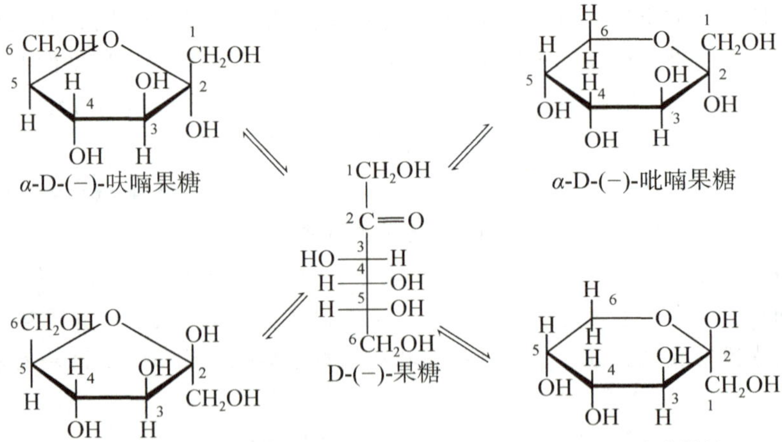

α-D-(−)-呋喃果糖　　*α*-D-(−)-吡喃果糖　　D-(−)-果糖　　*β*-D-(−)-呋喃果糖　　*β*-D-(−)-吡喃果糖

二 单糖的性质

（一）物理性质

单糖都是结晶性固体，易溶于水，难溶于乙醇等有机溶剂，有吸湿性。单糖具有甜味，不同单糖甜度各不相同，果糖甜度最高。除二羟基丙酮外，单糖都有旋光性，具有环状结构的单糖都有变旋光现象。

（二）化学性质

单糖在水溶液中以环状结构与开链结构互变形式存在。因此，单糖的化学反应有的是以开链结构进行的，有的则是以环状结构进行的。

1. 互变异构 醛糖和酮糖在稀碱性溶液中可发生相互转化。例如，D- 果糖在碱性溶液中可以通过烯二醇中间体转化为 D- 葡萄糖和 D- 甘露糖，最终形成三种糖的平衡混合物。

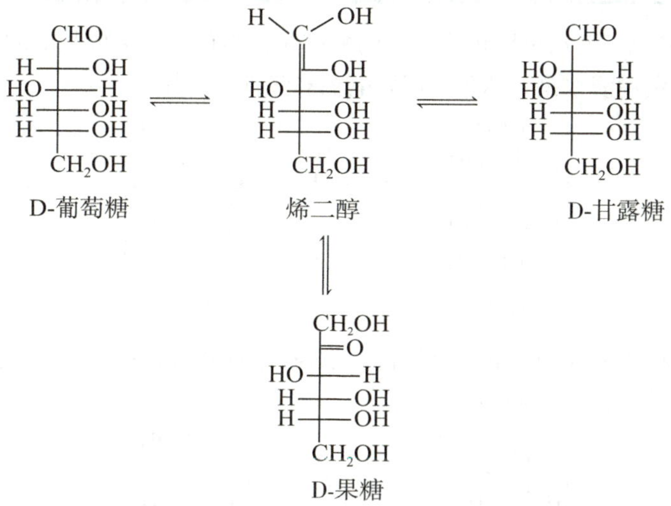

在含有多个手性碳原子的旋光异构体之间，只有 1 个手性碳原子的构型不同，而其他手性碳原子的构型完全相同的异构体，它们互称为差向异构体。例如，D- 葡萄糖和 D- 甘露糖仅仅是 C-2 上的羟基构型不同，所以它们互称为 C-2 差向异构体。差向异构体之间的转化称为差向异构化（互变异构）。D- 葡萄糖或 D- 甘露糖与 D- 果糖之间的转化，是醛糖和酮糖的转化。

2. 氧化反应

（1）被碱性弱氧化剂氧化：单糖无论是醛糖或酮糖都可以被碱性弱氧化剂（斐林试剂、托伦试剂、班氏试剂等）氧化，具有还原性，称为还原糖。单糖的酮糖在碱性溶液中可异构化成醛糖，故也能被上述弱氧化剂氧化。单糖能被斐林试剂、班氏试剂还原成氧化亚铜砖红色沉淀，能被托伦试剂还原生成银镜。

$$\text{单糖} + [Ag(NH_3)_2]OH \rightarrow \text{复杂氧化物} + Ag\downarrow$$

（托伦试剂）

$$\text{单糖} + Cu(OH)_2 \rightarrow \text{复杂氧化物} + Cu_2O\downarrow$$

（斐林试剂或班氏试剂）

利用单糖的还原性可做定性定量测定。临床上常用班氏试剂来检验糖尿病患者尿液中是否含有葡萄糖，并根据产生 Cu_2O 沉淀的颜色深浅及量的多少来确定葡萄糖的含量。

知识链接

尿 糖

尿中出现葡萄糖，主要是由于高血糖导致肾小球滤过的葡萄糖超出肾小管的重吸收阈值或小管重吸收能力下降导致。如果尿糖阳性，应结合临床区别是生理性糖尿还是病理性糖尿。生理性糖尿多见于饮食过度、应急状态和妊娠；病理性糖尿多见于血糖升高引起的糖尿、肾小管功能受损所导致的肾性糖尿及一些内分泌异常所引发的糖尿。

临床上常用尿样与班氏试剂反应，若生成物呈蓝色，说明尿中无糖，代表阴性结果；呈绿色，说明每100ml尿中含糖量为0.3～0.5g；呈浅绿色，说明每100ml尿中含糖量为0.5～1.0g；呈橘黄色，说明每100ml尿中含糖量为1～2g；呈砖红色，说明每100ml尿中含糖量为2g以上。

（2）被溴水氧化：溴水可以将醛糖中的醛基氧化为羧基，生成相应的糖酸。但溴水不能氧化酮糖，因此可利用溴水是否褪色来区别酮糖和醛糖。例如：

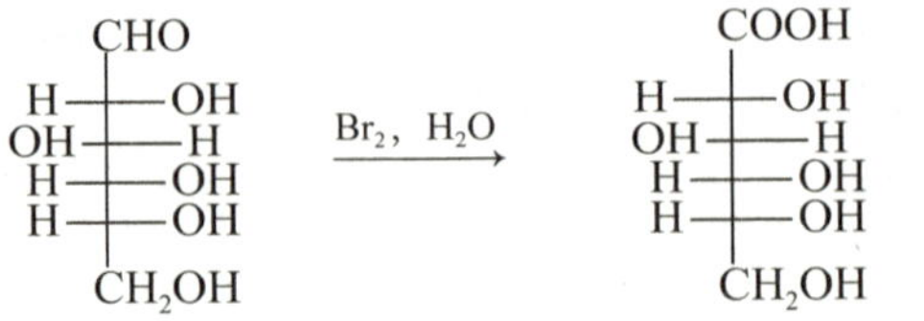

D-葡萄糖　　D-葡萄糖酸

（3）被稀硝酸氧化：稀硝酸的氧化性比溴水强，它能将醛糖中C-1位醛基和C-6位羟甲基，都氧化成羧基而生成糖二酸。例如：

D-葡萄糖　　D-葡萄糖二酸

酮糖也可以被稀硝酸氧化，经碳链断裂而生成较小分子的二元酸。

3. 成脎反应　单糖具有羰基，可与苯肼反应生成苯腙，生成的苯腙还可与过量的苯肼作用，生成难溶于水的二苯腙黄色结晶，称为糖脎。糖脎的生成可分三个阶段进行。单糖首先与苯肼作用生成苯腙，然后苯肼原来与羰基相邻碳（醛糖的C-2，酮糖的C-1）上的羟基，被苯肼氧化为新的羰基，再与苯肼作用生成二苯腙。除糖外，*α*-羟基醛或酮均可发生类似反应。

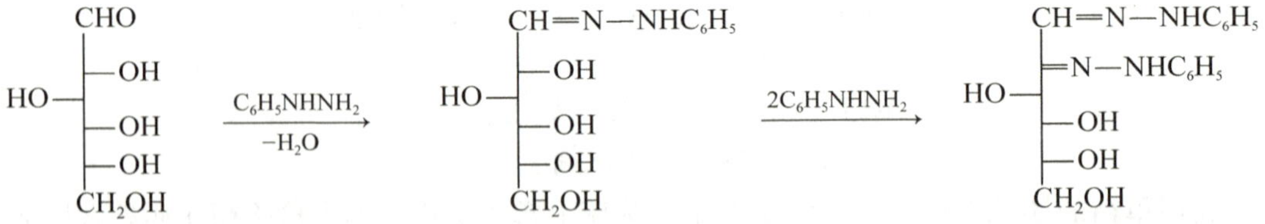

D-葡萄糖　　D-葡萄糖苯腙　　D-葡萄糖脎

糖脎都是不溶于水的黄色晶体，不同的糖脎晶形不同，熔点不同，在反应中生成的速度也不一样，因此利用该反应可做糖的定性鉴别。凡碳原子数相同的单糖，除C-1、C-2外，其余手性碳原子构型完全相同时，都能生成相同的糖脎。例如，D-葡萄糖、D-甘露糖和D-果糖所生成的糖脎都一样。不同的糖生成糖脎所需的时间不同。一般来说，单糖快些，二糖慢些。但能形成相同脎的单糖，除C-1、C-2外，其他碳原子的构型必然相同。因而成脎反应也可用来帮助确定糖的构型。

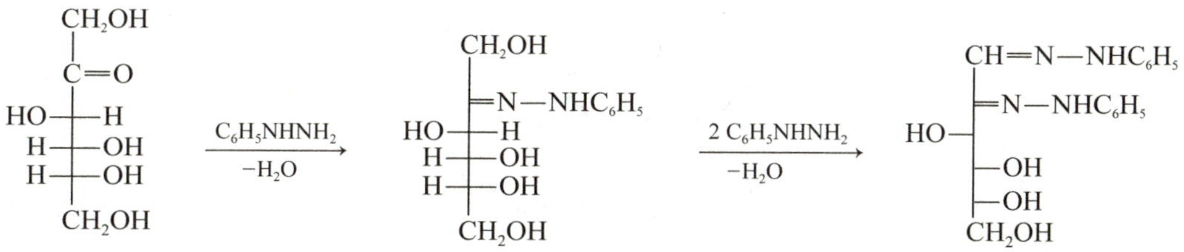

D-果糖　　　　　　　　　　　　　　　　D-果糖脎

4. 成苷反应　单糖环状结构中的半缩醛羟基较其他羟基活泼，在适当条件下，半缩醛羟基可与醇或酚等含羟基的化合物脱水生成具有缩醛结构的化合物，称为糖苷。

由于单糖的半缩醛羟基（苷羟基）有 α- 型和 β- 型之分，故糖苷也有 α- 型和 β- 型两种。例如。在干燥氯化氢气体催化下，D- 葡萄糖与甲醇作用，脱水生成 D- 甲基吡喃葡萄糖苷。反应式如下：

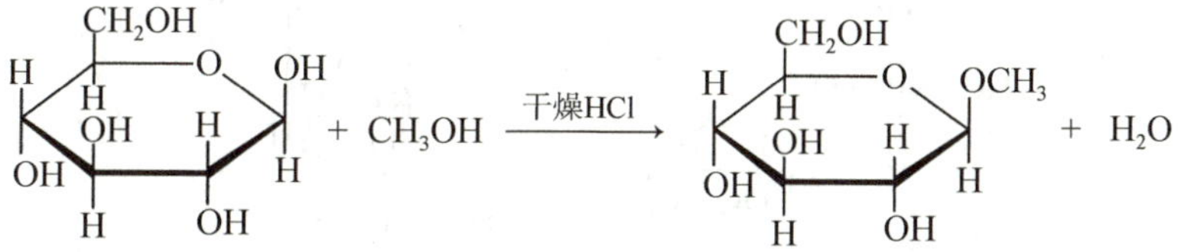

β-D吡喃葡萄糖　　　　　　　　　　β-D-甲基吡喃葡萄糖苷

糖苷由糖和非糖部分通过苷键结合而成，其非糖部分称为配糖体或苷元。苷键中由糖和非糖部分通过氧原子相连的键称为氧苷键；通过氮原子相连的键称为氮苷键，还有碳苷键、硫苷键等。

糖苷分子中已没有半缩醛羟基，在水溶液中不能转化为开链结构而产生醛基，因此糖苷无还原性。糖苷为缩醛，在碱性溶液中比较稳定，在酸或酶的催化下则易水解生成原来的糖和非糖物质。

知识链接

糖　苷

糖苷广泛分布于植物的根、茎、叶、花和果实中，多数为白色、无嗅、味苦的结晶性粉末，能溶于水和乙醇，难溶于乙醚，有些有剧毒。水解时生成糖和其他物质。例如，苦杏仁苷，水解的最终产物是葡萄糖、苯甲醛和氢氰酸。糖苷可用作药物。很多中药的有效成分就是糖苷。例如，杏仁中的苦杏仁苷有止咳平喘作用；洋地黄中的洋地黄苷有强心作用；白杨和柳树皮中的水杨苷具有止痛作用。柴胡、桔梗、远志等的有效成分也是糖苷。

5. 成酯反应　单糖分子中的半缩醛羟基和醇羟基均能与酸作用生成酯，与磷酸作用，则生成磷酸酯。体内葡萄糖在酶的作用下可与磷酸生成葡萄糖磷酸酯，如葡萄糖 -1- 磷酸酯、葡萄糖 -6- 磷酸酯、果糖 -1，6- 二磷酸酯。其结构式如下：

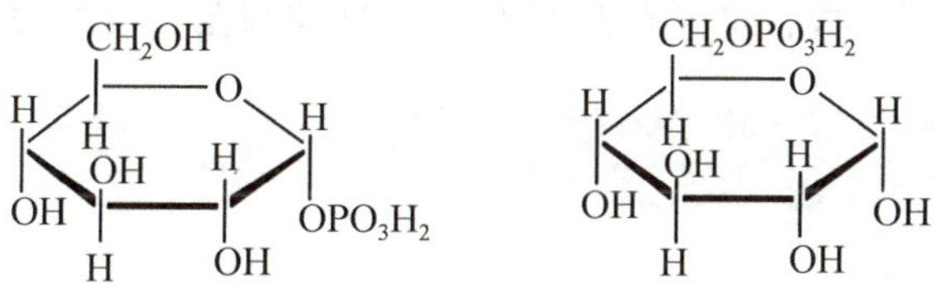

α-D-吡喃葡萄糖-1-磷酸酯(1-磷酸葡萄糖)　　　　α-D-吡喃葡萄糖-6-磷酸酯(6-磷酸葡萄糖)

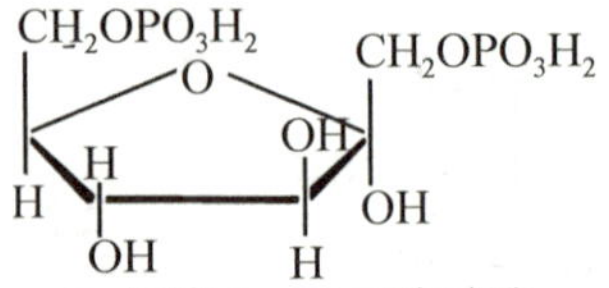

α-D-果糖-1，-6二磷酸酯
(1，6-二磷酸果糖)

单糖的磷酸酶在生命过程中具有重要意义，它们是人体内许多代谢过程中的中间产物。例如，葡萄糖-1-磷酸酶是合成糖原的原料，也是糖原在体内分解的最初产物。因此，糖的磷酸酯化是体内糖的储存和分解的基本步骤之一。

核苷酸是成苷反应和成酯反应的产物。其结构式如下：

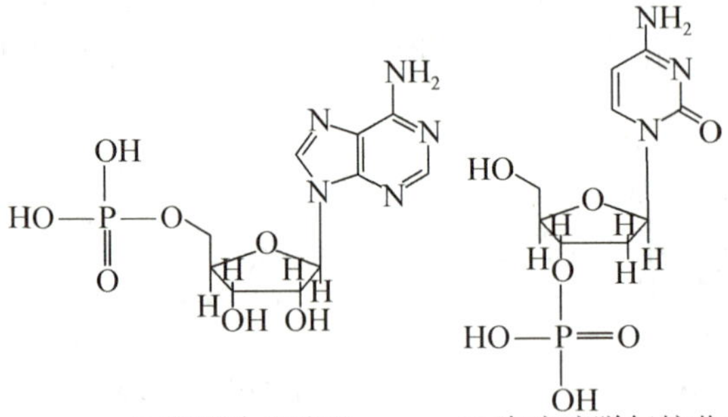

5′-腺嘌呤核苷酸　3′-胞嘧啶脱氧核苷酸

6.颜色反应　单糖与浓盐酸或浓硫酸共热，可发生分子内脱水反应，生成糠醛(2-呋喃甲醛）或糠醛衍生物。例如，己醛糖与浓硫酸或浓盐酸共沸，可发生分子内脱水反应，转变为5-羟甲基糠醛（5-羟甲基-2-呋喃甲醛）。

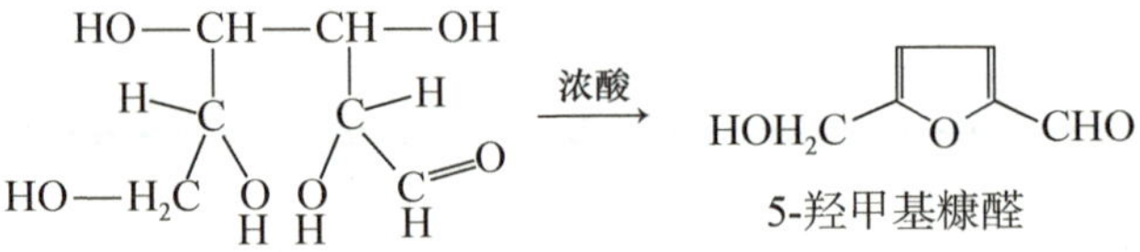

5-羟甲基糠醛

（1）莫立许反应：在糖的水溶液中加入α-萘酚的醇溶液，然后沿容器壁慢慢加入浓硫酸，不得振摇，密度较大的浓硫酸沉到底部，在浓硫酸和糖溶液的交界面很快出现紫色环，这就是莫立许反应。所有糖、低聚糖和多糖都能发生此反应，且反应很灵敏，常用于糖类物质的鉴定。

（2）塞利凡诺夫反应：塞利凡诺夫试剂是间苯二酚的浓盐酸溶液。在酮糖的溶液中，加入塞利凡诺夫试剂，加热，很快出现红色。在相同的时间内，醛糖反应速率很慢，观察不出变化。所以用此实验可以区分醛糖和酮糖。

糠醛及其衍生物可与酚类、蒽酮、芳胺等缩合生成不同的有色物质，可用于糖类物质的鉴别。

葡萄糖制剂在加热灭菌过程中容易生成有色物质而变黄，也是由于生成了羟甲基糠醛。因此为有效防止有色物质生成，应将葡萄糖溶液的pH控制在3～4，并使灭菌温度不要过高。

三　常见的单糖

（一）葡萄糖

D-葡萄糖是自然界分布最广、最重要的己醛糖。游离态葡萄糖常见于果实、蜂蜜、动物血液中。人体血液中的葡萄糖称为血糖，正常人空腹血糖浓度正常值为3.89～6.11mmol/L。

尿液中的葡萄糖称为尿糖，当血糖浓度超过 8.89 ~ 10.0mmol/L 时，超过肾小管最大重吸收能力，葡萄糖则随尿排出，出现糖尿。因此，保持血糖浓度的恒定具有重要的生理意义。结合态的葡萄糖是许多低聚糖、多糖和糖苷等的组成部分，在生物化学代谢变化中起着重要作用。

葡萄糖是无色晶体，易溶于水，难溶于乙醇，有甜味，甜度为蔗糖的 70%。葡萄糖的水溶液有右旋性，故又称其为右旋糖。D- 葡萄糖广泛存在于自然界，不仅存在于植物体内，也存在于动物体内。它是组成蔗糖、麦芽糖等二糖及淀粉、糖原、纤维素等多糖的基本单元。葡萄糖在工业上多由淀粉水解制得。葡萄糖的含量测定常使用旋光法、碘量法等。

葡萄糖是人体内新陈代谢不可缺少的营养物质，为人和动物的生命活动提供能量，在医药上具有广泛的用途。葡萄糖是常用的营养剂，50g/L 的葡萄糖溶液是临床上输液常用的等渗溶液，并具有强心、利尿、解毒等作用，用于血糖过低、心肌炎的治疗和补充体液。在制药、食品工业中，葡萄糖是重要原料，常用于制备葡萄糖酸钙和维生素 C 等。

（二）果糖

果糖为无色结晶或结晶粉末，熔点为 105℃，易溶于水，可溶于乙醇。D- 果糖也是自然界中分布较广的一种单糖，是天然存在的糖中最甜的糖，甜度为蔗糖的 140% 左右。天然的果糖具有左旋性。游离的果糖主要存在于水果和蜂蜜中，大量的果糖以结合状态存在于蔗糖中。人摄入的果糖约占食物中糖类总量的 1/6。果糖也是菊科植物根部所含多糖——菊根粉的组成成分。在动物的前列腺和精液中也含有相当量的果糖。

果糖及葡萄糖都能与磷酸作用生成磷酸酯，作为体内糖代谢的重要中间产物，如果糖 -6- 磷酸酯和果糖 -1，6- 二磷酸酯是体内糖代谢过程的中间产物，也是高能营养性药物，有增强细胞活力和保护细胞的作用，可作为急救心肌梗死及各类休克的辅助药物。

（三）核糖、2- 脱氧核糖

核糖和 2- 脱氧核糖是重要的戊糖，它们是核酸的重要组成成分。核糖的分子式为 $C_5H_{10}O_5$，脱氧核糖的分子式为 $C_5H_{10}O_4$，它们是 D- 型醛糖，具有左旋性，半缩醛环状结构中含有呋喃环，其开链及环状结构如下：

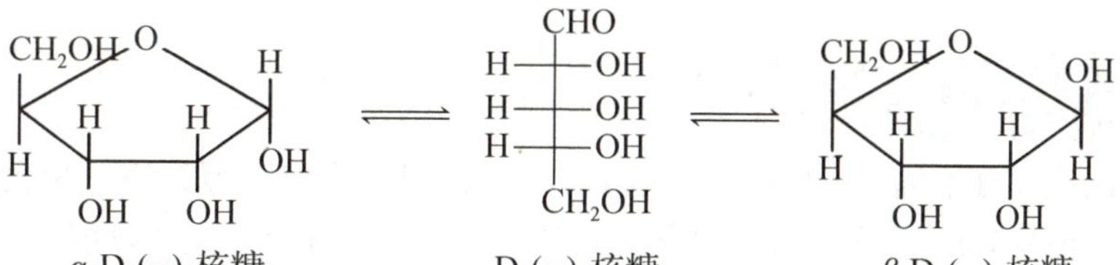

α-D-(−)-核糖　　D-(−)-核糖　　β-D-(−)-核糖

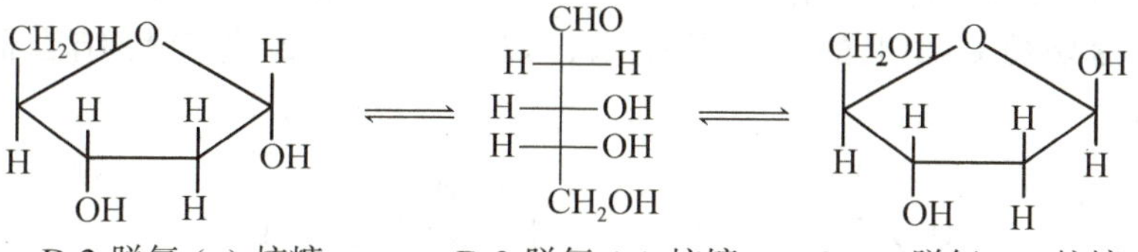

α-D-2-脱氧-(−)-核糖　　D-2-脱氧-(−)-核糖　　β-D-2-脱氧-(−)-核糖

D-（-）- 核糖为结晶体，熔点为 95°，比旋光度为 −21.5°；D-（−）-2- 脱氧核糖的比旋光度为 −60°。这两种糖在自然界均不以游离态存在。核糖是核糖核酸（RNA）的组成部分，RNA 参与蛋白质及酶的生物合成过程。脱氧核糖是脱氧核糖核酸（DNA）的组成部分。DNA 存在于绝大多数活细胞中，是携带遗传信息的主要物质。

知识链接

核　酸

核酸是由许多核苷酸聚合成的生物大分子化合物，为生命的最基本物质之一。它包括DNA和RNA两大类。核酸完全水解产生嘌呤和嘧啶等碱性物质、戊糖（核糖或脱氧核糖）和磷酸的混合物。RNA中的戊糖是D-核糖，DNA中的戊糖是D-2-脱氧核糖。

（四）半乳糖

D-（+）-半乳糖是己醛糖，是D-葡萄糖的C-4差向异构体，具有右旋光性，是许多低聚糖的组分，与葡萄糖以苷键结合成乳糖存在于哺乳动物的乳汁中，也是组成脑苷和神经中枢的重要物质，脑髓中有一些结构复杂的脑苷酯含有半乳糖。半乳糖通常含有吡喃型环状结构，也有 α- 和 β- 两种构型。

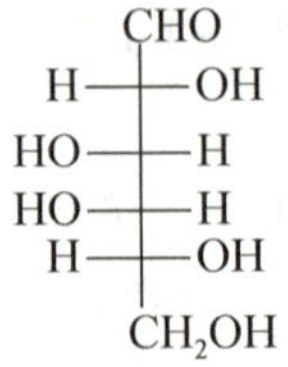

D-(+)-半乳糖

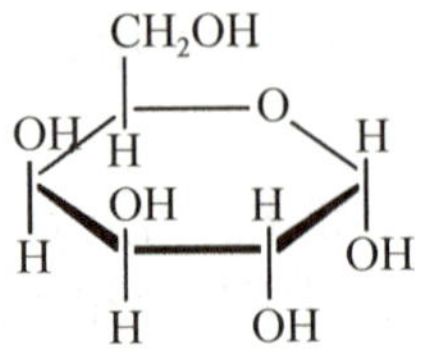

α-D-吡喃半乳糖

半乳糖为晶体，具有还原性和变旋光现象，平衡时的比旋光度为+83.3°。

第2节　双　　糖

单糖分子中的半缩醛羟基（苷羟基）与另一分子单糖中的羟基作用，脱水而形成的糖苷称为二糖。其中一分子单糖的苷羟基与另一分子糖的羟基缩合而成的二糖称为还原性二糖，一分子单糖的苷羟基与另一分子糖的苷羟基缩合而成的二糖称为非还原性二糖。所以双糖的生成是本质成苷反应。

一　蔗糖

低聚糖广泛应用于食品、保健品、饮料、医药、饲料添加剂等领域，集营养、保健、食疗于一体，是一种具有广泛适用范围和应用前景的新产品，近年来生产发展迅猛。

蔗糖的分子式为 $C_{12}H_{22}O_{11}$，它是由1分子 α-D-吡喃葡萄糖中的C-1上的苷羟基和 β-D-呋喃果糖C-2上的苷羟基脱水，以 α，β-1，2-糖苷键结合而成的糖苷，其结构式为：

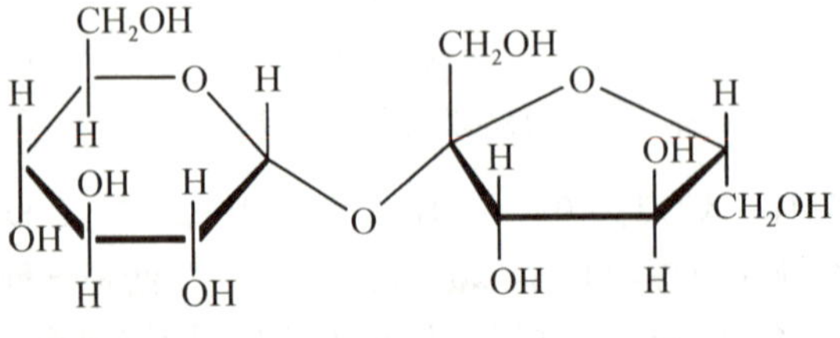

蔗糖是为白色晶体，易溶于水，甜味高于葡萄糖。蔗糖是自然界分布最广的二糖，在甘蔗和甜菜中含量较高。我们日常生活中食用的白糖、红糖、冰糖等都是蔗糖。蔗糖甜度仅次于果糖，是重要的甜味添加剂；在医药上，蔗糖主要用作矫味剂和配位糖浆，高浓度的蔗糖能抑制细菌生长，可作为药物的防腐剂和抗氧剂；将蔗糖加热到200℃以上得到褐色焦糖，常用作饮料和食品的着色剂。

由于蔗糖分子中不含半缩醛羟基，它不能被托伦试剂、斐林试剂及班氏试剂等氧化。因此，蔗糖是一种非还原性二糖，没有变旋光现象，也不能形成糖脎。

蔗糖的水溶液具有右旋性，在水溶液中的比旋光度为+66.7°，用稀酸或蔗糖酶水解可获得1分子D-葡萄糖和1分子D-果糖的混合物，具有左旋性，与水解前的旋光方向相反，因此，工业上把蔗糖的水解称为转化，水解后的混合物称为转化糖。转化糖用于饮料工业中。

$$\underset{\substack{\text{蔗糖} \\ [\alpha]_D^{20}=+66°}}{C_{12}H_{22}O_{11}} + H_2O \xrightarrow{H^+} \underbrace{\underset{\substack{\text{D-葡萄糖} \\ [\alpha]_D^{20}=+52°}}{C_6H_{12}O_6} + \underset{\substack{\text{D-果糖} \\ [\alpha]_D^{20}=-92°}}{C_6H_{12}O_6}}_{\substack{\text{转化糖} \\ [\alpha]_D^{20}=-20°}}$$

知识链接

转化糖注射液

转化糖是用稀酸或酶对蔗糖作用后所得含等量的葡萄糖和果糖的混合物。转化糖注射液是由等量的葡萄糖与果糖混合制成的输液剂，为无色的澄清液体，味甜。本品为复方制剂，其组分为每250ml含果糖6.25g与葡萄糖6.25g，辅料为注射用水。适应证为药物稀释剂，适用于需要非口服途径补充水分或能源的患者的补液治疗。其作用机制与葡萄糖和果糖的作用机制类似，可以产生与单用葡萄糖相等的能量，其中的果糖可以使葡萄糖更快地被机体利用。通常静脉滴注，用量视病情需要而定。成人常用量为每次250～1000ml，并控制滴注速度。

二 麦芽糖

麦芽糖是白色晶体，分子式为$C_{12}H_{22}O_{11}$，易溶于水，甜味低于蔗糖，是食用饴糖的主要成分，有营养价值，具健脾胃、润肺止咳的功效，用于治疗气虚、肺虚等症。麦芽糖可由淀粉经淀粉酶水解制得。谷物种子发芽时，种子内的淀粉被淀粉酶水解产生麦芽糖。

人体在消化食物时，其中的淀粉可以在淀粉酶的作用下水解生成麦芽糖，因此，麦芽糖是淀粉在消化过程中的一个中间产物。麦芽糖在无机酸或α-葡萄糖苷酶作用下水解成2分子D-葡萄糖。

实验证明，麦芽糖是两个D-葡萄糖分子通过α-1，4-糖苷键连接起来的双糖。麦芽糖结构式为：

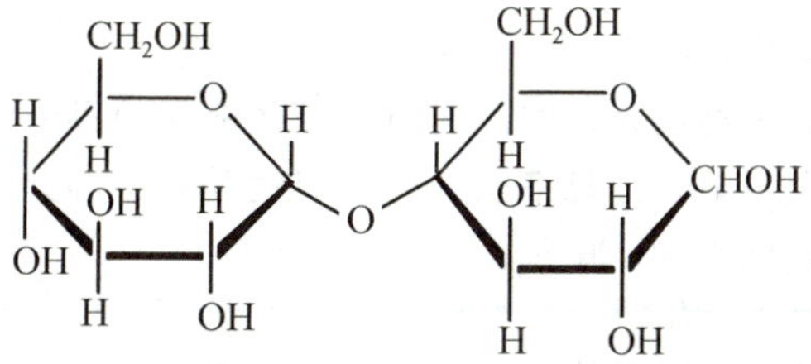

麦芽糖分子中仍有一个半缩醛羟基存在，具有还原性，能被托伦试剂、斐林试剂及班氏试剂等氧化，属于还原性二糖。麦芽糖能产生变旋光现象，平衡时比旋光度为 +136° ，也能形成糖脎。

三 乳糖

乳糖存在于哺乳动物的乳汁中，人乳中含量为 6% ~ 8%，牛乳中含量为 4% ~ 6%。它还是奶酪生产的副产物，甜度约为蔗糖的 70%。

乳糖是由 1 分子 β- 半乳糖与 1 分子 D- 葡萄糖以 β-1，4- 糖苷键结合而成的二糖，结构式为：

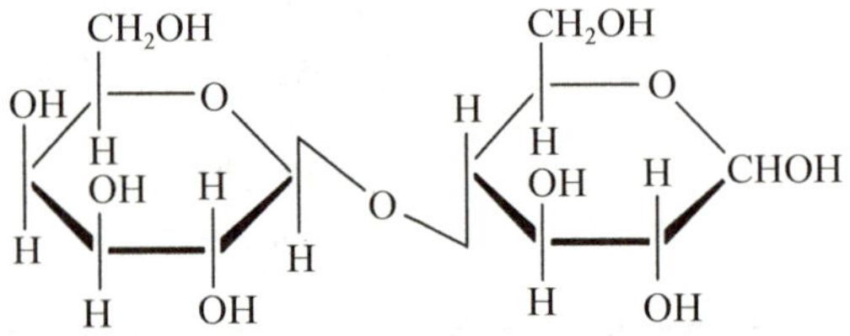

乳糖分子中仍存在半缩醛羟基，属还原性二糖，能被托伦试剂、斐林试剂及班氏试剂等氧化，亦具有变旋现象，平衡时比旋光度为 +53.5° ，也能形成糖脎。乳糖甜味弱，医药上利用乳糖吸湿性小的特点，作为药物的稀释剂以配制散剂和片剂。乳糖晶体中含 1 分子结晶水（$C_{12}H_{22}O_{11}·H_2O$），熔点为 202℃，易溶于水。在酸或乳糖酶的催化下，乳糖能发生水解生成一分子葡萄糖和一分子半乳糖。

第3节 多　糖

多糖是由数百以至数千个单糖分子通过糖苷键连接而成的高分子化合物。常见的多糖可用通式 $(C_6H_{10}O_5)_n$ 表示。多糖的结构单位是单糖，相对分子质量通常是几万至几百万。结构单位之间以苷键相连接，常见的苷键有 α-1，4-、β-1，4- 和 α-1，6- 糖苷键；可以连成直链，也可以形成支链，直链一般以 α-1，4- 糖苷键（如淀粉）和 β-1，4- 糖苷键（如纤维素）连成；支链中链与链的连接点常是 α-1，6- 糖苷键。

多糖按照结构可分为均多糖、黏多糖。均多糖是由相同的单糖组成的多糖。例如，由 D- 葡萄糖组成的淀粉、糖原、纤维素等。杂多糖是由不同的单糖组成的多糖。例如，阿拉伯胶是由戊糖和半乳糖组成的；黏多糖是由 D- 葡萄糖酸与一些氨基糖或其衍生物组成的。

知识链接

黏 多 糖

由氨基己糖与己醛糖和其他己糖等通过苷键所组成。因其中很多具有黏性，所以又称为黏多糖（又称氨基多糖）。

黏多糖是结缔组织的主要成分，组织间质及腺体分泌的黏液中均含有。生物体内黏多糖往往与蛋白质结合成黏蛋白，黏多糖的比例超过蛋白质部分时，黏蛋白又称为蛋白多糖，如透明质酸、硫酸软骨质、肝素。

多糖在自然界分布很广，有的是构成植物和某些动物骨干结构的不溶性多糖，如纤维素；

有的是作为简单糖的储存形式，在需要时通过体内酶的作用再释放出简单的糖，像人体肝脏中的糖原是血糖的储存形式；有的具有特殊的生物活性，像人体中的肝素有抗凝血作用，肺炎球菌的细胞壁中的多糖有抗原作用。

多糖大部分为无定形粉末，没有甜味，无还原性。多糖大多数不溶于水，少数能溶于水形成胶体溶液。多糖能被酸或酶催化水解，水解的最终产物为单糖。

一 淀粉

淀粉是绿色植物光合作用的产物，是植物体储存营养物质的一种形式。淀粉是人类最主要的食物，也是重要的工业原料。淀粉广泛存在于植物的种子、块根、块茎等部位，如大米中约含淀粉 80%，小麦中约含 70%，马铃薯中约含 20% 等。

淀粉由直链淀粉和支链淀粉组成，淀粉用热水处理后，得到的可溶解部分为直链淀粉，不溶而膨胀部分为支链淀粉。例如，玉米淀粉中直链淀粉占 27%，其余为支链淀粉；糯米几乎全部为支链淀粉。直链淀粉比支链淀粉容易被消化。直链淀粉和支链淀粉的结构见图 13-1。两者在分子大小、糖苷键类型和分子形状上都存在差别，人们通常所说的淀粉是两种淀粉的混合物。

图 13-1　直链淀粉和支链淀粉的结构示意图

直链淀粉又称糖淀粉，能溶于热水。直链淀粉由于分子内氢键的相互作用，使长链卷成螺旋形状。直链淀粉形成螺旋后，遇碘时中间的通道正好能容纳进入的碘分子，通过范德瓦耳斯力，碘进入螺旋圈的中空部分形成复合物而显深蓝色。直链淀粉是由许多葡萄糖单位以 α-1，4- 糖苷键结合而成，其结构式为：

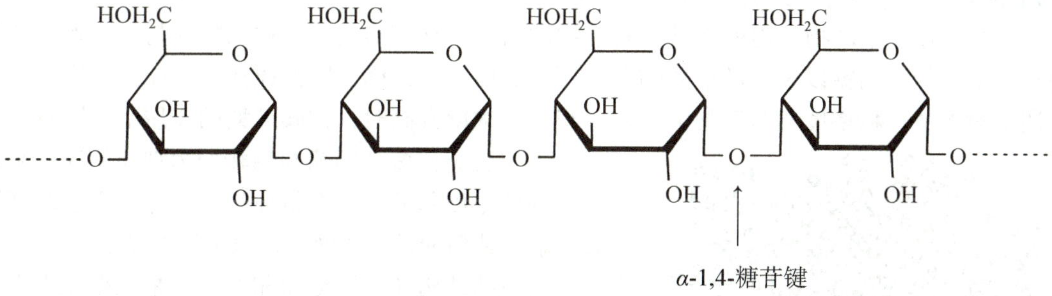

支链淀粉又称胶淀粉，支链淀粉的相对分子质量比直链淀粉大，不溶于水，在热水中则溶胀呈糊状，有很强的黏性，遇碘呈紫红色。与直链淀粉相比，支链淀粉具有分支，其中葡萄糖单位之间的连接苷键除 α-1，4 - 糖苷键外，还有 α-1，6 - 糖苷键，其结构式如下：

淀粉是白色无定形粉末，在酸或酶作用下水解，先生成糊精，继续水解得到麦芽糖，最终水解产物是 D- 葡萄糖。淀粉的水解过程可借水解产物遇碘所显颜色的不同而确定。

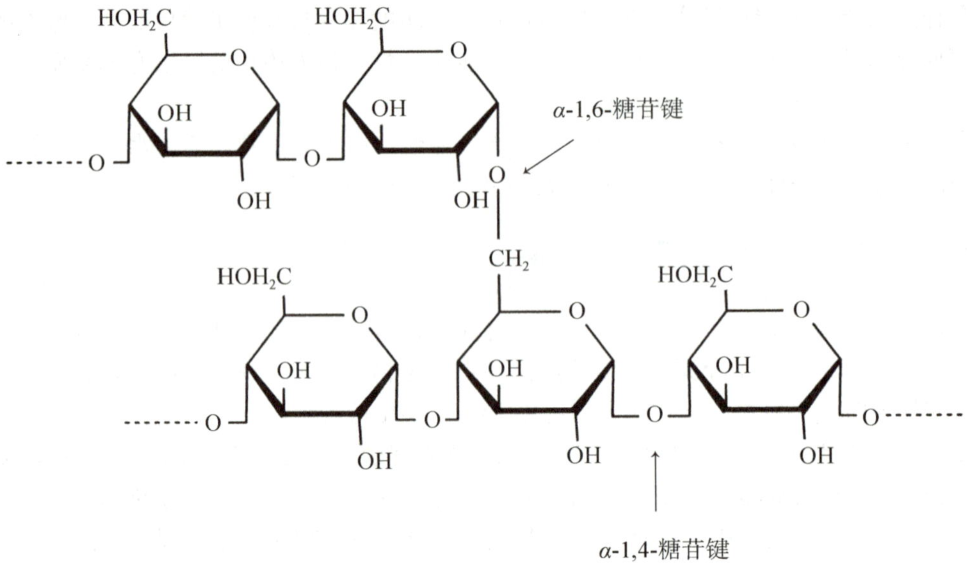

$$(C_6H_{10}O_5)_n \xrightarrow[H^+ \text{或酶}]{H_2O} (C_6H_{10}O_5)_m \xrightarrow[H^+ \text{或酶}]{H_2O} C_{12}H_{22}O_{11} \xrightarrow[H^+ \text{或酶}]{H_2O} C_6H_{12}O_6$$

淀粉　　　　糊精　　　　麦芽糖　　　　D- 葡萄糖

糊精是白色或淡黄色粉末，溶于冷水，有黏性，用作黏合剂也可作浆糊用。淀粉在药物制剂中被大量用作赋形剂，还用作制备葡萄糖等药物的原料。此外，淀粉还用于制备羧甲基淀粉油（CMSNa），CMSNa 具有较强的吸湿性，吸水后最多可使其体积溶胀 300 倍，但不溶于水，只吸水形成凝胶，不会使溶液的黏度明显增加，可用作药片及胶囊的崩解剂。

淀粉是人类的主要食物。人们咀嚼米饭或馒头时，淀粉在唾液淀粉酶的作用下水解，产生一小部分麦芽糖，但淀粉在人体的水解主要是在小肠中，在胰脏分泌的淀粉酶的作用下，最终将淀粉水解成葡萄糖。生成的葡萄糖经过肠壁吸收，进入血液，供给人体的营养需要。

二 糖原

糖原是存在于动物体内的多糖，是动物体内糖的储存形式，又称动物淀粉。动物将食物消化后所得的葡萄糖以糖原的形式储存于肝脏和肌肉中，称为肝糖原和肌糖原。糖原在人体代谢中对维持血糖浓度起着重要的作用。当血糖浓度升高时，在胰岛素的作用下，肝脏和肌肉等组织就能把多余的葡萄糖转变为糖原储存起来；当血糖的浓度降低时，在机体的调节作用下，肝糖原就分解为葡萄糖进入血液中，以维持血糖浓度。

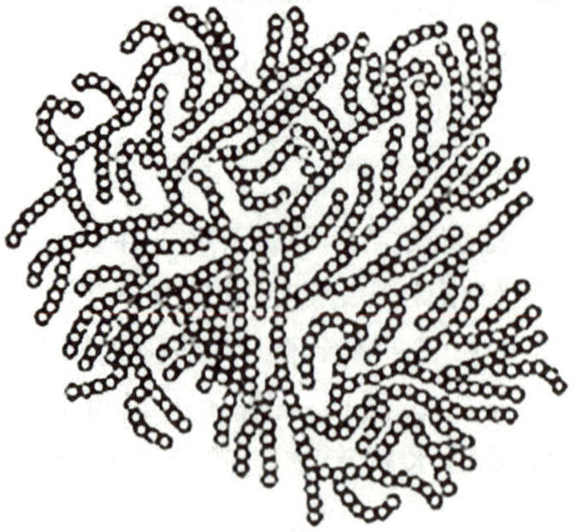

图 13-2　糖原的结构示意图

糖原的结构和支链淀粉相似，只是在糖原中支链比淀粉更多、更稠密，相对分子质量也更大，形成像树叉状的紧密结构。糖原结构单位亦是 D- 葡萄糖，结构单位之间以 α-1，4- 糖苷键结合，链与链之间的连接点以 α-1，6- 糖苷键结合，但糖原侧链多、密和短，相对分子量可高达 1 亿。糖原的结构见图 13-2。

糖原是无色粉末，溶于热水，溶解后形成胶体溶液。遇碘呈红色，其水解的最终产物为葡萄糖。

三 纤维素

纤维素是自然界分布最广的天然高分子化合物，是构成植物细胞壁的基础物质，也是植物体的支撑物质。一切植物中均含有纤维素，但各种植物中纤维素的含量不同，植物细胞膜大约 50% 是纤维素，木材中含纤维素为 40% ~ 50%，棉花中含纤维素达 92% ~ 95%，脱脂棉和滤纸几乎是纯的纤维素制品。纤维素的相对分子质量巨大，如棉花纤维的相对分子质量为 60 万，苎麻纤维的相对分子质量几乎达到 200 万。因此纤维素比淀粉更难以水解，一般需要在浓酸中或用稀酸高温高压下才能进行水解，其水解的最终产物是葡萄糖。

纤维素为白色固体，不溶于水，与碘不发生颜色反应。纤维素是由几千个葡萄糖单位经 β-1，4- 糖苷键连接而成的长链分子，一般无分支链，其结构式如下：

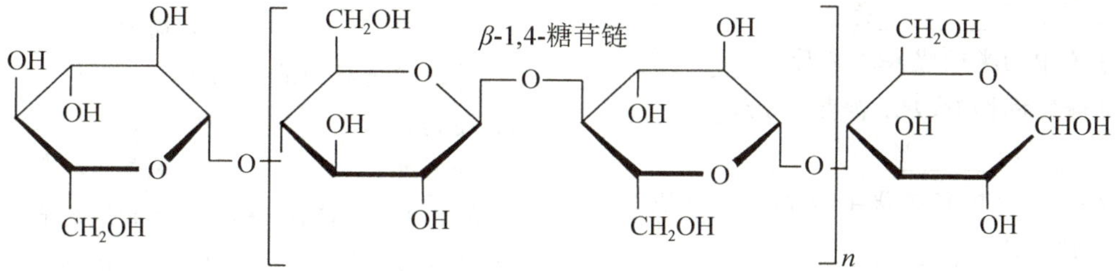

纤维素结构见图 13-3。

图 13-3 纤维素的结构示意图

人类消化道由于缺乏能使纤维素水解的酶，因此不能将它转化为葡萄糖而利用，纤维素不能直接作为人类的营养物质。但食物中的纤维素主要存在于蔬菜和粗加工的谷类中，虽然不能被消化吸收，但有促进肠道蠕动和分泌消化液，利于排便等功能。食物纤维素包括粗纤维、半粗纤维和木质素。对延长生命方面有着重要作用，是人类不可缺少的食物。膳食纤维素的主要功能：治疗糖尿病、预防和治疗冠心病、降压作用、抗癌作用、减肥、治疗肥胖症、治疗便秘。因此，多吃蔬菜、水果以保持足量的纤维素，对保持健康有着重要意义。

知识链接

甲壳质等多糖在医药领域上的应用

近年来，发现有些多糖，特别是多聚葡萄糖具有显著的抗癌活性，因此引起各国学者的广泛研究。这类多糖主要是 D- 葡萄糖通过 β-1,3- 糖苷键相互缩合而成，对某些实验动物肿瘤有明显的抵制作用，而且毒性很低。如香菇多糖具有 β-1,3- 糖苷键，是一种直链多糖，呈显著的抗癌活性；茯苓多糖具有 β-1,3- 糖苷键与少量 β-1,6- 糖苷键，也有显著的抗癌活性；氨基多糖如甲壳质是由 2- 乙酰氨基 -2- 脱氧 -D- 葡萄糖通过 β-1,4- 糖苷键相互缩合而成，具有抗菌、抗感染、抗病毒、降血压、降血脂、降血糖、防动脉硬化作用，小分子甲壳质具有抗癌活性。医疗用品上可做隐形眼镜、人工皮肤、缝合线、人工透析膜和人工血管等。

目标检测

一、填空题

1. 血糖是指________正常人在空腹状态下血糖含量为________。
2. 淀粉由________和________组成，直链淀粉遇碘显示________色。
3. 糖分子中的半缩醛羟基又称________。
4. 根据糖类的水解情况，糖类可分为________、________和________。
5. 凡是分子中具有环状半缩醛或半缩酮结构的糖都会产生________。

二、单项选择题

1. 下列对糖类的叙述正确的是（　　）
   A. 都可以水解
   B. 都有甜味
   C. 主要含有 C、H、O 三种元素
   D. 都是天然高分子化合物
2. 关于葡萄糖的说法下列不正确的是(　　)
   A. 葡萄糖的分子式是 $C_6H_{12}O_6$
   B. 葡萄糖不能水解
   C. 葡萄糖是一种多羟基醛，因而具有醛和多元醇的性质
   D. 葡萄糖是糖类化合物中最甜的
3. 下列糖中属非还原性糖的是（　　）
   A. 果糖　　B. 乳糖
   C. 蔗糖　　D. 麦芽糖
4. 下列不是同分异构体的是（　　）
   A. 葡萄糖与果糖　　B. 蔗糖与乳糖
   C. 麦芽糖与蔗糖　　D . 核糖与脱氧核糖
5. 对淀粉和纤维素关系的叙述，错误的是(　　)
   A. 都是非还原性糖
   B. 都是天然高分子化合物
   C. 互为同分异构体
   D. 都符合通式 $(C_6H_{12}O_5)_n$
6. 下列糖中，人体消化酶不能消化的是(　　)
   A. 糖原　　B. 淀粉
   C. 麦芽糖　　D. 纤维素
7. 糖在人体内储存的形式是（　　）
   A. 乳糖　　B. 蔗糖
   C. 麦芽糖　　D. 糖原
8. 血糖通常是指血液中的（　　）
   A. 葡萄糖　　B. 糖原
   C. 麦芽糖　　D. 果糖
9. 检查淀粉是否完全水解应选用的试剂是(　　)
   A. 托伦试剂　　B. 斐林试剂
   C. 班氏试剂　　D. 碘试剂
10. 葡萄糖和果糖不能发生的反应的是(　　)
    A. 氧化反应　　B. 成苷反应
    C. 成酯反应　　D. 水解反应
11. 下列各组糖能生成相同糖脎的是（　　）
    A. 葡萄糖与半乳糖　　B. 麦芽糖与乳糖
    C. 葡萄糖与果糖　　D. 核糖与脱氧核糖
12. 临床上检验糖尿病患者尿液中葡萄糖的常用试剂是（　　）
    A. 班氏试剂　　B. 托伦试剂
    C. 溴水　　D. 苯肼

三、写出 D- 葡萄糖与下列试剂的反应式

（1）CH_3OH（干燥 HCl）　（2）苯肼
（3）溴水　（4）稀 HNO_3

四、用化学方法鉴别下列各组化合物

（1）葡萄糖和蔗糖
（2）葡萄糖和果糖
（3）糖原、淀粉
（4）D- 葡萄糖和 D- 葡萄糖苷
（5）己醛、葡萄糖

（庞　键）

第 14 章　氨基酸和蛋白质

● 案例 14-1

患者，女，17 周岁。最近因节食，体重下降迅速，有时腹泻，精神恍惚，皮肤无光泽，头发枯黄。入院进行了检查，确诊为轻度蛋白质 - 能量营养不良。

问题：1. 节食为什么会造成蛋白质 - 能量营养不良？

2. 蛋白质缺乏对人体的影响有哪些？

蛋白质广泛存在于生物体内，是一种复杂含氮元素的高分子化合物。一切基本的生命活动都离不开蛋白质，它与糖、脂类和核酸等都是构成生命的重要物质基础。例如，肌肉的收缩、催化生物化学反应的酶、调节代谢的激素、生命活动所必需的小分子物质的运输均由蛋白质完成的。没有蛋白质就没有生命。蛋白质在酸、碱和酶的作用下水解，逐渐分解为比较简单的分子，最终都生成氨基酸。那么氨基酸的结构有什么特点呢？它是如何形成蛋白质的呢？带着这些个问题，让我们共同来认识氨基酸和蛋白质。

第 1 节　氨　基　酸

氨基酸（amino acid）在自然界中主要以蛋白质或者多肽形式存在于动植物体内，是一类分子中既含有氨基（$—NH_2$）又含有羧基（—COOH）的两性化合物。当蛋白质在酸、碱或酶的作用下水解，得到最终的产物是 *α*- 氨基酸，其结构通式一般表示为：$R—\underset{\underset{NH_2}{|}}{CH}—\overset{\overset{O}{\|}}{C}—OH$。所以，*α*- 氨基酸是组成蛋白质的基本单位。

氨基酸在人体内通过代谢可以发挥下列一些重要的作用：①合成组织蛋白质；②变成酸、激素、抗体、肌酸等含氨物质；③转变为糖类和脂肪；④氧化成二氧化碳和水及尿素，产生能量。氨基酸在医药上主要用来制备复方氨基酸输液，也用来合成多肽药物。由多种氨基酸组成的复方制剂在现代静脉营养输液及“要素饮食”疗法中占有非常重要的地位，对维持危重患者的营养，抢救患者生命起积极作用，成为现代医疗中不可缺少的医药品种之一。氨基酸衍生物在治疗癌症方面也给人类带来了希望，对人类的医药发展起着重要的作用。

自然界中存在的氨基酸有几百种，常见的蛋白质水解得到的氨基酸产物只有 20 多种。表 14-1 中列出了常见的 20 种氨基酸，其中异亮氨酸、亮氨酸、赖氨酸、甲硫氨酸、苯丙氨酸、苏氨酸、色氨酸、缬氨酸 8 种氨基酸在人体内是不能合成的，必须由食物来供给，这些氨基酸称为必需氨基酸。由于组氨酸在婴幼儿体内合成量不能满足需要，所以幼儿（4 岁以下）所需的氨基酸是 9 种。其余 11 种氨基酸在体内能自行合成，称为非必需氨基酸。表中注有 * 号即为必需氨基酸。

表 14-1　常见的 *α*- 氨基酸

名称	缩写符号	结构式	等电点
中性氨基酸			
甘氨酸 （氨基乙酸）	甘 Gly	H_2NCH_2COOH	5.97
丙氨酸 （*α*- 氨基丙酸）	丙 Ala	$CH_3CH(NH_2)COOH$	6.00
丝氨酸 （*α*- 氨基 -*β*- 羟基丙酸）	丝 Ser	$CH_2(OH)CH(NH_2)COOH$	5.68
半胱氨酸 （*α*- 氨基 -*β*- 巯基丙酸）	半胱 Cys	$CH_2(SH)CH(NH_2)COOH$	5.05
天冬氨酸 （*α*- 氨基丁二酸 - 酰胺）	天胺 Asn	$H_2NCOCH_2CH(NH_2)COOH$	5.41
* 苏氨酸 （*α*- 氨基 -*β*- 羟基丁酸）	苏 Thr	$CH_3CH(OH)CH(NH_2)COOH$	5.70
* 缬氨酸 （*α*- 氨基 -*β*- 甲基丁酸）	缬 Val	$(CH_3)_2CHCH(NH_2)COOH$	5.96
* 甲硫氨酸 （*α*- 氨基 -*γ*- 甲硫基丁酸）	甲硫 Met	$CH_3SCH_2CH_2CH(NH_2)COOH$	5.74
* 亮氨酸 （*α*- 氨基 -*γ*- 甲基戊酸）	亮 Leu	$(CH_3)_2CHCH_2CH(NH_2)COOH$	6.02
* 异亮氨酸 （*α*- 氨基 -*β*- 甲基戊酸）	异亮 Ile	$CH_3CH_2CH(CH_3)CH(NH_2)COOH$	5.98
* 苯丙氨酸 （*α*- 氨基 -*β*- 苯基丙酸）	苯丙 Phe	$C_6H_5CH_2CH(NH_2)COOH$	5.48
酪氨酸 （*α*- 氨基 -*β*- 对羟苯基丙酸）	酪 Tyr	$p\text{-}HOC_6H_4CH_2CH(NH_2)COOH$	5.66
脯氨酸 （*α*- 四氢吡咯甲酸）	脯 Pro	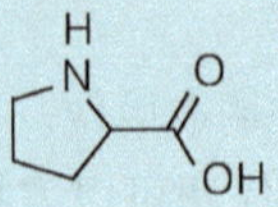	6.30
* 色氨酸 [*α*- 氨基 -*β*-（3- 吲哚基）丙酸]	色 Trp	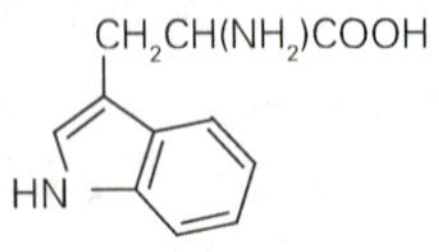	5.80

续表

名称	缩写符号	结构式	等电点
谷氨酰胺（α，δ- 二氨 -δ- 氧代丁酸）	谷酰 Glu	$H_2N—C(=O)CH_2CH_2CH(NH_2)COOH$	5.65
酸性氨基酸			
天冬氨酸（α- 氨基丁二酸）	天冬 Asp	$HOOCCH_2CH(NH_2)COOH$	2.77
谷氨酸（α- 氨基戊二酸）	谷 Glu	$HOOCCH_2CH_2CH(NH_2)COOH$	3.22
碱性氨基酸			
精氨酸（α- 氨基 -δ- 胍基戊酸）	精 Arg	$H_2N—C(=NH)NH(CH_2)_3CH(NH_2)COOH$	10.76
* 赖氨酸（α，ω- 二氨基己酸）	赖 Lys	$H_2N(CH_2)_4CH(NH_2)COOH$	9.74
组氨酸 [α- 氨基 -β-（4- 咪唑基）丙酸]	组 His	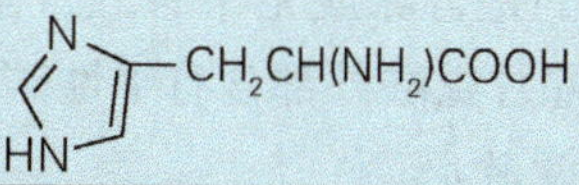	7.59

一 氨基酸的结构、分类和命名

（一）氨基酸的结构

羧酸分子中烃基上的氢原子被氨基取代而生成的化合物称为氨基酸。氨基酸分子中同时含有氨基（$—NH_2$）和羧基（—COOH）两种官能团，属于复合官能团化学物。自然界中存在的氨基酸，其分子中 α- 碳原子都是手性碳原子，都具有旋光性。氨基酸的构型习惯上采用 D、L 标记法，由于蛋白质水解得到的氨基酸，除甘氨酸外，都是 L 型的，表示为：L-α- 氨基酸。

其结构费歇尔投影式如下：

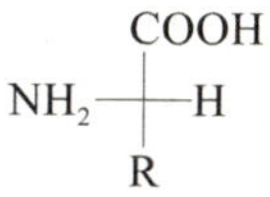

（二）氨基酸的分类

根据氨基和羧基的相对位置不同，可以分为 α- 氨基酸、β- 氨基酸和 γ- 氨基酸。

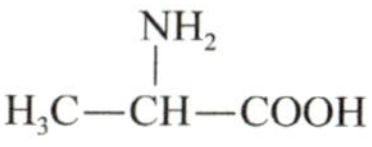

α-氨基酸

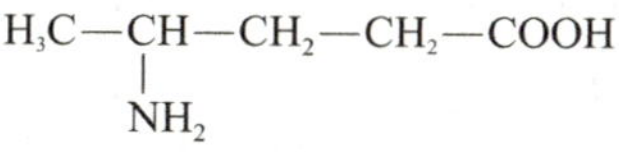

γ-氨基酸

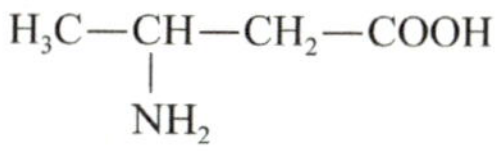

β-氨基酸

根据分子所连接的 R—烃基的结构不同，氨基酸可以分为脂肪族氨基酸、芳香族氨基酸和杂环氨基酸。

根据分子中所含氨基和羧基的数目不同，氨基酸又分为中性氨基酸（氨基和羧基的数目是相等，如一氨基一羧基）、碱性氨基酸（氨基的数目多于羧基的数目，如二氨基一羧基）、酸性氨基酸（羧基的数目多于氨基的数目，如一氨基二羧基）（表 14-1）。

（三）氨基酸的命名

氨基酸的命名可以采用系统命名法，将羧基作为母体，氨基当作取代基，称为“氨基某酸”，氨基的位次上用希腊字母 α、β、γ 等表示。

氨基酸的命名还可以根据氨基酸的来源或者性质而采用俗名，如天冬氨酸来源于天门冬植物；具有甜味的称为甘氨酸；最初从蚕茧中得到的为丝氨酸。有时氨基酸还用中文或英文缩写符号表示（表 14-1）。

二 氨基酸的性质

（一）物理性质

α- 氨基酸都是无色晶体，熔点较高，一般在 200℃以上，加热至熔点时，容易分解放出 CO_2。氨基酸都能溶于强酸或者强碱溶液中，由于侧链 R—烃基的不同，在水中的溶解度大小不一，但难溶于乙醇、苯等有机溶剂。通常乙醇能把氨基酸从其溶液中沉淀析出。有的氨基酸是甜味的，但有的是苦味或无味的，如谷氨酸钠盐味道鲜美，是味精的主要成分。由于组成蛋白质的氨基酸除甘氨酸外都含有手性碳原子，所以都具有旋光性。

（二）紫外吸收性质

氨基酸的一个重要光学性质是对光有吸收作用。20 种氨基酸在可见光区域均无光吸收，在远紫外区（< 220nm）均有光吸收，在紫外区（近紫外区）（220 ~ 300nm）只有三种氨基酸有光吸收能力，这三种氨基酸是苯丙氨酸、酪氨酸、色氨酸，因为它们的 R—烃基含有苯环共轭双键系统。苯丙氨酸最大光吸收峰在 259nm、酪氨酸在 278nm、色氨酸在 279nm，蛋白质一般都含有这三种氨基酸残基，所以其最大光吸收峰在大约 280nm 波长处，因此能利用分光光度法很方便地测定蛋白质的含量。分光光度法测定蛋白质含量的依据是朗伯 - 比尔定律，在 280nm 处蛋白质溶液吸光值与其浓度成正比。

（三）化学性质

氨基酸既含有氨基又含有羧基，因此它具有羧基和氨基的典型反应，如羧基的成盐、脱羧和酯化反应；氨基的成盐和与亚硝酸反应等。同时，由于羧基和氨基的相互影响，使氨基酸还表现出一些特殊的性质，如两性离子（内盐）形成和成肽反应等。

1. 两性电离和等电点　氨基酸分子中含有碱性的氨基和酸性的羧基，因此既具有碱的性质又具有酸的性质，是两性化合物。在不同的 pH 条件下，存在着酸式电离和碱式电离两种电离。

$$R-\underset{\displaystyle NH_2}{\underset{|}{CH}}-COOH \rightleftharpoons R-\underset{\displaystyle NH_3^+}{\underset{|}{CH}}-COO^-$$

两性离子（内盐）

这种由分子内部的酸性基团和碱性基团作用所形成的盐，称为分子内盐。内盐中同时含有阳离子和阴离子。两性离子的静电荷为零，而处于等电状态，在电场中不向任何一极移动，这时溶液的 pH 称为氨基酸的等电点，用 pI 表示。由于各种氨基酸化学结构不同，因此它们的等电点也各不相同。20 种氨基酸的等电点（pI）见表 14-1。

在中性氨基酸的两性离子溶液中，因为酸式电离程度略大于碱式电离程度，所以中性氨基酸的等电点小于 7，等电点一般在 5.0 ~ 6.3；酸性氨基酸的等电点都小于 7，等电点一般在 2.8 ~ 3.2；碱式氨基酸的等电点都大于 7，等电点一般在 7.6 ~ 10.8。

等电点是氨基酸一个重要的理化常数。在等电点时，氨基酸中两性离子的浓度最高。由于在两性离子形式下氨基酸分子整体上是电中性的，而且内盐分子中阴、阳离子间相互作用力较大，减弱了与水分子的水合作用。此时氨基酸的溶解度最小，最容易从溶液中析出沉淀。根据不同氨基酸具有不同的等电点这一特性，在混合氨基酸溶液中，可以通过调节溶液的 pH 使不同的氨基酸分步沉淀，到达分离、提纯氨基酸的目的。

氨基酸在溶液中的存在形式随溶液酸碱性的变化可以表示如下：

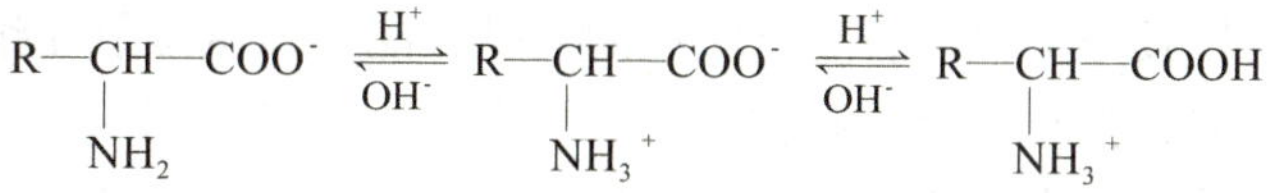

氨基酸水溶液中的两性离子、阴离子、阳离子这三种离子存在方式的比例，与两种方程式的电离程度有关。可以通过调节溶液的 pH，改变三种离子的比例。在氨基酸水溶液中加酸，可以抑制酸式电离，增大碱式电离，氨基酸主要以正离子的形式存在，在电场中向负极移动；反之，在氨基酸水溶液中加碱，可以抑制碱式电离，增大酸式电离，此时氨基酸主要以负离子的形式存在，在电场中向正极移动。将氨基酸水溶液的 pH 调到等电点，使酸式电离和碱式电离程度相等，则氨基酸几乎以两性离子的形式存在，整个氨基酸分子是电中性的，在电场中不向任何一极移动。

2. 成肽反应　两分子的 α- 氨基酸（可以是相同的，也可以是不同的），在适当的条件下加热，一分子的氨基与另一分子的羧基间脱去一分子水，缩合形成以酰胺键相连的化合物，称为肽。由 2 个氨基酸分子形成的肽为二肽。二肽分子中的酰胺键（—CONH—）称为肽键。

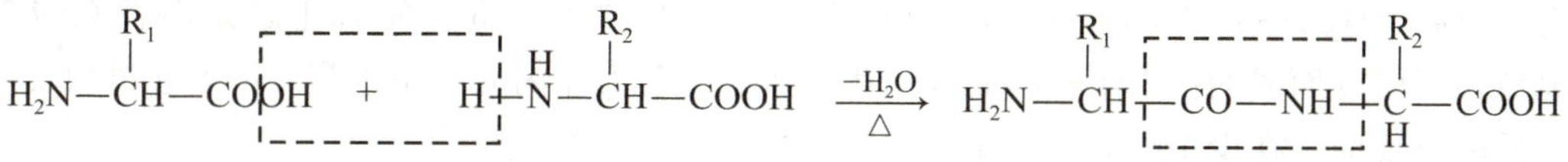

二肽分子中仍含有自由的氨基和羧基，因此可以继续与另外的氨基酸脱水，缩合成三肽、四肽、五肽以至多肽。由两种不同氨基酸组成的二肽，由于结合顺序不同可存在两种异构体，如甘氨酸和丙氨酸组成的二肽可能有两种异构体。同理，由 3 种不同的氨基酸组成的三肽可有 6 种异构体；由 4 种不同的氨基酸组成的四肽可能有 24 种异构体，因此，由许多氨基酸分子按不同的排列顺序以肽键相互结合，可以形成许多长链的多肽。

在多肽中，通常将游离基（—NH_2）一端写在左边称为 N 端，而将羧基（—COOH）的末端写在右边称为 C 端。多肽中的每个氨基酸单位称为氨基酸残基，氨基酸残基的数目等于成肽的氨基酸数目。多肽的命名是以 C 端氨基酸为母体，从 N 端开始命名，依次称为某氨酰某氨酸。例如，谷胱甘肽（glutathione，GSH）广泛存在于动、植物中，在生物体内有着重要的作用。它是由谷氨酸、半胱氨酸和甘氨酸结合，是含有巯基的三肽，称为 γ- 谷氨酰半胱氨酰甘氨酸。在生物体内主要生理作用是防止氧化剂对其他生理活性物质的氧化，对细胞膜上含有巯基的膜蛋白和体内含有巯基的酶起到保护作用。

谷胱甘肽的结构式如下：

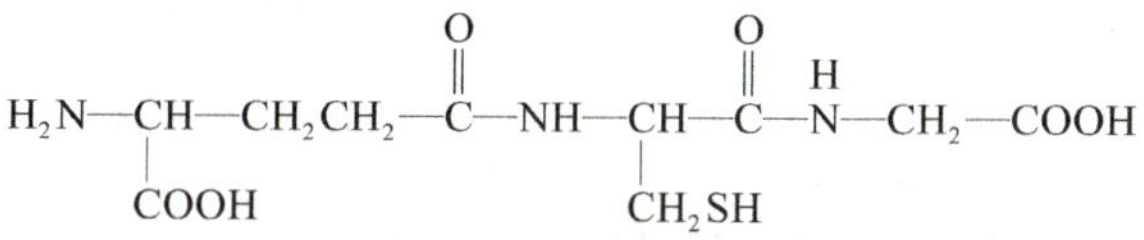

自然界还有一些分子大小不同的多肽，它们都具有一定的生物活性，有的是抗生素，有

的是激素，如缩宫素和加压素都是垂体分泌的激素，它们都是由九个氨基酸组成的九肽。二者结构上的区别仅在于第三位和第八位氨基酸残基不同，其他氨基酸残基和连接顺序均相同，但它们的生理功能却显著不同，缩宫素的作用是能使子宫及乳腺平滑肌收缩，临床上用于产程后期催产和治疗产后出血及子宫恢复不全等。而加压素的主要作用是降低肾小球的过滤率，增进水和钠离子的吸收和抗利尿作用，同时可使血管收缩，血压升高。

3. 成盐反应　氨基酸分子中含有具有酸性的羧基，能与强碱氢氧化钠反应，生成氨基酸的钠盐。氨基酸分子的氨基与氨分子相似，氮原子上有一对未共用电子对，可以接收质子，表现出碱性，所以，氨基酸可与酸反应生成铵盐。例如：

$$\underset{\displaystyle NH_2}{R—\underset{|}{CH}—COOH} + NaOH \longrightarrow \underset{\displaystyle NH_2}{R—\underset{|}{CH}—COONa} + H_2O$$

氨基酸与碱的成盐反应

$$\underset{\displaystyle NH_2}{R—\underset{|}{CH}—COOH} + HX \longrightarrow \underset{\displaystyle NH_3^+\ X^-}{R—\underset{|}{CH}—COOH}$$

氨基酸与酸的成盐反应

4. 脱羧反应　氨基酸在 $Ba(OH)_2$ 存在下加热，可脱羧生成胺。

$$\underset{\displaystyle NH_2}{R—\underset{|}{CH}—COOH} \xrightarrow[\triangle]{Ba(OH)_2} R—CH_2—NH_2 + CO_2\uparrow$$

在生物体内，氨基酸可在细菌中脱羧酶的作用下发生脱羧反应。例如，蛋白质腐败时，由精氨酸等发生脱羧反应生成丁二胺 [腐胺，$H_2N—(CH_2)_4—NH_2$]；由赖氨酸脱羧可得到戊二胺 [尸胺，$H_2N—(CH_2)_5—NH_2$]；脑中存在的重要神经递质 γ- 氨基丁酸是由谷氨酸中 α- 氨基脱羧后转变而成的；由组氨酸脱羧后生成组胺，若人体内的组胺过多，可引起过敏反应。

5. 酯化反应　在少量酸的存在下，氨基酸能与醇发生酯化反应。

$$\underset{\displaystyle NH_2}{R—\underset{|}{CH}—COOH} + R'OH \xrightarrow{H^+} \underset{\displaystyle NH_2}{R—\underset{|}{CH}—COOR'} + H_2O$$

6. 与亚硝酸反应　氨基酸多属于伯胺类，能与亚硝酸反应放出 N_2，并生成 α- 羟基酸。

$$\underset{\displaystyle NH_2}{R—\underset{|}{CH}—COOH} + HNO_2 \longrightarrow \underset{\displaystyle OH}{R—\underset{|}{CH}—COOH} + N_2\uparrow + H_2O$$

若定量测定反应中释放出的氮气的体积，便可计算出氨基酸分子中氨基的含量，也可测定蛋白质分子中游离氨基含量，此方法称为范斯莱克氨基测定法。这种方法常用于氨基酸和多肽的定量分析。

7. 与茚三酮反应　α- 氨基酸与茚三酮的水化合物在溶液中共热，发生一系列的化学反应，最终生成蓝紫色的化合物，称为罗曼紫，并放出 CO_2。

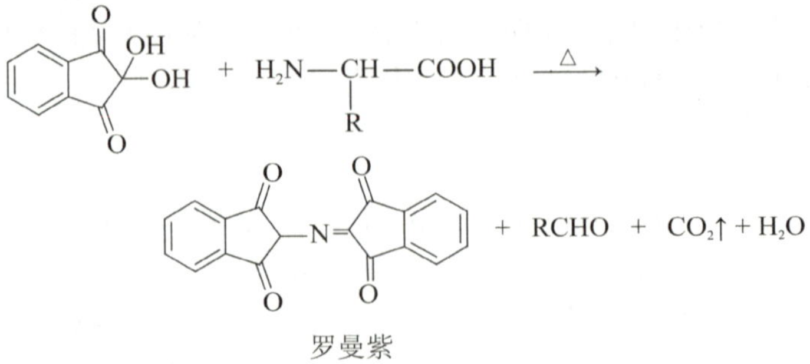

罗曼紫

但含有亚氨基的氨基酸（脯氨酸）与茚三酮呈黄色。该反应非常简便、灵敏，根据 α- 氨基酸与茚三酮反应所生成化合物颜色的深浅程度及放出 CO_2 的体积，可以定量测定氨基酸，也是鉴别 α- 氨基酸常用的方法。

8. 与丹酰氯的反应　丹酰氯与氨基酸在温和条件下发生反应，在紫外光下呈现出强烈的黄色荧光。此反应极灵敏，常用于微量氨基酸的定量测定。

第2节　蛋　白　质

蛋白质（protein）广泛存在于生物界，一切生命活动都离不开蛋白质。蛋白质是各种生物体内含量最多的有机物，含量约占干重的 45%。蛋白质在生物体表现出重要的生理功能，如营养功能、收缩功能、运输功能、催化功能、防御功能、识别功能、调节功能、信息传递功能和基因表达功能等。所以蛋白质是生命的物质基础。

一　蛋白质的元素组成和结构

（一）蛋白质的元素组成

蛋白质的分子量大而且结构非常复杂，通过对蛋白质的元素分析，组成蛋白质的元素主要都由 C、H、O、N、S 等基本元素，另外 P、Fe、Cu、Mn、Zn、I 等元素也存在于某些蛋白质中。由于生物组织中绝大部分氮元素都来自于蛋白质，且各种蛋白质的含氮量都接近于 16%，即 100g 蛋白质平均含氮 16g。故每克氮相当于 6.25g 蛋白质，6.25 称为蛋白质系数。因此生物样品的测定中只要测出其含氮量，就可以推算出其中蛋白质的大致含量。

每百克生物样品中蛋白质含量（g%）= 每克样品含氮的克数（g）× 6.25 × 100%。

（二）蛋白质的结构

蛋白质是多种 α- 氨基酸按一定顺序以肽键连接而成的生物高分子化合物。要了解蛋白质的性质和生物学功能，就必须认识蛋白质的结构，即蛋白质分子中氨基酸的种类、数目、排列顺序和空间结构。氨基酸是构成蛋白质的基本单位，而蛋白质分子的结构是多肽链，常将蛋白质的结构分为一级结构、二级结构、三级结构和四级结构。二级以上的结构又总称为空间结构或高级结构。

1. 蛋白质的一级结构　蛋白质的一级结构是指多肽链中的各 α- 氨基酸残基的排列顺序。其中肽键是各氨基酸残基之间的主要连接方式（主键），在某些蛋白质分子的一级结构中尚含有少量的二硫键。有些蛋白质就是一条多肽链，有的则由数条多肽链构成。多肽和蛋白质无严格区别，一般是将相对分子量在 10 000 以上的称为蛋白质，10 000 以下的称为多肽。

研究蛋白质的结构，首先就是确定其多肽链中氨基酸的排列顺序。肽链中保留着游离的 α-COOH（C 端）和游离的 α-NH_2 端（N 端）。目前已有数万种蛋白质的氨基酸排列顺序得到确定，其中胰岛素是首先被阐明一级结构的蛋白质。人胰岛素是由 51 个氨基酸组成的 A、B 两条多肽链（图 14-1）。A 链含有 11 种共 21 个氨基酸残基；B 链含有 16 种共 30 个氨基酸残基。A 链和 B 链的氨基酸残基都按特定的顺序排列。在 A6 和 A11 之间有 1 个链内二硫键，A 键和 B 键通过 A7 与 B7、A20 与 B19 间两个二硫键连接。

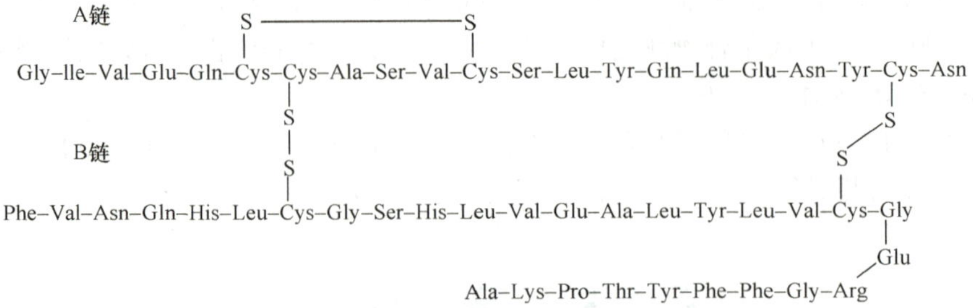

图 14-1　人胰岛素的一级结构

哺乳动物的胰岛素一级结构很相似，不同种间仅有很小的差距，人、牛、猪胰岛素的差异见表 14-2。这些胰岛素在降糖的活性方面是一致的，因此临床上治疗人类糖尿病所用的胰岛素大都是从猪、牛胰岛中提取的。

表 14-2　人与猪、牛胰岛素一级结构中氨基酸残基的差异

胰岛素来源	A 链		B 链
	A_8	A_{10}	B_{30}
人	苏氨酸	异亮氨酸	苏氨酸
猪	苏氨酸	异亮氨酸	丙氨酸
牛	丙氨酸	缬氨酸	丙氨酸

蛋白质的一级结构式由遗传物质 DNA 分子上的响应核苷酸序列，即遗传信息决定的。不同生物具有不同的遗传物质 DNA，编码合成出不同的蛋白质，这就是形成千姿百态、功能各异、万千物种的分子基础。

2. 蛋白质的空间结构　蛋白质除了一级结构之外，还有其空间结构。蛋白质的空间结构是指蛋白质分子中各个原子，各个基团围绕共价单键旋转，在三维空间形成的各种空间排列及相互关系，包括二级结构、三级结构和四级结构。蛋白质的构象分主链构象和侧链构象，分子的多肽链并不是以线型的形式随机伸展的结构，而是卷曲、折叠成特有的空间结构。

（1）蛋白质的二级结构：蛋白质分子多肽链的主链骨架借助肽链之间的氢键所形成的空间结构，包括 α- 螺旋、β- 折叠、β- 转角、无规则卷曲等形式，称蛋白质的二级结构。

α- 螺旋是构成蛋白质分子中最稳定、最常见、最典型、含量最丰富的二级结构。多肽链中个肽键平面（图 14-2）通过 α-C 的旋转，以螺旋方式按顺时针方向（右手）盘旋延伸，螺旋每圈由 3.6 个氨基酸残基组成，每圈上下螺距 0.54nm，螺旋之间靠氢键维系（图 14-3）。

β- 折叠是肽链中比较伸展的空间结构，借相邻肽段间的氢键将若干肽段结合在一起形成一种铺开的折扇形状（图 14-4）。β- 折叠可由肽链间肽键的 C═O 与 N—H 间形成的氢键来维系，氢键的方向与肽链长轴方向相垂直（图 14-5）。β- 折叠二级结构的可塑性比较大，蚕丝具有较多 β- 折叠结构，就有较好的柔软特性。

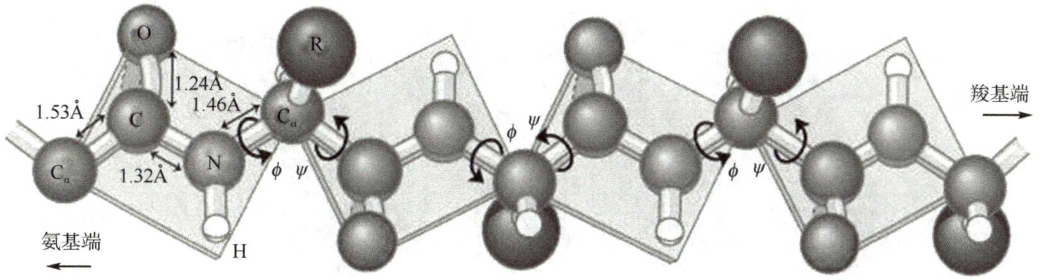

图 14-2　肽键平面和两面角

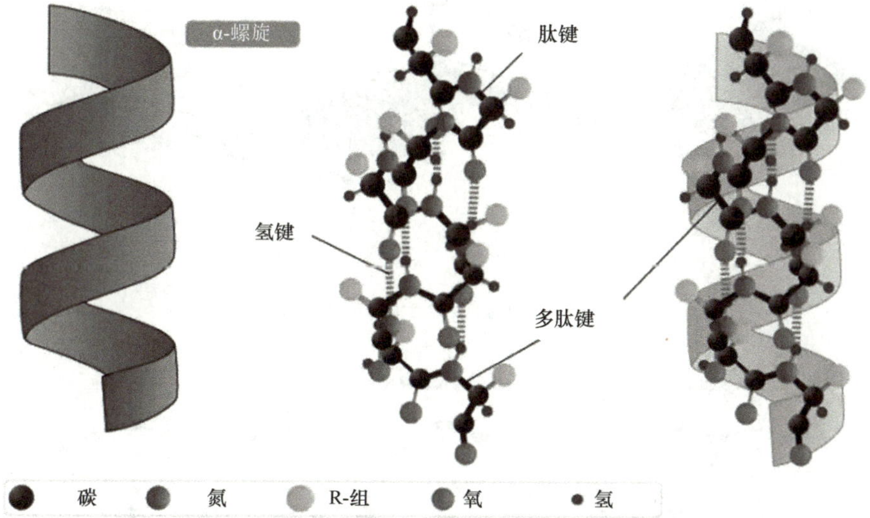

图 14-3　蛋白质分子的 α- 螺旋结构

β- 转角是指在多肽链的主链骨架呈 180° 回折而呈发夹状。维持 β- 转角稳定的力是氢键。

无规则卷曲是指各种蛋白质分子中彼此各不相同、没有共同规律可遵循的那些肽段空间结构，是蛋白质分子中一系列无序构象的总称。

（2）蛋白质的三级结构：蛋白质的多肽链在主链借助肽键之间的氢键形成二级结构的基础上，其相隔较远的氨基酸残基侧链（R—）之间还可借助于多种副键而进行范围广泛的卷曲、折叠，所形成的特定整体排列称蛋白质的三级结构。研究表明，具有三级结构的蛋白质才具有生物功能，三级结构一旦破坏，蛋白质的生物功能便丧失。大多数蛋白质都只有一条肽链组成，如果一种蛋白质仅由一条肽链构成，只要形成三级结构，该蛋白质就有了生物活性。

（3）蛋白质的四级结构：两个或两个以上具有独立三级结构的多肽链集结，并经非共价键缔合而成的蛋白质空间结构即蛋白质的四级结构。许多蛋白质是由两条或多条具有独立结构的多肽链构成，这些多肽链称亚基。由亚基构成的蛋白质称寡聚蛋白。分散的亚基一般没有生物活性，只有完整的四级结构才有生物活性。例如，血红蛋白是由四个亚基构成，其中

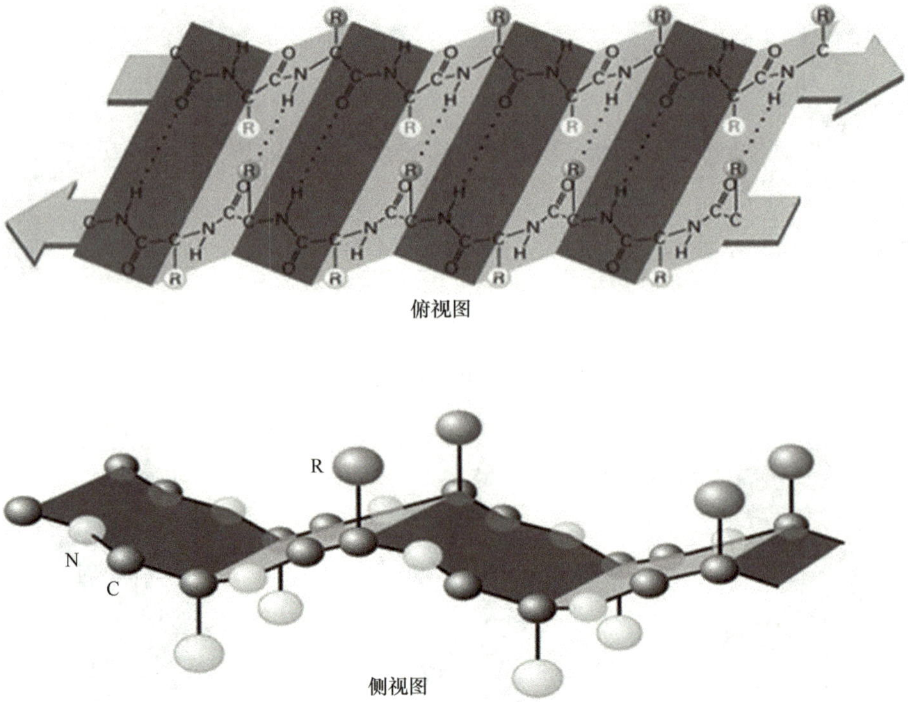

图 14-4　蛋白质分子的 β- 折叠结构

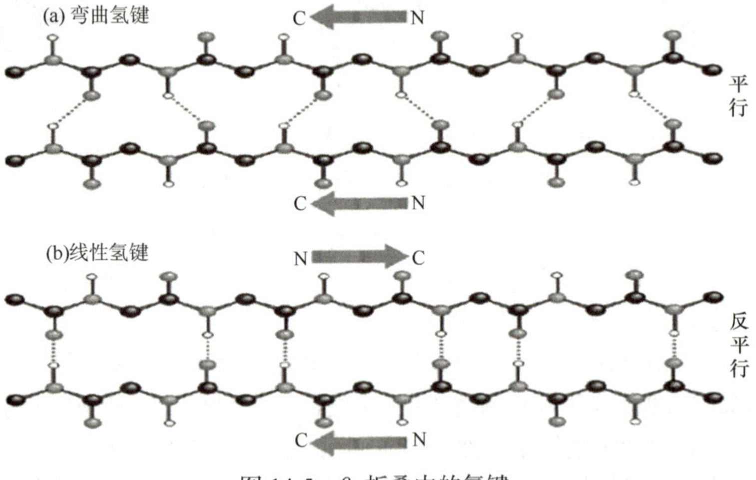

图 14-5　β- 折叠中的氢键

两条 α- 链，两条 β- 链。每个亚基的多肽链都卷曲成球状，把一个血红素包裹其中，4 个亚基通过侧链间副键两两交叉紧密镶嵌，形成一个球状的血红蛋白（图 14-6）。这种特有空间结构才具有在肺和组织间运输 O_2 和 CO_2 的功能，而当其中任何一个亚基单独存在时，都没有这样的功能。

图 14-6　血红蛋白四级结构示意图

蛋白质分子中多肽链之所以卷曲、折叠和聚合形成空间结构，副键起了很重要的作用。重要的副键有氢键、盐键、疏水键和二硫键等。

图 14-7 为蛋白质的一级、二级、三级、四级结构示意图。

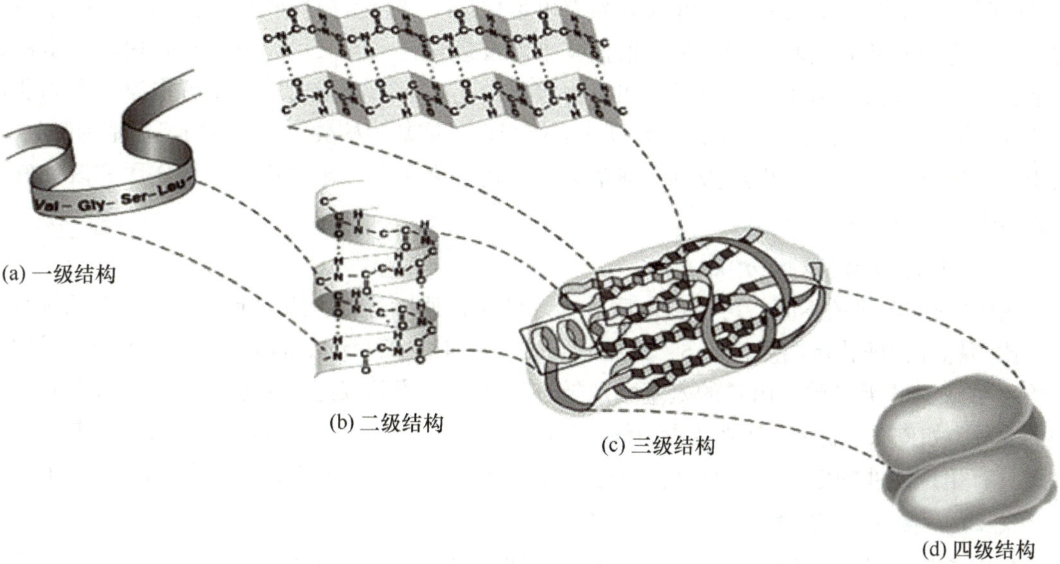

图 14-7　蛋白质的一级、二级、三级、四级结构示意图

3. 蛋白质的结构与功能的关系　蛋白质是功能性大分子。每一种蛋白质都有特定的一级结构和空间结构，这些特定的结构是蛋白质行使蛋白质功能的物质基础，蛋白质的各种功能又是其结构的表现。蛋白质的任何功能都是通过其肽链上各种氨基酸残基的不同功能基团来实现的，所以蛋白质的一级结构一旦确定，蛋白质的可能功能也就确定了。大量实验结果证明，一级结构相似的蛋白质，其空间结构也相似，功能也相似。蛋白质分子中起关键作用的某些氨基酸缺失或者替代，都会影响蛋白质的空间结构，乃至功能。蛋白质空间构象与功能有密切关系。生物体内蛋白质的合成、加工和成熟是一个复杂的过程，其中多肽链的正确折叠对其正确构象的形成和功能的发挥至关重要。若蛋白质的折叠发生错误，尽管其一级结构不变，但蛋白质的构象发生改变，仍可影响其功能，严重时可导致疾病的发生，称为蛋白质构象疾病，如疯牛病。疯牛病（牛海绵状脑病，bovine spongiform encephalopathy，BSE）是一种新型早老性痴呆症，即新型克雅氏症，是一种慢性、致死性、退化性神经系统的疾病。它是由一种

目前尚未完全了解其本质的病原——朊病毒所引起的。正常的人与动物细胞内都有朊蛋白存在，不明原因作用下它的立体结构发生变化，α-螺旋含量减少，β-折叠增加，使正常蛋白变成有传染性的蛋白，从而导致疾病的发生。

二 蛋白质的分类

蛋白质的种类繁多，结构复杂，大多数蛋白质的结构尚不清楚，还无法根据结构进行分类。目前的分类方法主要是按照来源、蛋白质的组成、分子形状、功能和营养价值等分类。

（一）按来源分类

蛋白质按来源可以分为动物蛋白和植物蛋白，两者所含的氨基酸是不同的。动物性蛋白质主要为提取自牛奶的乳清蛋白，其所含必需氨基酸种类齐全，比例合理，但是含有胆固醇。植物性蛋白质主要来源于大豆的大豆蛋白，最大的优点就是不含胆固醇。在营养学的角度上，我们平时的饮食要营养均衡，动物蛋白和植物蛋白均要摄取，不能偏食。

（二）按化学组成分类

按照化学组成，蛋白质通常可以分为简单蛋白质、结合蛋白质和衍生蛋白质。简单蛋白质经水解得氨基酸和氨基酸衍生物。根据其来源及理化性质，又可以分为清蛋白、球蛋白、谷蛋白、醇溶蛋白、精蛋白、硬蛋白和植物谷蛋白七类。结合蛋白质经水解得氨基酸和非蛋白部分（辅基）。根据辅基不同，又可以分为核蛋白（辅基为核酸）、脂蛋白（辅基为脂类）、糖蛋白（辅基为糖类）、血红蛋白（辅基为亚铁血红素）等。蛋白质经变性作用和改性修饰得到衍生蛋白质。

（三）按分子形状分类

根据分子形状的不同，可将蛋白质分为球状蛋白质和纤维状蛋白质两大类。以长轴和短轴之比为标准，球状蛋白质小于5，纤维状蛋白质大于5。纤维状蛋白多为结构蛋白，是组织结构不可缺少的蛋白质，由长的氨基酸肽链连接成为纤维状或蜷曲成盘状结构，成为各种组织的支柱，如皮肤、肌腱、软骨及骨组织中的胶原蛋白；球状蛋白的形状近似于球形或椭圆形。许多具有生理活性的蛋白质，如酶、转运蛋白、蛋白类激素与免疫球蛋白等均属于球蛋白。

（四）按蛋白质生理功能不同分类

蛋白质按其功能分为活性蛋白质和非活性蛋白质两大类。活性蛋白质有调节蛋白、收缩蛋白、抗体蛋白等。非活性蛋白质有结构蛋白等。结构蛋白：构成人体组织的蛋白质，如韧带、毛发、指甲和皮肤等。调节蛋白：具有调控功能的蛋白质，如胰岛素、甲状腺素等。收缩蛋白：参与收缩过程的蛋白质，如肌球蛋白、肌动蛋白等。抗体蛋白：构成机体抗体的蛋白质，如免疫球蛋白。

（五）按蛋白质的营养价值分类

食物蛋白质的营养价值取决于所含氨基酸的种类和数量，所以在营养价值上可根据食物蛋白质的氨基酸组成，分为完全蛋白质、半完全蛋白质和不完全蛋白质三类。完全蛋白质所含的必需氨基酸种类齐全、数量充足、比例适当，不但能维持成人的健康，并能促进儿童生长发育，如乳白蛋白、蛋类中的卵白蛋白等；半完全蛋白所含必需氨基酸种类齐全，但有的氨基酸数量不足，比例不适当，可以维持生命，但不能促进生长发育，如小麦中的麦胶蛋白等；不完全蛋白所含必需氨基酸种类不全，既不能维持生命，也不能促进生长发育，如玉米中的玉米胶蛋白、动物结缔组织和肉皮中的胶质蛋白、豌豆中的豆球蛋白等。

三 蛋白质的性质

蛋白质分子是由氨基酸通过肽键连接而成的高分子化合物，其分子中存在着游离的氨基和羧基，因此具有一些氨基酸相似的性质。但由于蛋白质是高分子化合物，所以又有一些理化性质不同于氨基酸，如胶体性质、沉淀、变性等。

（一）蛋白质的两性电离和等电点

蛋白质分子多肽链中总有游离的氨基和羧基存在，其侧链上也常含有酸性基团和碱性基团，因此蛋白质与氨基酸相似，可以发生两性电离，形成两性离子，也有等电点。蛋白质在酸或碱溶液中平衡移动的方向可用下式表示（式中 H_2N—P—COOH 代表蛋白质分子），蛋白质在溶液中的存在形式随 pH 变化而改变。适当调节溶液的 pH，可使蛋白质主要以两性离子的形式存在，在电场中既不向正极移动，也不向负极移动，此时溶液 pH 称该蛋白质的等电点，用 pI 表示。

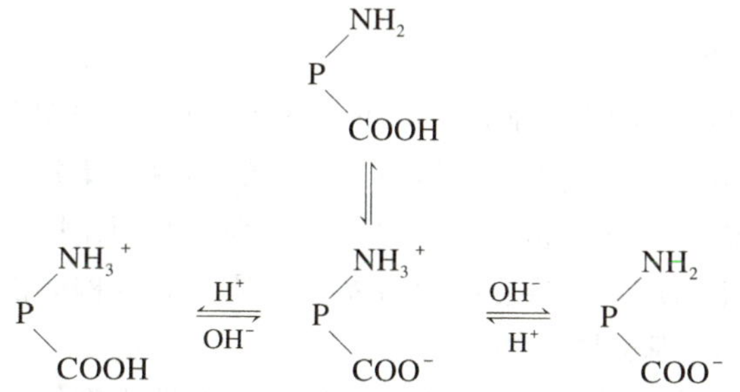

蛋白质的正离子　　蛋白质的两性离子　　蛋白质的负离子

pH<pI　　pH = pI　　pH>pI

蛋白质两性解离实质是其分子中碱性基团和酸性基团得失 H^+ 的过程。不同蛋白质由于所含氨基酸的种类和残基数目不同，所以等电点也各不相同。表 14-3 列出了常见蛋白质的等电点（pI）。

表 14-3　常见蛋白质的等电点 pI

蛋白质名称	来源	等电点	蛋白质名称	来源	等电点
血清蛋白	马血	4.88	血清球蛋白	马血	5.4 ~ 5.5
乳球蛋白	牛乳	4.5 ~ 5.5	胃蛋白酶	猪胃	2.75 ~ 3.0
卵清蛋白	鸡卵	4.86 ~ 4.90	胰蛋白酶	胰液	5.0 ~ 8.0

一般含酸性氨基酸较多的蛋白质 pI 较低，小于 7，如人胃蛋白酶含酸性氨基酸残基 37 个，而碱性氨基酸只有 6 个，其 pI ≈ 1。含碱性氨基酸较多的蛋白质 pI 较高，大于 7，如鱼精蛋白含精氨酸特别多，其 pI 为 12.0 ~ 12.4。含碱性和酸性氨基酸数目相近的蛋白质，其等电点略偏酸性，pI 约为 5。人体蛋白质的等电点大多接近于 5，在液体（pH ≈ 7.4）中一般为阴离子形式，并与 K^+、Na^+、Ca^{2+}、Mg^{2+} 等离子形成盐。

等电点时，蛋白质的溶解度、黏度、渗透压和导电性等都最小。等电点沉淀法是分离提纯蛋白质的一种重要方法。

（二）蛋白质的亲水胶体性质

蛋白质是高分子化合物，其颗粒直径大小已到达胶粒范围（1 ~ 100nm），相对分子质量大，属于胶体分散系，因此蛋白质具有胶体溶液的性质，如布朗运动、丁达尔效应、不能通过半透膜及较强的吸附作用等。蛋白质胶体稳定因素为蛋白质颗粒表面的水化膜和同种电荷。由于两个稳定因素的存在，使蛋白质颗粒均匀分散在水溶液中，不致相互碰撞聚集而沉淀。如果破坏或者消除其中一个或两个稳定因素，则稳定的胶体溶液就变得不稳定，导致蛋白质溶液析出。

在实际工作中，利用蛋白质不能通过半透膜的性质，将蛋白质与小分子物质分离而得以纯化，这种方法称透析法。所谓透析，就是将混有有机盐等小分子杂质的蛋白质溶液装入半透膜做成的透析袋中，再将此透析袋放入盛有水的容器中，因小分子杂质能透过半透膜，不断从高浓度袋内扩散出来，大分子蛋白质不能透过半透膜仍留在袋中。不断调换容器中的水，就可以将无机离子等小分子杂质除去，从而达到纯化蛋白质的目的。

透析疗法是使体液内的成分（溶质或水分）通过半透膜排出体外的治疗方法，一般可分为血液透析和腹膜透析两种。透析疗法常用于急性或慢性肾衰竭、药物或其他毒物在体内蓄积的情况。

（三）蛋白质的变性

天然蛋白质受到某些物理因素（加热、高压、震荡、干燥、紫外线、X 射线及超声波等）或化学因素（强酸、强碱、重金属盐、丙酮或乙醇）的影响，其分子内部原有的高度规律性的空间结构发生改变或破坏，导致蛋白质生物活性的丧失及理化性质的改变，这种现象称蛋白质的变性。一般认为蛋白质的变性主要是维系蛋白质空间结构的次级键遭破坏，而不涉及一级结构中肽键的断裂和氨基酸序列的改变。

变性并未破坏蛋白质的一级结构，若变性时间短，变性程度较轻，在合适的条件下，变性的蛋白质可以重新卷曲形成天然空间结构，并恢复生物活性，称为蛋白质的复性。但大多数变性后的蛋白质分子形状发生改变，蛋白质溶解度也减小；且因多肽链展开，使酶与肽键接触机会增多，因此变性蛋白质较天然蛋白质易被酶水解消化。变性蛋白质最主要的特征是生物学功能的丧失，如酶失去催化活性，激素不能调节代谢反应，抗体失去免疫作用，这是蛋白质空间结构破坏的必然结果。

蛋白质的变性在生活和医药生产中有十分重要的应用价值。例如，“点豆腐”是利用钙、镁盐使豆浆中的蛋白质变性凝固。医药上用乙醇或加热消毒，使细菌和病毒蛋白质变性而失去致病性和繁殖能力。一方面我们在药物生产、运输和储存中要谨防蛋白质制剂或蛋白质的药物变性失活，如免疫球蛋白、酶蛋白、疫苗蛋白等；另一方面，我们可以利用日光、紫外线、高压等方法，使细菌蛋白质变性失活，从而达到消毒细菌、避免药物污染的目的。

（四）蛋白质的沉淀和凝固

1. 蛋白质的沉淀　蛋白质分子相互聚集从溶液中析出的现象称为蛋白质的沉淀。沉淀的机制就是破坏蛋白质胶体溶液中的两个稳定因素。常用的沉淀蛋白质的方法有盐析法、有机溶剂法、重金属沉淀法和生物碱沉淀法等。

（1）盐析法：蛋白质溶液中加入大量的中性盐，使蛋白质溶解度降低发生沉淀的现象称为盐析。盐析作用的实质是盐类离子同水分子发生水合作用，作用破坏了蛋白质分子表面的水化膜；此外，蛋白质表面的电荷与相反电荷的盐离子中和。由于蛋白质两个稳定因素均丧失，致使蛋白质分子相互聚集而沉淀析出。盐析是沉淀蛋白质的方法之一。常用盐析剂有 $(NH_4)_2SO_4$、Na_2SO_4、NaCl 和 $MgSO_4$ 等。

不同蛋白质盐析时所需的浓度也各不相同，因此可用不同浓度的中性盐溶液使蛋白质分批析出沉淀，这种蛋白质的分离方法称分段盐析。例如，先用半饱和硫酸铵后，再用饱和硫酸铵可从血浆中先后分段沉淀析出血浆球蛋白和血浆清蛋白。

盐析时若溶液的 pH 在蛋白质等电点则效果更好。用盐析法分离得到蛋白质仍保持蛋白质的生物活性，只需经过透析法或凝胶层析法除去盐后，即可得到较纯的且保持原有生物活性的蛋白质。

（2）加有机溶剂：某些有机溶剂如乙醇、丙酮等脱水剂，对水的亲和能力较大，可以破坏蛋白质周围的水化膜。在等电点时加入脱水剂，使蛋白质沉淀。沉淀后若迅速将蛋白质与脱水剂分离，仍可保持蛋白质原来的性质。

（3）加重金属：某些重金属盐如硝酸银、乙酸铅及氯化汞等中的阳离子与蛋白质分子结合，生成不溶性的蛋白质盐沉淀。此法常易使蛋白质变性。铅、汞等重金属盐中毒急救时，立即服用生蛋清或牛乳以解毒，也是根据这一原理。

（4）加生物碱试剂：某些生物碱如苦味酸、三氯乙酸、鞣酸和磷钨酸等可使蛋白质沉淀。这是因为蛋白质在 $pH < pI$ 的溶液中带正电荷，能与这些有机酸结合生成不溶性的盐沉淀出来。在临床检验和生化检验中，常用这些试剂除去血液中干扰测定的蛋白质。

2. 蛋白质的凝固　蛋白质遇强酸或强碱变性后仍能溶解在强酸或强碱溶液中，调节溶液的 pH 至 pI 时，变性后的蛋白质分子由严密且有序的空间结构解体，变成杂乱松散、无序的长肽链结构，进一步相互缠绕结成一块，称为蛋白质的凝固。凝固的蛋白质不再溶于强酸或强碱溶液中。

（五）蛋白质的颜色反应和紫外吸收

1. 蛋白质的颜色反应　蛋白质分子中的肽键和某些带有特殊基团的氨基酸残基，可与相关试剂产生各种特有的颜色反应（表 14-4）。利用这些反应可以对蛋白质进行定性鉴定和定量分析。

表 14-4　蛋白质的颜色反应

反应名称	试剂	颜色
缩二脲反应	$CuSO_4$ 的碱性溶液	红色或紫红色
茚三酮反应	茚三酮溶液	蓝紫色
黄蛋白反应	浓硝酸 – 氨水	黄色 – 橙红色
米伦反应	米伦试剂（硝酸汞和硝酸亚汞的硝酸溶液）	红色
酚试剂反应	碱性酚试剂中的磷钼酸 – 磷钨酸	蓝色

其中黄蛋白反应是蛋白质分子中含有苯丙氨酸、色氨酸或酪氨酸等苯环的氨基酸特有的反应。

2. 蛋白质的紫外吸收　由于大多数蛋白质都含有酪氨酸、色氨酸残基，而蛋白质分子中的酪氨酸、色氨酸都含有苯环，在 280nm 波长处有最大吸收峰。其吸收值与蛋白质浓度成正比，所以测定蛋白质溶液在 280nm 的光吸光值可用于蛋白质含量的测定。该法的优点是省时，仅需几分钟就可以完成，对于样品中的蛋白质没有破坏，检测完后仍可利用。该法的缺点在于蛋白质其酪氨酸和色氨酸残基数量不同，如果一种蛋白质中不含有酪氨酸和色氨酸残基，此法就不能检测。该法适用于粗提或粗分离的蛋白质的检测。

目标检测

一、名词解释

1. 必需氨基酸　2. 氨基酸的等电点
3. 蛋白质的一级结构　4. 蛋白质的变性

二、填空题

1. 蛋白质在等电点的溶液中，主要存在形式是______，这时它们的溶解度______。
2. 当蛋白质的水溶液 pH > pI 时，蛋白质带______电荷。
3. 蛋白质水解的最终产物是______。
4. 蛋白质主要是由______、______、______、______四种元素构成，各种蛋白质中，______元素的含量比较恒定。
5. 人体血液中的蛋白质主要以______形式存在。

三、单项选择题

1. 下列含有两个羧基的氨基酸是（　　）
A. 组氨酸　B. 赖氨酸
C. 甘氨酸　D. 天冬氨酸
2. 维持蛋白质一级结构的主要化学键是（　　）
A. 离子键　B. 疏水键
C. 肽键　D. 氢键
3. 蛋白质分子组成中不含下列哪种氨基酸（　　）
A. 胱氨酸　B. 组氨酸
C. 鸟氨酸　D. 甘氨酸
4. 含有丙氨酸、天冬氨酸、赖氨酸、半胱氨酸的混合液，其pI依次分别6.0、2.97、9.74、5.07，在pH为9的环境中电泳分离这四种氨基酸，自正极到负极，电泳区带的顺序是（　　）
A. 丙氨酸、半胱氨酸、赖氨酸、天冬氨酸
B. 天冬氨酸、半胱氨酸、丙氨酸、赖氨酸
C. 赖氨酸、丙氨酸、半胱氨酸、天冬氨酸
D. 半胱氨酸、赖氨酸、丙氨酸、天冬氨酸
5. 下列具有双官能团的化合物是（　　）
A. 氨基酸　B. 羧酸
C. 醇类　D. 苯酚
6. 维持蛋白质二级结构的主要化学键是（　　）
A. 盐键　B. 疏水键
C. 肽键　D. 氢键
7. 蛋白质变性是由于（　　）
A. 氨基酸排列顺序的改变
B. 氨基酸组成的改变
C. 肽键的断裂
D. 蛋白质空间构象的破坏
8. 不能使蛋白质变性析出的是（　　）
A. 煮沸　B. 加乙醇
C. 加 NaCl　D. 加 $HgCl_2$
9. 在等电点时，蛋白质（　　）
A. 带正电荷　B. 带等量的正、负电荷
C. 带负电荷　D. 不带电荷
10. 蛋白质的一级结构是指（　　）
A. 蛋白质是有多少个氨基酸组成
B. 蛋白质是有多少个多肽链组成
C. 蛋白质分子中氨基酸的种类和排列顺序
D. 由多少种氨基酸组成
11. 在蛋白质溶液中加入硝酸银溶液，此时蛋白质出现沉淀，这种现象称为蛋白质的（　　）
A. 变性　B. 凝聚
C. 结晶　D. 聚合
12. 下列说法中，不正确的是（　　）
A. 氨基酸是两性化合物
B. 蛋白质是两性化合物
C. 盐析后的蛋白质不能再溶于水
D. 变性后的蛋白质不能再溶于水

13. 重金属盐中毒时，应急措施是立即服用大量的（　　）
A. 酒精　　B. 冷水
C. 鸡蛋清　　D. 食醋
14. 浓硝酸溅在手上，皮肤显黄色，称为(　　)
A. 缩二脲反应　　B. 黄蛋白反应
C. 水解反应　　D. 变性反应
15. 血清白蛋白的等电点约为 4.7，在人体血液中它的主要存在形式是（　　）
A. 阴离子　　B. 阳离子
C. 中性分子　　D. 两性离子
16. 在蛋白质溶液中加入饱和的硫酸铵会发生（　　）
A. 盐析　　B. 变性
C. 显色反应　　D. 水解
17. 临床上消毒灭菌是利用蛋白质的（　　）
A. 盐析　　B. 变性
C. 显色反应　　D. 水解
18. 下列不是高分子化合物的是（　　）
A. 蛋白质　　B. 核酸
C. 油脂　　D. 纤维素
19. 下列关于蛋白质的叙述，不正确的是（　　）
A. 在等电点时溶解度最小
B. 氯化钠可以用于分离、提纯蛋白质
C. 加热变性的蛋白质可以再溶于水
D. 是具有生命活性的高分子化合物
20. 不含手性碳的氨基酸是（　　）
A. 丙氨酸　　B. 苯丙氨酸
C. 亮氨酸　　D. 甘氨酸

四、多项选择题

1. 下列哪些是碱性氨基酸（　　）
A. 组氨酸　　B. 蛋氨酸
C. 精氨酸　　D. 赖氨酸
E. 苏氨酸
2. 蛋白质分子中的非共价键有（　　）
A. 肽键　　B. 疏水键
C. 氢键　　D. 盐键
E. 二硫键
3. 蛋白质的二级结构包括（　　）
A. α- 螺旋　　B. β- 折叠
C. β- 转角　　D. 无规则卷曲
E. 三叶草结构
4. 下列哪些理论是蛋白质变性在实际工作中的应用（　　）
A. 乙醇消毒　　B. 理疗
C. 高温灭菌
D. 煮熟后的食物蛋白易消化
E. 低温保存酶试剂
5. 变性的蛋白质的特性有（　　）
A. 溶解度显著下降
B. 生物学活性丧失
C. 易被蛋白酶水解
D. 凝固　　E. 黏度降低
6. 下列哪些蛋白质在 pH 为 5 的溶液中带正电荷（　　）
A. 等电点为 4.5 的蛋白质
B. 等电点为 7.4 的蛋白质
C. 等电点为 7 的蛋白质
D. 等电点为 6.5 的蛋白质
E. 等电点为 3.8 的蛋白质

五、简答题

1. 血清蛋白（pI=4.9）、肌红蛋白（pI=7.0）和糜蛋白酶原（pI=9.1）的蛋白质混合物在什么 pH 时进行电泳，其分离效果最佳？
2. 蛋白质分子的主键是什么？还有那些副键？

（白亚蒙）

实验指导

化学实验室规则

一 实验规则

（1）课前认真预习，理解实验目的、步骤、操作要领及注意事项。

（2）准时进入实验室，按规定就座，安静守纪，未经许可不乱动实验台上物品和仪器。

（3）实验开始先检查仪器药品，如有缺损及时报告老师，未经老师同意不得任意动用备用仪器及备用药品。

（4）实验中要严格遵守操作规程，不得将其他药物（包括生病用药）私自带入实验中；必须按规定用量取用药品，特别是危险药品的使用步骤、方法、用量更应谨慎小心。

（5）实验完毕后谨慎处理易腐蚀、易燃、易爆及有毒物质。废液和废物要分别放入废液桶和废物瓶里，下课时再将废液集中倒入指定的大废液桶内。实验完毕后做好整理工作，洗净仪器，整理好桌凳，经老师同意后方可离开。

（6）以原始记录为依据，认真书写实验报告，按时交给指导教师。

二 安全规则

（1）凡进行有危险性的实验，工作人员应先检查防护措施，确证防护妥当后，才可进行实验。实验中不得擅自离开，实验完成后立即做好善后清理工作，以防事故发生。

（2）加强个人防护意识，取样时戴好劳动保护用品并及时更换，凡有害或有刺激性易挥发气体应在通风柜内进行。腐蚀和刺激性药品，如强酸、强碱、冰醋酸等，取用时尽可能带上橡皮手套和防护眼镜，倾倒时，切勿直对容器口俯视，吸取时，应使用吸耳球。禁用裸手直接拿取上述物品。

（3）不使用无标签（或标志）容器盛放试剂、试样。

（4）实验中产生的废液、废物应集中处理，不得任意排放；酸、碱或有毒物品溅落时，应及时清理及除毒。

（5）一旦发生失火事故，首先应撤除一切火源，关闭电闸，然后用沙子或干粉灭火器灭火。并及时向主管领导汇报情况。

（6）实验结束，必须洗手后方可进食，不准把食物、食具带进实验室。人员离开实验室前要检查水、电、燃气和门窗，确保安全。

三 意外事故处理

（1）玻璃割伤：先取出伤口内的异物，然后在伤口处抹上红药水，必要时撒上消炎粉或敷些消炎膏，并用绷带包扎。若伤口过大，应立即到医院医治。

（2）烫伤：可用稀 $KMnO_4$ 或苦味酸溶液冲洗灼伤处，再涂上黄色的苦味酸溶液、烫伤膏或红花油，切勿用水冲洗。

（3）强酸致伤：立即用大量水冲洗，然后用 5% $NaHCO_3$ 溶液洗，或用稀氨水冲洗，最后用水冲洗。

（4）强碱致伤：先用大量水冲洗，再用 2% 乙酸溶液冲洗，最后用水冲洗。如果溅入眼内，则先用 2% 硼酸溶液洗，再用水冲洗。

（5）起火：实验室失火后，要立即组织灭火，同时尽快移开可燃物，切断电源，以防火势扩大。灭火的方法可根据情况而定，一般小火用湿布、石棉布或沙覆盖燃烧物即可，火势大时可用泡沫或干粉灭火器灭火。但要注意电器设备所引起的火灾，不能用泡沫灭火器，以免触电。可先切断电源，再用二氧化碳或四氯化碳灭火器灭火。若衣服着火时，应立即用石棉布或厚外衣盖熄，火势较大时，应卧地打滚。

四 常用化学仪器的使用及注意事项

名称	用途与注意事项
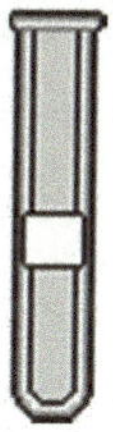 试管	主要用途：少量物质的反应器；收集少量气体；少量物质的溶解；可用作简易气体发生器；做洗气瓶 使用方法和注意事项：盛放液体不超过试管容积的 1/2；如加热不超过 1/3；加热前应将试管外擦干；加热后应放回试管架上；使用试管夹加热
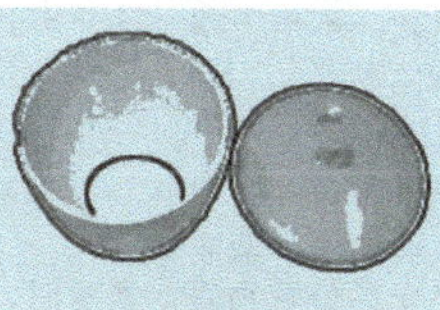 坩埚	主要用途：高温灼烧固体物质 分类：瓷坩埚、铁坩埚、石英坩埚 使用方法和注意事项：灼烧时放在泥三角上；灼热的坩埚用坩埚钳夹取；避免骤冷；定量实验的冷却应在干燥器中进行
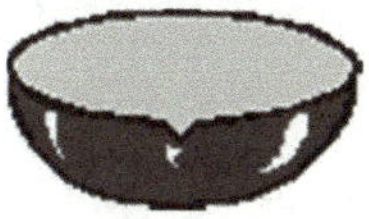 蒸发皿	主要用途：蒸发液体；浓缩溶液；结晶；焙干物质 使用方法和注意事项：瓷质仪器，可直接加热，但不能骤冷，蒸发溶液时不可加得太满，液面应距边缘 1cm 以下（液体量不超过容积的 2/3），近干时应停止加热（剩余溶液利用余热蒸发），使用时一般放于三脚架上

续表

名称	用途与注意事项
 燃烧匙	主要用途：少量固体燃烧反应器 使用方法和注意事项：做铁、铜等物质的燃烧实验时要铺细沙；用后处理附着物至干净
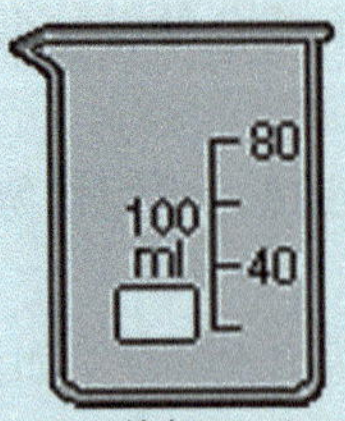 烧杯	主要用途：配制、浓缩、稀释溶液；较多试剂的反应容器；试管水浴加热；盛装液体；加热液体；盛放腐蚀性药品称量 使用方法和注意事项：加热应放在石棉网上，且外部擦干；溶解固体时要轻轻搅拌，玻璃棒不碰器壁；反应液体不超过容量的 2/3；加热时液体不超过 1/3；从烧杯中倾倒液体时，应从杯嘴向下倾倒；按照反应容量选用相应规格的烧杯（常用规格多为 100ml、250ml、500ml、1000ml 等）
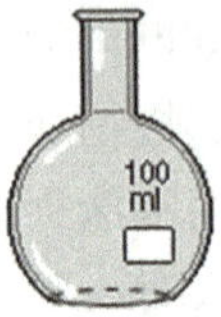 平底烧瓶 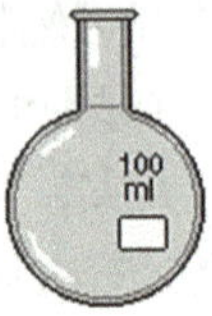 圆底烧瓶	主要用途：用作较多试剂量反应的容器；煮沸或在加热情况下进行反应的容器 使用方法和注意事项：加热应放在石棉网上，且外部擦干；不适于长时间加热，当瓶内液体过少时，加热容易使烧瓶破裂；液体不超过容量的 2/3；应垫石棉网加热或水浴加热，且放陶瓷碎片；加热时用铁架台固定
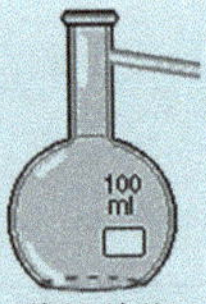 蒸馏烧瓶	主要用途：液体蒸馏；制备气体的发生器 使用方法和注意事项：加热时垫石棉网；液体不超过容量的 1/2；蒸馏时温度计水银球应在支管口处；用铁架台固定
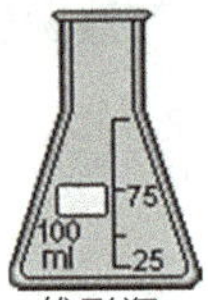 锥形瓶	主要用途：反应器（如中和滴定）；盛放试剂；蒸馏时做接收器；可加热液体物质 使用方法和注意事项：放石棉网加热；液体不超过容量的 1/2；滴定时液体不能太多，以便滴定时震荡
 细口试剂瓶  广口试剂瓶	主要用途：广口试剂瓶盛放固体试剂；细口瓶盛放液体试剂 使用方法和注意事项：不能加热和作为反应容器；取试剂时瓶塞倒放，用后塞紧；瓶口内侧磨砂，不盛放碱性试剂，如盛放碱性试剂，须改用橡胶塞；盛放有机溶剂，要用玻璃塞，不用胶塞；不使用时应及时洗净并在磨口塞与瓶颈之间垫上纸条
 滴瓶  滴管	主要用途：盛放少量液体试剂，吸取或滴加少量液体 使用方法和注意事项：棕色瓶盛放见光易分解物质；滴液时，滴管不能吸得过满；滴管不能深入容器内，不能横放或倒放；滴管专用！不得与其他试剂滴管混用

续表

名称	用途与注意事项
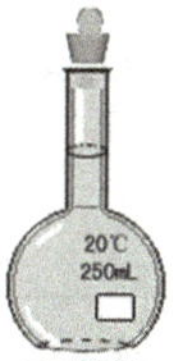 容量瓶	主要用途：用于精确配制一定体积和一定物质的量浓度的溶液 使用方法和注意事项：不得做反应器；不得加热；瓶塞不互换；用前检漏，不储存试剂；不直接溶解物质；使用时选合适的规格；使用的标准温度为20℃，在不同温度下使用应校正
 温度计	主要用途：用于温度测定 使用方法和注意事项：不允许超过它的最高量程；不能当搅拌棒使用；注意水银球位置
 量筒  量杯	主要用途：粗略量取液体的体积 使用方法和注意事项：刻度由下而上，无“0”刻度；使用时选合适的规格；不可用做反应器，不得加热，不能直接配溶液；读数平视
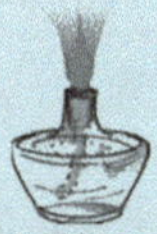 酒精灯	主要用途：常用热源 使用方法和注意事项：酒精量不超过容积的 2/3，也不宜少于 1/2；加热用外焰；用火柴点燃，不用酒精灯对火，不吹灯；禁止向燃着的酒精灯中加酒精；用后用灯帽盖灭
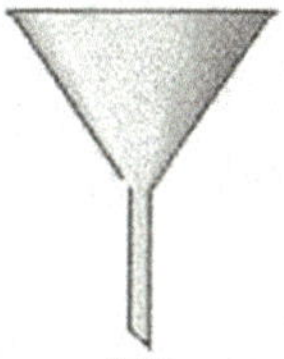 漏斗	主要用途：过滤或向小口容器中转移液体； 易溶气体尾气吸收 使用方法和注意事项：不得加热使用；过滤时，滤纸角对漏斗角；滤纸边缘低于漏斗边缘，液面低于滤纸边缘；杯靠棒，棒靠滤纸，漏斗颈尖端出口紧靠承接滤液的容器壁（一角、二低、三靠紧）
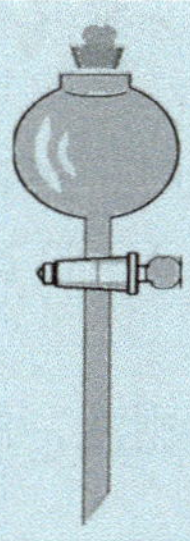 球形分液漏斗 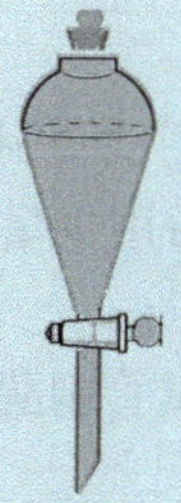 分液漏斗	主要用途：分离密度不同且互不相溶的液体；用于反应器的随时加液装置；用于萃取分离 使用方法和注意事项：检验是否漏夜；分离液体时，下层液体由下口放出，上层液体由上口倒出；不宜长时间装碱性溶液；使用时盖塞上的凹槽和漏斗口上的小孔对齐（连通大气）
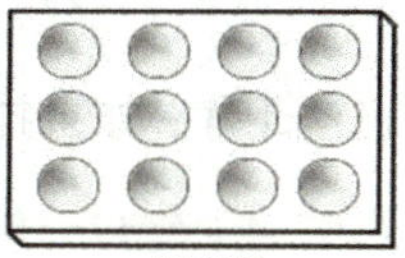 点滴板	主要用途：用于产生颜色和生成有色沉淀的点滴反应 使用方法和注意事项：有黑白两种点滴板，使用时注意选择；试剂常用量为1～2 滴

续表

名称	用途与注意事项
 研钵	主要用途：研碎和混合固体物质 使用方法和注意事项：不能直接加热或作为反应容器；避免易爆物品的混合研磨；只能研磨、挤压，勿敲击；研磨的物质量不宜超过容量的 1/3

五 化学试剂规格

	保证试剂 G.R	分析纯 A.R	化学纯 C.P	实验试剂 L.R
全国统一化学试剂质量标准	一级品	二级品	三级品	四级品
标志	绿色标签	红色标签	蓝色标签	黄色标签
用途	精密分析及科研院所	一般分析及科研	常规分析及教学研究	实验原料与辅助试剂

（张彩霞）

实验 1　化学实验基本操作

[实验目的]

1. 学会试管、烧杯等玻璃仪器的洗涤和干燥。

2. 正确使用托盘天平和量筒等仪器。

3. 通过粗盐的提纯，较熟练地进行研磨、称量、溶解、搅拌、加热、过滤、蒸发等基本操作。

[实验用品]

试管、试管夹、试管刷、烧杯、漏斗及漏斗架、酒精灯、托盘天平及砝码、药匙、蒸发皿、研钵、玻璃棒、铁架台（附铁圈、铁夹）、石棉网、量筒、去污粉、食盐、蒸馏水。

[实验内容和步骤]

（一）玻璃仪器的洗涤和干燥

1. 洗涤　为了保证实验结果的准确，实验所用的玻璃仪器都应该洁净。根据实验要求、污物性质和污染程度选用适当洗涤方法。

（1）用水刷洗：一般的玻璃仪器可先用自来水冲洗，再用试管刷刷洗。刷洗时，将试管刷在器皿里转动或上下移动，然后再用自来水冲洗几次，最后用少量蒸馏水淋洗 1 ~ 2 次。此方法可洗去器皿上的可溶物，但往往不能除去油污和有机物质。

（2）用去污粉（或洗衣粉）洗：先把器皿用水润湿，用试管刷蘸少量去污粉刷洗，再依次用自来水、蒸馏水冲洗，此法适宜洗涤油污。

（3）用铬酸洗液洗：如果仪器污染严重，可用铬酸洗液洗涤。铬酸洗液有强烈的腐蚀性，使用时要注意安全，防止溅到皮肤或衣服上。

把洗涤过的仪器倒置，如果观察内壁附有一层均匀的水膜，证明已洗干净；如果挂有水珠，表明仍有残存油污，还要洗涤。

2. 干燥　干燥的方法有以下几种。

（1）晾干：不急用的仪器可放置于干燥处，使其自然晾干。

（2）烘干：把仪器内的水倒干后放进电烘箱内烘干。

（3）烤干：急用的烧杯、蒸发皿可置于石棉网上用小火烤干。试管可直接烤干，但要从底部加热，试管口向下，以免水珠倒流炸裂试管。不断来回移动试管，不见水珠后，将试管口向上赶尽水汽。

（4）吹干：带有刻度的计量仪器，不能用加热的方法进行干燥，而应在洗净的仪器中加入少量易挥发的有机溶剂（乙醇或乙醇与丙酮按体积比 1 ∶ 1 的混合物），用电吹风吹干，如不急用可晾干。

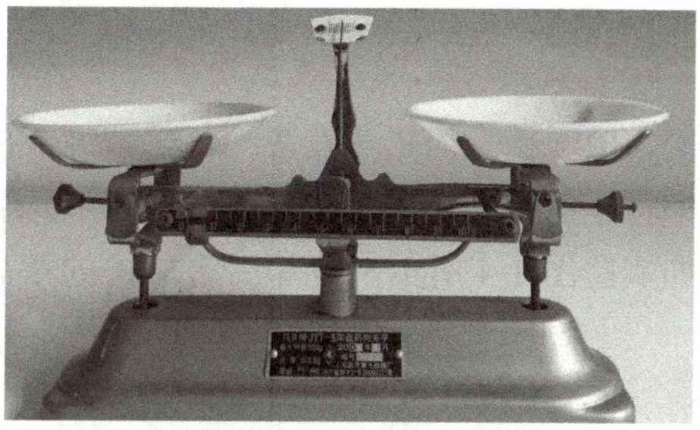

实验图 1-1　托盘天平

（二）托盘天平的使用

托盘天平（实验图 1-1）用于精密度不高的称量，能精准到 0.1g。它附有一套砝码，放在砝码盒中。砝码的总重量等于天平的最大载重量。砝码须用镊子夹取。托盘天平使用步骤如下。

1. 调零点　在称量前，先检查天平的指针是否停在刻度盘上的中间位置，若不在中间，可调节天平下面的螺旋钮，使指针指在中间的零点。

2. 称量　左盘放物品，右盘放砝码。如果要称量一定质量的药品，则先在右盘加够砝码，然后在左盘加减药品，使天平平衡；如果称量某药品的质量，则先将药品放在左盘，然后在右盘加减砝码，使天平至平衡为止。有些托盘天平附有游码及刻度尺，称少量药品可用游码。游码标度尺上每一大格表示为 1 g。

称量时不可将药品直接放在天平盘上，可在两盘放等量的纸片或用已称过质量的小烧杯盛放药品。

称量后，把砝码放回砝码盒中，并将天平两盘重叠在一起，以免天平摆动磨损刀口。

（三）量筒的使用

量筒（实验图 1-2）是常用的有刻度的量器，用于较粗略地量取一定体积的液体。可根据需要选用不同容积的量筒，可准确到 0.1ml。

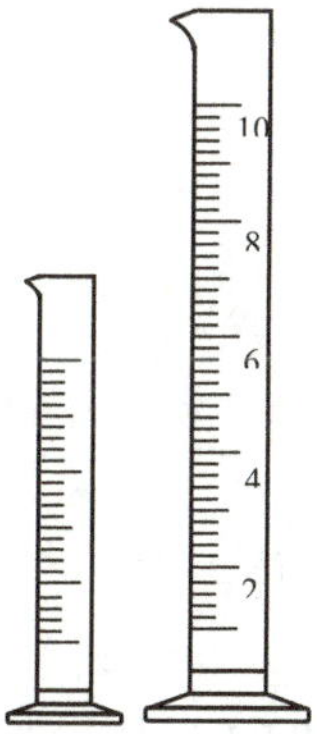

实验图 1-2　量筒

量取液体时，应使视线与量筒内液体凹液面底部处于同一水平，凹液面所切的刻度为所取溶液的体积。若视线偏高或偏低都会造成误差。量筒不得加热，也不可作反应容器。

（四）食盐的提纯

1. 研磨　将约 10 g 粗食盐放入研钵内，研成细粉。

2. 称量　用托盘天平称取 5g 粗食盐。

3. 溶解　把称好的粗食盐细粉置于小烧杯中，加蒸馏水约 20 ml，搅拌使其溶解。为了加速溶解，可边搅拌边加热。

4. 过滤　根据漏斗大小取滤纸一张。对折两次，第二次对折时使滤纸两边相交成 10° 的交角。如系方形滤纸，可将折好的滤纸一角朝下放入漏斗中，不要展开，紧贴漏斗内壁沿漏斗边缘把滤纸向外压一弧形折痕，然后取出滤纸沿折痕稍下的地方剪去多余部分。如实验图 1-3 所示，展开滤纸使呈圆锥形，放在漏斗里用水润湿，使其紧贴在漏斗内壁上并将漏斗固定在漏斗架或铁架台的铁圈上。另取一干净烧杯放在漏斗下面接收滤液。将粗盐溶液沿玻璃棒慢慢倾入漏斗内进行过滤。倾注液体时，玻璃棒下端应朝着滤纸的重叠层，先倾入上层清液，后倾入残渣，并使漏斗内的液面低于滤纸的边缘。

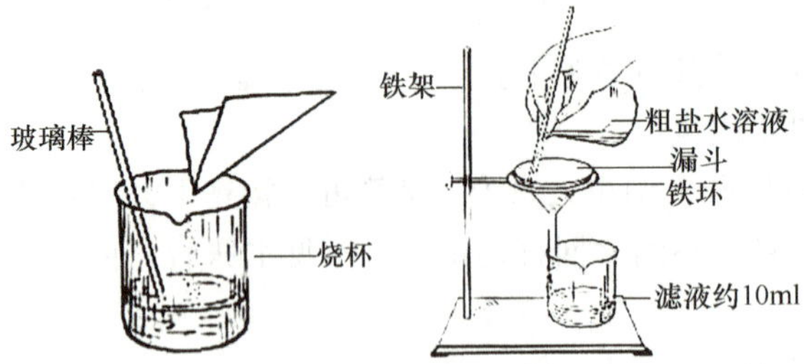

实验图 1-3　食盐的提纯

5. 蒸发　将澄清的食盐滤液倾入干净的蒸发皿内，放在铁架台的铁环上，垫上石棉网，用酒精灯加热蒸发浓缩。当蒸发皿的底部出现食盐的结晶时，用玻璃棒不断地搅拌溶液，即将干涸时再用漏斗将蒸发皿罩住，并继续加热，直到水分完全蒸发，即得纯白色的精制食盐，如实验图 1-4 所示。冷却后将所得的精盐称量，并计算食盐的提纯率。

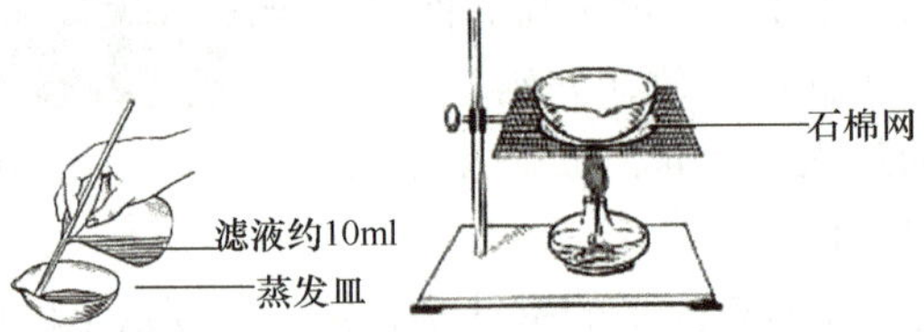

实验图 1-4　食盐滤液的蒸发精制

$$\text{提纯率} = \frac{\text{精盐的质量（g）}}{\text{粗盐的质量（g）}} \times 100\%$$

[实验作业]

（1）玻璃仪器的洗涤方法有哪些？怎样说明仪器已洗涤干净？

（2）过滤操作应注意哪些问题？

（张彩霞）

实验 2　溶液的配制和稀释

[实验目的]

（1）熟悉溶液组成标度的计算方法及溶液的配制方法。

（2）掌握天平、量筒、移液管（吸量管）和容量瓶的使用方法。

[实验准备]

1. 仪器　天平、量筒、移液管（吸量管）、容量瓶、烧杯、玻棒、滴管。

2. 试剂　0.9% NaCl 溶液、浓硫酸、0.200 0mol/L HAc、5% KCl、氯化钠固体。

[实验原理]

1. 溶液的浓度　溶液的浓度是指一定量溶液或容积中所含溶质的量，浓度的表示方法很多，常用的几种如实验表 2-1 所示。

实验表 2-1　溶液浓度表示方法

名称	物质的量浓度	质量浓度	质量分数	体积分数
表示方法	$c_B=\frac{n_B}{V}$	$\rho_B=\frac{m_B}{V}$	$\omega_B=\frac{m_B}{m}$	$\varphi_B=\frac{V_B}{V}$
单位	mol/L	g/L	无	无

2. 溶液浓度配制方法

（1）用一定质量的溶液中所含溶质来表示溶液的浓度，如 ω_B。这种溶液配制时，是将定量的溶质和溶剂混合均匀即可。

（2）用一定体积的溶液中所含溶质的量来表示溶液的浓度，如 c_B、ρ_B 和等。配制这些溶液时，首先应根据所需配制溶液的组成标度、体积，计算出溶质和溶剂的用量，再将一定量的溶质与适量的溶剂先混合，使溶质完全溶解，定量转移到量筒或容量瓶中，然后再加溶剂到溶液总体积，最后用玻棒搅拌均匀。

3. 溶液的稀释　溶液的稀释是指在原溶液中加入溶剂，使原溶液的浓度降低的过程。溶液稀释前后溶液体积发生变化，但溶质的量没有变。

[操作流程]

1. 一定质量溶液的配制　配制 50g 质量分数为 0.9% 的 NaCl 溶液。

计算配制该溶液所需固体 NaCl 的质量，用天平称取相应的 NaCl 的质量 m_{NaCl}（单位为 g），放入 100ml 烧杯中，用 50ml 量筒量取蒸馏水（$50-m_{NaCl}$）ml，倒入烧杯中，用玻璃棒搅拌，使固体 NaCl 完全溶解即可。将所配溶液倒入回收瓶中。

2. 一定体积溶液的配制

（1）配制 50ml 生理盐水：计算配制 50ml 生理盐水所需的氯化钠的质量，并用天平称出。将其置入 100ml 烧杯中，加蒸馏水适量，搅拌使其溶解，然后转移到 50ml 量筒中，用少量蒸馏水洗涤烧杯 2 ~ 3 次，并将洗涤液并入量筒中，再用蒸馏水稀释至 50ml，混匀。将所配溶液倒入回收瓶中。

（2）配制 50ml 3mol/L 硫酸溶液：计算配制 50ml 3mol/L 硫酸溶液需浓硫酸（质量分数 =0.98，密度 ρ=1.84kg/L）的体积。用干燥的 10ml 量筒量取所需浓硫酸的体积。在一洁净的烧杯中加入约 20ml 蒸馏水，然后将浓硫酸缓缓倒入烧杯中（配制时一定要注意将浓硫酸缓缓倒入水中，千万不要把水倒入浓硫酸中），边倒边搅拌，冷却后转移到 50ml 量筒中，用少量蒸馏水洗涤烧杯 2 ~ 3 次，并将洗涤液并入量筒中，再用蒸馏水稀释至 50ml，混匀。将所配溶液倒入回收瓶中。

3. 溶液的稀释

（1）配制 100ml 0.3% KCl 溶液：计算配制 100ml 0.3% KCl 溶液需 5% KCl 溶液的体积 V_1。用 100 ml 量筒量取所需 5% KCl 溶液的体积。将量取 5% KCl 溶液倒入烧杯中，用 100ml 量筒量取蒸馏水（$100-V_1$）ml，倒入烧杯中，用玻璃棒搅拌，混匀。将所配溶液倒入回收瓶中。

（2）配制 50ml 0.100 0 mol/L HAc 标准溶液：计算配制 50ml 0.100 0 mol/L HAc 溶液需 0.200 0mol/L HAc 溶液的体积 V_1。选择合适的吸量管准确量取 0.200 0mol/L HAc 溶液所需要的体积 V_1，置于 50ml 容量瓶中，加蒸馏水稀释至刻度，混匀。将所配溶液倒入回收瓶中。

[注意事项]

（1）用固体物质配制溶液时，如果物质含有结晶水，则应将结晶水计算进去。

（2）配制硫酸溶液时，一定要把浓硫酸缓慢加入水中，边加边搅拌，以使热量及时扩散。千万不能把水倒入浓硫酸中，由于水的密度小于浓硫酸的密度，这样操作易引起浓硫酸飞溅至皮肤和衣物上而导致皮肤或衣物烧伤和腐蚀，后果严重。

（3）配制溶液时，应根据配制要求正确选择所用仪器。如果对溶液组成标度的准确度要求不高，可用托盘天平、量筒等仪器进行配制；若要求溶液的浓度比较准确，则应用分析天平、移液管、容量瓶等仪器进行配制。

[实验评价]

对实验的评价内容和分值评比见实验表 2-2。

实验表 2-2　实验评价表

评价内容		分值
准备	预习	5
	仪器选择和洗涤	5
操作过程	计算（正确使用公式，计算无误）	10
	称量固体（正确使用天平）	10
	量取液体（正确使用移液管或吸量管）	20
	溶解	10
	定量转移（洗涤烧杯 2 ~ 3 次，正确引流）	10
	定容（用胶头滴管小心滴加至刻线）	10
	混匀	5
整理	综合能力	10
	仪器归位、台面清洁卫生	5
总分		100

[实验作业]

1. 完成实验报告。

2. 思考以下问题。

（1）为什么洗净的移液管使用前还要用待取液润洗？容量瓶需要用待取液润洗吗？

（2）能否在量筒、容量瓶中直接溶解固体试剂？为什么？

[附]

容量瓶的使用

容量瓶主要用于准确地配制一定浓度的溶液。它是一种细长颈、梨形的平底玻璃瓶，配有磨口塞（实验图 2-1）。瓶颈上刻有标线，当瓶内液体在所指定温度下达到标线处时，其体积即为瓶上所注明的容积。常用的容量瓶有 100ml、250ml、500ml 等多种规格，颜色有无色和棕色，棕色容量瓶用来配制见光易分解的试剂溶液。

1. 使用前检查

（1）检查容量瓶容积与要求的是否一致。

（2）容量瓶塞是否已用绳系在瓶颈上。

实验图 2-1　容量瓶

实验图 2-2　容量瓶倒立

（3）瓶塞处是否漏水。具体操作方法是：在容量瓶内装入半瓶水，塞紧瓶塞，用右手示指顶住瓶塞，另一只手五指托住容量瓶底，将其倒立（实验图 2-2），观察容量瓶是否漏水。若不漏水，将瓶正立且将瓶塞旋转 180° 后，再次倒立，检查是否漏水。若两次操作容量瓶瓶塞周围皆无水漏出，即表明容量瓶不漏水。

2. 操作方法　用固体溶质配制溶液。

（1）把称量好的固体溶质放在烧杯中，用少量溶剂溶解。然后把溶液转移到容量瓶里。为保证溶质能全部转移到容量瓶中，要用溶剂多次洗涤烧杯，并把洗涤溶液全部转移到容量瓶里。转移时要用玻璃棒引流（实验图 2-3）。方法是将玻璃棒一端靠在容量瓶颈内壁上，注意不要让玻璃棒其他部位触及容量瓶口，防止液体流到容量瓶外壁上。

实验图 2-3　转移溶液至容量瓶

（2）容量瓶内加入的液体液面离标线 1cm 左右时，应改用滴管小心滴加，直至使液体的弯月面与标线正好相切。若加水超过刻度线，则需重新配制。

（3）盖紧瓶塞，用倒转和摇动的方法使瓶内的液体混合均匀。静置后如果发现液面低于刻度线，这是因为容量瓶内极少量溶液在瓶颈处润湿所损耗，所以并不影响所配制溶液的浓度，故不要在瓶内添水，否则，将使所配制的溶液浓度降低。

用浓溶液稀释，则用移液管或吸量管吸取一定体积的浓溶液，注入容量瓶中，按上述方法稀释至标线，摇匀。

3. 注意事项

（1）容量瓶不能进行加热。如果溶质在溶解过程中放热，要待溶液冷却后再进行转移，因为一般的容量瓶是在 20℃下标定的，若将温度较高或较低的溶液注入容量瓶，容量瓶会热胀冷缩，所量体积会不准确，导致所配制的溶液浓度不准确。

（2）容量瓶只能用于配制溶液，不能储存溶液，因为溶液可能会对瓶体进行腐蚀，从而使容量瓶的精度受到影响。

（3）容量瓶用毕应及时洗涤干净，塞上瓶塞，并在塞子与瓶口之间夹一条纸条，防止瓶塞与瓶口粘连。

移液管、吸量管移取溶液的方法

移液管和吸量管是准确移取一定量液体的工具。移液管是一根两端细长中间膨大的玻璃管，在管的上端有刻度线，膨大部分标有它的容积和标定时的温度。如需吸取 5.00ml、

10.00ml、25.00ml等整数，应选用相应大小的移液管。量取小体积且不是整数时，一般用吸量管。吸量管是带有多刻度的玻璃管，用它可以量取不同体积的溶液。

使用移液管或吸量管移取溶液的方法如下。

1. 洗涤　使用前移液管和吸量管都要洗涤，直至内壁不挂水珠为止。先用洗液洗，再用自来水冲洗，最后用蒸馏水洗涤干净。

2. 润洗　为保证移取溶液时溶液浓度保持不变，应使用滤纸将管口内外水珠吸去，再用被移溶液润洗三次，置换移液管或吸量管内壁的水分。润洗后的溶液应该弃去。

3. 吸取溶液　吸取溶液时，用右手拇指和中指拿在管子的刻度上方，插入溶液中，左手用洗耳球将溶液吸入管中（预先捏扁，排除空气）。吸管下端至少伸入液面1cm，不要伸入太多，以免管口外壁沾附溶液过多，也不要伸入太少，以免液面下降后吸空。用洗耳球慢慢吸取溶液，眼睛注意正在上升的液面位置，移液管应随容器中液面下降而降低。当液面上升至标线以上，立即用右手示指按住管口(一般不用拇指操作，拇指操作不灵活）随后右手示指稍稍抬起，让液面缓慢下降到凹液面与刻度正好相切即可。

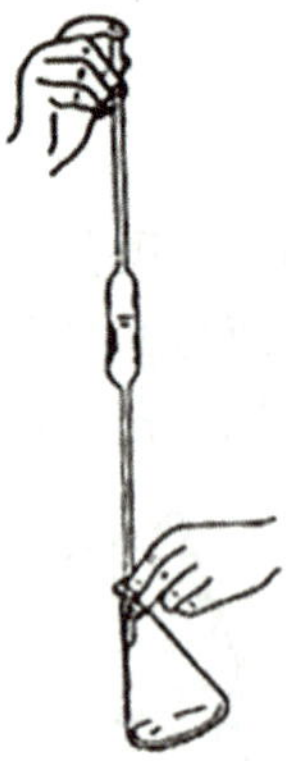

实验图2-4　放出溶液的操作

4. 放出整管溶液　将移液管放入锥形瓶或容量瓶中，将锥形瓶或容量瓶略倾斜，管尖靠瓶内壁，移液管垂直（实验图2-4）。管尖放到瓶底是错误的。松开示指，液体自然沿瓶壁流下，液体全部流出后停留15s（移液管上标有“快”，应该不停留），取出移液管。留在管口的液体不要吹出，因为校正时未将这部分体积计算在内（移液管上标有“吹”，应该将留在管口的液体吹出）。使用吸量管放出一定量溶液时，通常是液面由某一刻度下降到另一刻度，两刻度之差就是放出的溶液的体积，注意目光与刻度线平齐。实验中应尽可能使用同一吸量管的同一区段的体积。

[注意事项]

（1）移液管使用后，应洗净放在移液管架上。

（2）移液管和吸量管在实验中应与溶液一一对应，不应串用以避免污染。

（王　丽）

实验3　电解质溶液

电解质广泛分布在细胞内外，参与体内许多重要的功能和代谢活动，对正常生命活动的维持起着非常重要的作用。临床上常见的电解质代谢紊乱有高渗性脱水、低渗性脱水、等渗性脱水、水肿、水中毒、低钾血症和高钾血症。

[实验目的]

1. 了解电解质的强弱特性，盐类的酸碱性。

2. 熟悉试管、pH试纸、滴管等仪器的使用方法。

3. 将实验现象用所学知识准确表述。

[实验准备]

1. 仪器　试管、试管架、玻璃棒、试管夹、pH试纸。

2. 试剂　1mol/L HCl溶液，1 mol/L CH_3COOH溶液，0.1 mol/L CH_3COOH溶液，饱和硼

酸溶液，饱和 Na_2CO_3 溶液，pH 试纸，锌粒，浓度均为 0.1 mol/L NaCl 溶液、Na_2CO_3 溶液、$NaHCO_3$ 溶液、NH_4Cl 溶液、Na_2SO_4 溶液、CH_3COONa 溶液、$(NH_4)_2SO_4$ 溶液。

[操作流程]

1. 操作流程　见实验图 3-1。

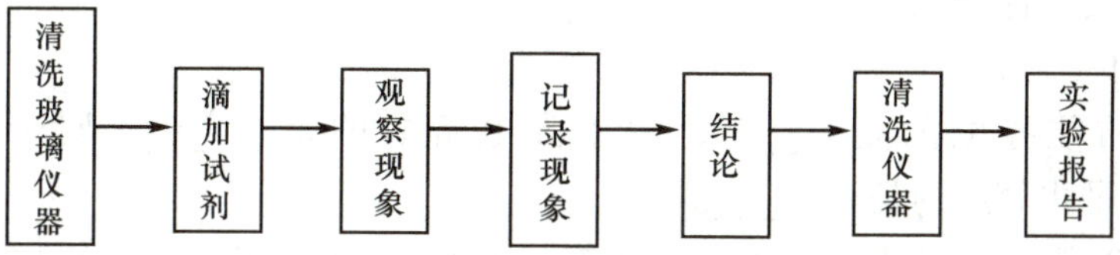

实验图 3-1　操作流程

2. 操作步骤

（1）强弱电解质：电解质强弱对比见实验表 3-1。

实验表 3-1　电解质强弱对比

试管	1mol/L HCl	1 mol/L CH_3COOH	锌粒	现象	解释
1	1ml		1 粒		
2		1ml	1 粒		

（2）弱酸的强弱对比：见实验表 3-2。

实验表 3-2　弱酸的强弱对比

试管	0.1 mol/L CH_3COOH	饱和硼酸	饱和 Na_2CO_3	现象	解释
1	1ml		滴加		
2		1ml	滴加		

（3）盐溶液的酸碱性：见实验表 3-3。

实验表 3-3　盐溶液的酸碱性

试管	0.1 mol/L 溶液	玻璃棒	pH 试纸	现象（pH）	解释
1	NaCl				
2	Na_2CO_3				
3	$NaHCO_3$				
4	NH_4Cl	蘸取	测定		
5	Na_2SO_4				
6	CH_3COONa				
7	$(NH_4)_2SO_4$				

[注意事项]

（1）乙酸 K_a=1.75×10^{-5}，硼酸 K_a=5.8×10^{-10}。

（2）盐的酸碱性实验中，pH 试纸放在干净的玻璃片上。

[实验评价]

参见附件：实验评价标准。

[实验作业]

1. 下列物质能导电的是______，属于强电解质的是______，属于弱电解质的是________，属于非电解质的是_______。

a. 铜丝 b. 金刚石 c. 石墨 d.NaCl e. 盐酸 f. 蔗糖 g.CO_2 h.Na_2O i. 硬脂酸 j. 乙酸 k. 碳酸 l. 碳酸氢铵 m. 氢氧化铝 n. 氯气 o. $BaSO_4$

2. 电解质强弱对比实验还可以用什么方法进行?

（周恩红）

实验 4　醇和酚的性质

[实验目的]

（1）验证醇和酚的主要化学性质。

（2）能用化学方法鉴别伯醇、仲醇、叔醇，一元醇与多元醇及苯酚等物质。

[实验准备]

1. 仪器　试管、100ml 烧杯、酒精灯。

2. 试剂　无水乙醇、金属钠、酚酞试液、正丁醇、仲丁醇、叔丁醇、蒸馏水、6mol/L 硝酸、1.5mol/L 硫酸 0.17mol/L 重铬酸钾溶液、卢卡斯试剂、2.5mol/L 氢氧化钠溶液、乙醇、0.3mol/L 硫酸铜溶液、甘油、0.2mol/L 苯酚溶液、饱和碳酸氢钠溶液、苯酚、饱和溴水、0.2mol/L 邻苯二酚溶液、0.2mol/L 苯甲醇溶液、0.06mol/L 三氯化铁溶液、0.03mol/L 高锰酸钾溶液。

[实验原理]

醇能与活泼金属反应，生成醇钠并放出氢气，醇钠非常容易水解，其水溶液显强碱性；伯醇和仲醇分子中含有 α-H，很容易被重铬酸钾的酸性溶液所氧化，而叔醇没有 α-H，难以被氧化，利用此反应也可鉴别伯醇、仲醇与叔醇。乙二醇、甘油等具有邻二羟基结构的多元醇，能和氢氧化铜反应生成深蓝色的多元醇铜。

酚显弱酸性，但比碳酸酸性弱；大多数酚类能和三氯化铁溶液发生显色反应；酚类很容易被氧化；苯酚非常容易发生取代反应，在极稀的苯酚溶液中加入溴水后，立即产生白色沉淀。

[操作步骤]

（一）醇的性质

1. 醇与金属钠的反应　取 1 支干燥试管，加热无水乙醇 0.5ml，再加入新切的金属钠 1 小粒，观察并解释变化。冷却后，加入蒸馏水少许，然后再加入酚酞试液 1 滴，观察并解释变化。

2. 醇的氧化　取 4 支试管，编号，分别加入正丁醇、仲丁醇、叔丁醇、蒸馏水各 5 滴。然后在以上 4 支试管中同时加入 1.5mol/L 硫酸、0.17mol/L 重铬酸钾溶液各 10 滴，振荡，观察并解释变化。

3. 醇与卢卡斯试剂的反应　取 3 支干燥试管，分别加入正丁醇、仲丁醇、叔丁醇各 3 滴，然后同时向 3 支试管中加入卢卡斯试剂各 1ml，振荡，观察并解释变化。

4. 多元醇与氢氧化铜的反应　取 2 支试管，编号，各加入 2.5mol/L 氢氧化钠溶液 1ml 和 0.3mol/l 硫酸铜溶液 10 滴，摇匀，然后分别加入乙二醇 1ml、甘油 1ml，振荡，观察并解释变化（实验表 4-1）。

实验表 4-1　醇的性质

实验序号	试管编号	实验现象	化学方程式	解释原因
1. 醇与金属钠的反应	1			
2. 醇的氧化	1			
	2			
	3			
	4			
3. 醇与卢卡斯试剂的反应	1			
	2			
	3			
4. 多元醇与氢氧化铜的反应	1			
	2			

（二）酚的性质

1. 酚的弱酸性　取 2 支试管，编号，再加入苯酚少许和蒸馏水 1ml，振摇，观察现象。向 1 号试管中加 2.5mol/L 氢氧化钠溶液数滴，振摇，观察现象；向 2 号试管中加饱和碳酸氢钠溶液 1ml，振荡，观察并解释变化。

2. 溴与苯酚的反应　在试管中加 0.2mol/L 苯酚溶液 2 滴，逐滴加饱和溴水，振摇，直至白色沉淀生成，观察并解释变化。

3. 酚与三氯化铁的反应　取 3 支试管，编号，分别加入 0.2mol/L 苯酚溶液、0.2mol/L 邻苯二酚溶液和 0.2mol/L 苯甲醇溶液各 10 滴，再各加 0.06mol/L 三氯化铁溶液 1 滴，振荡，观察并解释变化。

4. 酚的氧化　在试管中加入 2.5mol/L 氢氧化钠溶液 5 滴，0.03mol/L 高锰酸钾溶液 1 ~ 2 滴，再加入 0.2mol/L 苯酚溶液 2 ~ 3 滴，观察并解释变化（实验表 4-2）。

实验表 4-2　酚的性质

实验序号	试管编号	实验现象	化学方程式	解释原因
1. 酚的弱酸性	1			
	2			
2. 溴与苯酚的反应	1			
3. 酚与三氯化铁的反应	1			
	2			
	3			
4. 酚的氧化	1			

[实验评价]

参见实验指导末附表：实验评价标准。

[注意事项]

（1）醇与金属钠的反应所用试管必须是干燥的，所加乙醇也必须是无水乙醇，因为金属钠与水的反应比与醇的反应更剧烈。

（2）甘油与氢氧化铜的反应必须在碱性环境下进行，即氢氧化钠应过量。

[实验作业]

（1）如何鉴别伯醇、仲醇、叔醇?

（2）如何鉴别甘油和乙二醇?

（马雅静）

实验 5　醛和酮的性质

醛、酮分子中都含有羰基，具有许多相同的性质。例如，醛、酮都易与2，4-二硝基苯肼加成，生成黄色的2，4-二硝基苯腙沉淀等。这些反应常用于羰基化合物的鉴定。由于羰基所连的基团不同，又使醛、酮具有不同的性质，如醛能被弱氧化剂托伦（Tollens）试剂、斐林（Fehling）试剂（只有脂肪醛与该试剂反应）所氧化，能与希夫（Schiff）试剂产生颜色反应等，而酮不能，由此可区别醛和酮。

[实验目的]

（1）了解托伦试剂和斐林试剂的配制。

（2）熟悉醛和酮主要化学性质验证的实验操作。

（3）掌握醛和酮的鉴别方法。

[实验准备]

1. 用物准备

（1）仪器：大试管、小试管、烧杯、温度计（100℃）、石棉网、酒精灯。

（2）试剂：甲醛、甲醛水溶液、乙醛、苯甲醛、丙酮、乙醇、2，4-二硝基苯肼试剂、2mol/L 氢氧化钠溶液、0.05 mol/L 硝酸银溶液、0.5 mol/L 氨水溶液、斐林试剂甲、斐林试剂乙、0.05 mol/L 亚硝酰铁氰化钠、希夫试剂。

2. 操作者准备　白大衣，实验预习报告。

[操作流程]

操作流程同实验3实验图3-1。

[操作步骤]

1. 醛、酮的加成反应　与2，4-二硝基苯肼的反应。取4支试管，分别加入3滴甲醛、乙醛、丙酮、苯甲醛，再各加入10滴2，4-二硝基苯肼试剂，充分振荡后，静置片刻，观察有无沉淀析出。如无沉淀，可用玻璃棒摩擦试管内壁，促使晶体析出。观察现象并写出有关化学反应式。

2. 醛的还原性

（1）银镜反应：在1支洁净的大试管中加入2 ml 0.05 mol/L 硝酸银溶液，再加入1滴2 mol/L 氢氧化钠溶液，此时有褐色的氧化银沉淀生成。然后边振荡边滴加0.5 mol/L 氨水，直至生成的沉淀恰好溶解为止（即得托伦试剂）。然后将托伦试剂分装到4支洁净的试管中，再分别加入 2 滴甲醛、乙醛、丙酮、苯甲醛，放在 80℃水浴中加热 2 ~ 3min，观察现象并写出有关化学反应式。

（2）斐林反应：在大试管中加入 2ml 斐林试剂甲和 2ml 斐林试剂乙，混合均匀（即得斐林试剂），然后分装到 4 支洁净的试管中，再分别加入 4 滴甲醛、乙醛、丙酮、苯甲醛，振荡，放在 80℃水浴中加热 2 ~ 3min，观察现象并写出有关化学反应式。

3. 显色反应

（1）希夫反应：取 4 支试管，分别滴加 5 滴甲醛、乙醛、乙醇、丙酮，然后再各加入 10 滴希夫试剂，记录并解释发生的现象。

（2）丙酮的鉴别反应：取两支试管，各加入 1ml 0.05 mol/L 亚硝酰铁氰化钠和 2 滴 2 mol/L 氢氧化钠溶液，摇匀，再分别加入 5 滴乙醛和丙酮，记录并解释发生的现象。

[实验评价]

参见附件：实验评价标准。

[注意事项]

（1）托伦试剂要现用现配，配制时要逐滴加入氨水，速度不宜过快。

（2）斐林试剂使用时等体积混合，震荡使其混合均匀。

[实验作业]

（1）鉴别醛、酮有哪些简便的方法？

（2）进行银镜反应时要注意哪些事项？

（3）用简单方法鉴别下列化合物：苯甲醛、甲醛、乙醛、丙酮。

（陈　霞）

实验 6　糖的性质

糖类是指多羟基醛或多羟基酮及其脱水缩合产物。根据能否水解将糖类分为 3 类：单糖、低聚糖和多糖。

[实验目的]

（1）观察糖类物质的主要化学反应的现象。

（2）熟悉蔗糖、淀粉水解，碘与淀粉显色反应的实验操作。

（3）掌握糖类物质的主要化学性质。

[实验准备]

1. 仪器　试管、试管架、试管夹、水浴锅、点滴板、玻璃棒等。

2. 药品　10% α- 萘酚、95% 乙醇、5% 葡萄糖、5% 果糖、5% 麦芽糖、5% 蔗糖、5% 乳糖、2% 淀粉溶液、滤纸浆、塞利凡诺夫试剂、班氏试剂、托伦试剂、苯肼试剂、10% NaOH 溶液、碘试剂、1mol/L Na_2CO_3 溶液、浓硫酸等。

[实验原理]

单糖容易被弱氧化剂氧化，具有还原性。单糖能将斐林试剂、班氏试剂还原成氧化亚铜砖红色沉淀，能将托伦试剂还原生成银镜。利用单糖的还原性可做定性定量测定。蔗糖为非还原性二糖，麦芽糖、乳糖为还原性二糖，多糖无还原性。单糖具有醛或酮羰基，可与苯肼反应，生成苯腙，单糖与过量苯肼一起加热，则生成难溶于水的黄色结晶物质糖脎。糖脎都是不溶于水的黄色晶体，不同的糖脎晶形不同，熔点也不同，在反应中生成的速度也不一样，因此利用该反应可作糖的定性鉴别。不同的糖生成糖脎所需的时间不同。一般来说，单糖快些，二糖慢些。成脎反应有时可用来帮助测定糖的构型。

莫利许反应是用浓硫酸作脱水剂使单糖脱水生成糠醛衍生物，然后再与 2 分子 α- 萘酚缩合成醌类化合物而显紫色。由于低聚糖、多糖在此条件下可水解为单糖，故也发生上述显色反应，所以，莫利许反应被用作糖类的通用检查方法。塞利凡诺夫反应是用浓盐酸作脱水剂使单糖脱水，再与间苯二酚作用生成有色产物，酮糖脱水速度高于醛糖，反应较快，在 2min 左右显红色。可以根据显色的快慢与颜色特征来区别醛糖和酮糖。

$$\underset{\text{淀粉}}{(C_6H_{10}H_5)_n} \xrightarrow[H^+\text{或酶}]{H_2O} \underset{\text{糊精}}{(C_6H_{10}O_5)_m} \xrightarrow[H^+\text{或酶}]{H_2O} \underset{\text{麦芽糖}}{C_{12}H_{22}O_{11}} \xrightarrow[H^+\text{或酶}]{H_2O} \underset{\text{D-葡萄糖}}{C_6H_{12}O_6}$$

蔗糖在酸或酶的作用下可水解为葡萄糖和果糖，水解液具有还原性。

淀粉是白色无定形粉末，淀粉遇碘变蓝色，在酸或酶作用下淀粉水解，先生成糊精，继续水解得到麦芽糖，最终水解产物是 D - 葡萄糖。淀粉的水解过程可借水解产物与碘所显颜色的不同而确定。

[实验内容与步骤]

1. 糖的还原性

（1）与班氏试剂反应：取 6 支试管，编号。各加入班氏试剂，微热至沸，分别加入 0.5 ml 5% 葡萄糖、5% 果糖、5% 麦芽糖、5% 蔗糖、5% 乳糖、2% 淀粉溶液，在沸水中加热 2 ~ 3min，冷却，观察和记录现象。

（2）与托伦试剂反应：取 6 支洁净的试管，编号。各加入 1.5 ml 托伦试剂，分别加入 0.5 ml 5% 葡萄糖、5% 果糖、5% 麦芽糖、5% 蔗糖、2% 淀粉溶液、滤纸浆，在 60 ~ 80℃热水浴中加热，观察并记录，比较结果，解释原因。

（3）糖脎的生成：取 5 支试管，编号。各加入 2ml 苯肼试剂，分别加入 5% 葡萄糖、5% 果糖、5% 乳糖、5% 麦芽糖、5% 蔗糖溶液，沸水浴中加热，观察晶体形成及所需时间，记录并解释。

2. 糖的颜色反应

（1）莫利许反应：取 6 支试管，编号。分别加入 1ml 5% 葡萄糖、5% 果糖、5% 麦芽糖、5% 蔗糖、2% 淀粉溶液、滤纸浆，再在每支试管中滴入 2 滴 10 %α- 萘酚和 95% 乙醇溶液，摇匀，将试管倾斜 45°，沿试管壁慢慢加入 1ml 浓硫酸，使酸液进入试管底部，观察两层界面的颜色变化，记录现象，若无颜色，可在水浴中加热，再观察结果。

（2）塞利凡诺夫反应：取 4 支试管，编号。各加入塞利凡诺夫试剂 2ml，分别加入 5% 葡萄糖、5% 果糖、5% 麦芽糖、5% 蔗糖溶液 1ml，混匀，沸水浴中加热 1 ~ 2min，观察颜色变化。加热 20 min 后，再观察，并解释。

3. 糖类物质水解

（1）蔗糖的水解：取试管 1 支，加入班氏试剂 2 ml 和 0.3mol/L 蔗糖溶液 1ml，在水浴上加热 5min，观察有无变化，说明原因。另取试管一支，加入 5% 蔗糖溶液 1ml 和浓硫酸 2 滴，混匀，置于水浴上加热 5min，冷却，滴入 1mol/L Na_2CO_3 溶液至无气泡为止，加入班氏试剂 2 ml，在水浴上加热，观察有何现象？说明原因，写出蔗糖水解的化学方程式。

（2）淀粉与碘试剂的显色反应：取试管 1 支，加入 2% 淀粉溶液 10 滴和蒸馏水 1ml，滴入碘试剂 1 滴，有何现象？

（3）淀粉的水解：取试管 1 支，加入班氏试剂和 2% 淀粉溶液各 1ml，置于水浴上加热数分钟，观察现象，说明原因。另取试管 1 支，加入 2% 淀粉溶液 2 ml，再滴入浓硫酸 4 滴，混匀，置于水浴上加热 6min 后，每隔 1 ~ 2min 用玻璃棒蘸取水解液 1 滴于点滴板的凹穴中，滴入碘试剂 1 滴，如果呈蓝色，说明了什么？继续加热，直至遇碘试剂不产生蓝色为止，又说明了什么？取出 2 ml 水溶液，滴加 1mol/L Na_2CO_3 溶液中和至无气泡产生，加班氏试剂 1ml，在水浴上加热，观察现象，说明原因，写出淀粉水解的化学方程式。

[注意事项]

（1）苯肼毒性很大，操作时，应避免触及皮肤，如不慎触及，应先用 5% 乙酸冲洗，再用肥皂洗涤，为防止苯肼蒸气中毒，要用棉花堵塞管口，以减少苯肼蒸气逸出。

（2）自然冷却有利于获得较大的结晶，便于观察。

（3）所用蔗糖必须纯净。

（4）塞利凡诺夫试剂与酮糖的反应比醛糖快 15 ~ 20 倍，在短时间内，酮糖已成红色而醛糖没有，但不能加热时间过长，否则醛糖也会出现红色。

（5）淀粉遇碘变蓝，是因为形成一种包合物，加热时，包合物结构受到破坏，所以颜色消失，冷却后重新形成包合物，颜色也随之恢复。

[实验作业]

（1）区分还原糖和非还原糖的方法有几种？

（2）在糖类的还原实验中，蔗糖与班氏试剂或托伦试剂长时间加热，有时也得到阳性结果，请解释此现象。

（庞　键）

附表：

实验评价标准

项目		分值	操作实施要点	得分及扣分依据
课前素质要求（6 分）		6	按时上课，着装整洁并穿白大褂，有实验预习报告	
操作过程	操作前准备（8 分）	4	仪器检查：齐全、完好（如果缺少未报告扣 1 分，未使用过仪器可在老师介绍后检查完好性）	
		4	试剂检测：齐全、完好（如果缺少未报告扣 1 分）	
	操作中（78 分）	9	正确清洗仪器，自来水冲洗—皂液、洗涤剂洗，有油污用铬酸洗液洗，自来水冲洗管壁至不挂水珠	
		9	根据实验需求，正确选择试剂	
		20	正确滴加试剂，先后顺序合理，滴数恰当，姿势正确	
		20	正确记录实验现象，对颜色描述恰当，沉淀的现象表述正确	
		20	正确解释实验现象，颜色改变的化学机理，理论知识表述完整	
	操作后整理（6 分）	6	台面整理，仪器清洗，有数据记录	
评价（2 分）		2	态度认真，无串岗	
总分				

附　录

附录 1　SI 基本单位

物理量	单位名称	单位符号
长度	米	m
质量	千克（公斤）	kg
时间	秒	s
电流	安（培）	A
热力学温度	开（尔文）	K
物质的量	摩（尔）	mol
发光强度	坎（德拉）	cd

附录 2　常用物理化学常数

常数	符号和数值	单位
标准大气压强	atm=101.325	kPa
真空中的光速	c_0=299 792 458	$m \cdot s^{-1}$
电子电荷量	e=1.602 177 33(49)×10^{-19}	C
法拉第常数	F=96 485.309(29)	$C \cdot mol^{-1}$
普朗克常量	h=6.626 075 5(40)×10^{-34}	J·s
玻尔兹曼常量	k=1.380 658(12)×10^{-23}	$J \cdot K^{-1}$
电子静止质量	m_e=9.109 389 7(54)×10^{-31}	kg
质子静止质量	m_p=1.672 623 1(10)×10^{-27}	kg
阿伏伽德罗常数	N_A=6.022 136 79(36)×10^{23}	mol^{-1}
摩尔气体常数	R=8.314 510（70）	$J \cdot K^{-1} \cdot mol^{-1}$
里德堡常数	R_∞=1.097 373 153 4(13)×10^{7}	m^{-1}
玻尔磁子	μ_B=9.274 015 4(31)×10^{-24}	$J \cdot T^{-1}$
原子的质量单位	u=1.660 540 2(10)×10^{-27}	kg

附录 3　水的离子积常数

温度 (℃)	pK_w	温度 (℃)	pK_w	温度 (℃)	pK_w
0	14.938	40	13.542	80	12.613
5	14.727	45	13.405	85	12.520
10	14.528	50	13.275	90	12.428
15	14.340	55	13.152	95	12.345
20	14.163	60	13.034	100	12.265
25	13.995	65	12.921	150	11.638
30	13.836	70	12.814		
35	13.685	75	12.712		

参考文献

陈常兴，秦子平 . 2014. 医用化学 . 第 7 版 . 北京：人民卫生出版社
段卫东，段广河 . 2016. 医用化学 . 北京：人民卫生出版社
付莱花，廖禹东 . 2012. 医用化学 . 第 2 版 . 南昌：江西科学技术出版社
傅春华 . 2014. 医用化学 . 第 2 版 . 北京：高等教育出版社
李炳诗 . 2015. 医用化学 . 第 2 版 . 北京：高等教育出版社
李勤耕，石晓霞 . 2007. 有机化学 . 西安：第四军医大学出版社
刘斌 . 2012 . 有机化学 . 第 2 版 . 北京：人民卫生出版社
刘斌，陈任宏 . 2013. 有机化学 . 第 2 版 . 北京：人民卫生出版社
刘斌，刘景晖 . 2009. 化学（医药卫生类）. 北京：高等教育出版社
陆涛 . 2012. 有机化学 . 第 7 版 . 北京：人民卫生出版社
陆阳，刘俊义 . 2013. 有机化学 . 第 8 版 . 北京：人民卫生出版社
吕以仙 . 2008. 医用基础化学 . 第 3 版 . 北京：人民卫生出版社
苏宇 . 2015. 医用化学 . 北京：科学出版社
唐玉海，章小丽 . 2012. 医用化学 . 北京：科学出版社
王志江，陈东林 . 2005. 有机化学 . 北京：人民卫生出版社
谢吉民 . 2012. 无机化学 . 第 2 版 . 北京：人民卫生出版社
薛会军，刘德云 . 2012. 医用化学 . 第 3 版 . 北京：科学出版社
杨峰，孙体健 . 2011. 医用化学 . 北京：科学出版社
杨艳杰 . 2010. 化学 . 第 2 版 . 北京：人民卫生出版社
杨艳杰，彭裕红 . 2015. 医用化学 . 西安：第四军医大学出版社
杨艳杰，张明群 . 2013. 有机化学 . 北京：化学工业出版社
姚光军 . 2013. 医用化学 . 北京：科学出版社
曾崇理 . 2011. 有机化学 . 北京：人民卫生出版社
张雪昀，宋海南 . 2016. 有机化学 . 第 3 版 . 北京：中国医药科技出版社
周建庆，杨智英 . 2013. 医用化学 . 北京：科学出版社

《医用化学》教学基本要求

一 课程性质和任务

医用化学是高职高专护理、涉外护理、助产等专业的一门专业基础课程。本课程的内容分为基础化学和有机化学两大部分，主要包括与医学密切相关的化学基本概念、原理，溶液和电解质溶液，元素与健康和有机化合物等。

本课程的任务是使学生获得学习医学课程所必需的基本知识和基本操作技能，掌握化学知识在医学上的应用，培养学生运用化学知识分析和解决实际问题的能力。

二 课程教学目标

通过本课程的学习，使学生对医用化学的基础理论和基本知识，尤其是对物质的结构和性质有较深入的认识和理解，并能够利用所学的知识分析和解决相关医学中的化学问题，理解和分析专业课程中涉及的化学理论和相关知识。

（一）能力目标

1. 能够运用所学化学知识对有关医学上的化学问题进行分析与评价（能用溶液的渗透压、缓冲溶液的原理解释医学中常见的现象）。

2. 能进行基本的化学实验操作（能配制一定浓度的溶液；能正确使用 pH 试纸测定溶液的 pH；能制备配合物并验证配合物的组成和性质）。

（二）知识目标

1. 掌握医用化学中相关物质的化学组成、结构与性质。

2. 掌握医用化学的基础理论和基本知识，并具有归纳与总结能力。

（三）素质目标

1. 具有较强的自学和查阅相关资料的能力。

2. 具有团结协作精神和一丝不苟的工作作风。

三 教学内容

教学内容	教学要求			教学活动参考
	了解	熟悉	掌握	
第 1 章　绪论				理论讲授 多媒体演示
一、化学的概念	√			
二、化学——医学发展的基础	√			
三、如何学好医用化学			√	
第 2 章　物质结构和元素周期律				理论讲授 多媒体演示
第 1 节　原子的组成和同位素		√		
第 2 节　元素周期律和元素周期表			√	
第 3 节　化学键			√	
第 4 节　配位化合物	√			
第 5 节　氧化还原反应		√		
第 3 章　溶液				理论讲授 多媒体演示 实验
第 1 节　物质的量			√	
第 2 节　溶液浓度			√	
第 3 节　溶液的渗透压			√	
第 4 章　化学反应速率和化学平衡				理论讲授 多媒体演示
第 1 节　化学反应速率		√		
第 2 节　化学平衡		√		
第 5 章　电解质溶液				理论讲授 多媒体演示 实验
第 1 节　弱电解质的电离平衡		√		
第 2 节　水的电离、溶液的 pH			√	
第 3 节　盐类的水解		√		
第 4 节　缓冲溶液			√	
第 6 章　有机化合物概述			√	理论讲授 多媒体演示
第 7 章　烃				理论讲授 多媒体演示
第 1 节　烷烃			√	
第 2 节　烯烃和炔烃			√	
第 3 节　闭链烃			√	

续表

教学内容	教学要求			教学活动参考
	了解	熟悉	掌握	
第 8 章　醇、酚、醚				理论讲授 多媒体演示 实验
第 1 节　醇			√	
第 2 节　酚		√		
第 3 节　醚		√		
第 9 章　醛和酮		√		理论讲授 多媒体演示 实验
第 10 章　羧酸和取代羧酸				理论讲授 多媒体演示
第 1 节　羧酸			√	
第 2 节　取代羧酸		√		
第 11 章　胺和酰胺				理论讲授 多媒体演示
第 1 节　胺		√		
第 2 节　酰胺		√		
第 12 章　酯和脂类				理论讲授 多媒体演示
第 1 节　酯			√	
第 2 节　油脂			√	
第 3 节　类脂		√		
第 13 章　糖类				理论讲授 多媒体演示 实验
第 1 节　单糖			√	
第 2 节　双糖			√	
第 3 节　多糖		√		
第 14 章　氨基酸和蛋白质				理论讲授 多媒体演示
第 1 节　氨基酸			√	
第 2 节　蛋白质		√		
实验一　化学实验基本操作			√	
实验二　溶液的配制和稀释			√	
实验三　电解质溶液		√		
实验四　醇和酚的性质		√		
实验五　醛和酮的性质		√		
实验六　糖的性质		√		

四 教学基本要求

（一）适用对象与参考学时

本教材适用于高职高专护理、涉外护理、助产等医学专业，参考学时 64 学时。

（二）教学要求

在教学中把握化学课程提高学生职业能力的特点，强调基本知识和基本技能的学习、理论知识与专业的结合，突出职业应用能力的培养。

理论教学主要以课堂讲授为主，适当使用多媒体教学，结合录像、图片、课堂讨论、专题讲座、自学等多种教学形式，提高学生的学习效果和学习兴趣。理论知识有针对性，以够用为原则，避免高深繁琐的推导、分析和解释。同时适当地讲述一些学科前沿进展和动态发展，使学生在获得基本理论的同时还能了解学习该学科的前沿动态。注重医学中的化学知识和现象的讲授，体现化学科学在医学科学领域的重要意义。

实验教学采取适当讲授，结合示教等手段介绍有关的理论知识及操作规则，以学生动手为主，注重培养学生的动手能力和分析问题、解决问题的能力。

（三）教学建议

1. 教师任教要求

（1）本课程教师应具备化学专业知识，化学实验教学的专业能力。

（2）具备组合优化教材内容的能力。

2. 教学要求

（1）教学模式：教学做一体化。

（2）教学方法及手段：讲授、学生讨论、多媒体课件展示、实验操作等。

（3）多媒体教学设备：能容纳 50 人以上实验教室、相应的实验器材等。

（四）学时分配

章节	教学内容	理论	实训实验	合计
1	绪论	2		
2	物质结构和元素周期律	4	2	
3	溶液	6	2	
4	化学反应速率和化学平衡	2		
5	电解质溶液	6	2	
6	有机化合物概述	2		
7	烃	6		
8	醇、酚、醚	4	2	
9	醛和酮	2	2	
10	羧酸和取代羧酸	4		
11	胺和酰胺	4		
12	酯和脂类	2		
13	糖类	4	2	
14	氨基酸和蛋白质	4		
总学时		52	12	64

目标检测选择题参考答案

第1章

无

第2章

1. C　2. B　3. D　4. A　5. D　6. B　7. D　8. C　9. B　10. B

第3章

1. B　2. B　3. A　4. C　5. C　6. A　7. A　8. B　9. C　10. B

第4章

1. B　2. C　3. C　4. A　5. D　6. D　7. C　8. B　9. A　10. C　11. B　12. B　13. C　14. B
15. A　16. D　17. B　18. A

第5章

1. A　2. D　3. B　4. A　5. B　6. B　7. C　8. B　9. D　10. C

第6章

1. C　2. D　3. D　4. C　5. A

第7章

1. B　2. A　3. A　4. C　5. D　6. B　7. B　8. A　9. B　10. D　11. A　12. D　13. B　14. D　15.D
16. A　17. B　18. D　19. A　20. A

第8章

1.A　2.B　3.D　4.B　5.C　6.B　7.B　8.D　9.B　10. C

第9章

1. D　2. B　3. C　4. D　5. A　6. A　7. C　8. D

第10章

1.B　2.C　3.B　4.A　5.A　6.A　7.C　8.A　9.B　10.C　11.B　12.C　13.D　14.A　15.D

第11章

1.D 2.B 3.C 4.C 5.C 6.B 7.D 8.A 9.B 10.A 11.A 12.B 13.C 14.D 15.D

第12章

1.A 2.D 3.C 4.A 5.D 6.C 7.C 8.B 9.B 10.D

第13章

1.C 2.D 3.C 4.D 5.C 6.D 7.D 8.A 9.D 10.D 11.C 12.A

第14章

单项选择题

1.D 2.C 3.C 4.B 5.A 6.D 7.D 8.C 9.B 10.C 11.A 12.C 13.C 14.B 15.A 16.A 17.B 18.C 19.C 20.D

多项选择题

1.ACD 2.BCD 3.ABCD 4.ACDE 5.ABCE 6.BCD